I0043185

DE

LA HOUILLE,

ET EN PARTICULIER

DES DIVERSES ESPÈCES DE HOUILLE

EXPLOITÉE AU COUCHANT DE MONS, EN HAINAUT (BELGIQUE),

PAR

M. V. BOUHY,

INGÉNIEUR CIVIL DES ARTS ET MANUFACTURES,
SOUS-INGÉNIEUR AU CORPS DES MINES,
VICE-PRÉSIDENT DE L'ASSOCIATION DES INGÉNIEURS SORTIS DE L'ÉCOLE DE LIÉGE,
MEMBRE DE LA SOCIÉTÉ DES SCIENCES, DES ARTS ET DES LETTRES DU HAINAUT.

MONS.
IMPRIMERIE DE MASQUILLIER ET LAMIR.

1855.

On pratique le havage au toit ; on enlève toute la couche.

On paie aux ouvriers à veine fr. 0,70 à fr. 1,00 par m² ; un ouvrier peut détacher, en une journée, 4 m² en faisant un avancement de 2m,30 à 2m,40.

On retire 13 hectolitres de charbon par m² de couche.

—F— Cette couche, recoupée au Charbonnage du Rieu-du-Coeur, puits n.° 5 du Couchant du Flénu, a présenté la composition suivante :

Laie du toit	0m,15
Havrie	0m,15
Laie du mur	0m,60
Ouverture totale . .	0m,90

28. PETITE BELLE ET BONNE.

—A— Composition au puits n.° 18 du Charbonnage de Belle et Bonne, plat de nord de 12 à 28° d'inclinaison, étage de 204 m. :

En une laie de charbon de 0m,40.

Sans havrie ou terre au toit ni au mur ; on doit pratiquer le havage en charbon.

Cette couche se trouve à la distance de 5 à 13 mètres au-dessus de la *Grande Belle et Bonne.*

Toit et mur fort bons.

Ouvriers à veine : fr. 0,90 par m².

Charbon très-dur, et de bonne qualité ; la plupart du temps, on n'exploite pas cette couche à ce puits, parce que son ouverture est trop faible et que le coupage des voies coûte beaucoup à cause de la dureté du terrain.

— Au puits n.° 22 du même Charbonnage, étage de 277 mètres, cette couche se présente en plat de nord de 12 à 20° d'inclinaison et n'est séparée de la couche *Grande Belle et Bonne* que par un banc de terre de 1m à 5m de puissance ; ces deux couches se présentent à ce puits comme suit :

DE

LA HOUILLE,

ET EN PARTICULIER,

DES DIVERSES ESPÈCES DE HOUILLES

EXPLOITÉES AU COUCHANT DE MONS, EN HAINAUT (BELGIQUE),

BIBLIOTHÈQUE NATIONALE
R.F.
IMPRIMÉS

PAR

M.r V. BOUHY,

INGÉNIEUR CIVIL DES ARTS ET MANUFACTURES,
SOUS-INGÉNIEUR AU CORPS DES MINES.

MONS.
Imprimerie de MASQUILLIER et LAMIR, Grand'Rue.
1855.

CE TRAVAIL EST DIVISÉ EN TROIS PARTIES :

Dans la première partie, nous donnons quelques notions sur l'origine de la Houille et sur la formation des couches.

Dans la deuxième partie, on expose les caractères des Houilles, leur composition chimique, la manière dont elles se comportent au feu, les usages auxquels elles sont les plus propres, etc., etc.

Enfin, la troisième partie comprend une description succincte du bassin houiller de Mons, la description de toutes les espèces de Houilles exploitées dans ce bassin, ainsi que divers renseignements concernant la composition, l'allure, le travail, etc., etc., des couches qui produisent ces Houilles.

DE

LA HOUILLE.

PREMIÈRE PARTIE.

Notions sur l'origine de la Houille et sur la formation des couches.

Il est généralement reconnu aujourd'hui que la Houille a été formée de matières végétales qui ont été décomposées et minéralisées par quelqu'agent de la nature (1); les preuves ne manquent

(1) On a émis beaucoup d'hypothèses sur la formation de la Houille. Nous citerons entr'autres les suivantes :

Certains auteurs ont prétendu que la houille était une espèce de terre argileuse, qui avait été imprégnée de bitume en plus ou moins grande quantité; cette hypothèse doit être rejetée car l'on rencontre des charbons qui ne contiennent pas de bitume.

D'autres ont avancé que la houille était une roche primitive, que lorsqu'elle s'est déposée en couches, elle était liquide et possédait une température élevée; que par le refroidissement, elle est arrivée à cet état solide qu'elle présente aujourd'hui.

D'autres enfin, ont pensé que le charbon est entièrement de formation marine, qu'il a été formé par la graisse et les matières onctueuses d'une quantité considérable d'animaux qui ont habité l'océan.

Il est facile de comprendre que dans l'état actuel de nos connaissances géologiques, ces deux dernières hypothèses ne peuvent pas plus être admises que la première.

pas pour établir cette opinion; ainsi par exemple, les empreintes et les débris de végétaux que l'on remarque sur les schistes qui accompagnent la houille; le passage, par degrés insensibles, de la houille aux lignites et aux tourbes; les analyses montrant dans le charbon minéral les éléments qui entrent dans la composition du charbon végétal, de la tourbe et des végétaux; enfin les examens microscopiques, qui ont fait reconnaître dans certaines houilles l'existence de la texture végétale; tous ces faits, toutes ces preuves ne laissent aucun doute sur l'origine végétale de ce combustible.

Les empreintes de végétaux qui se montrent dans les schistes et les psammites avoisinant ou touchant les couches de houille, indiquent incontestablement que le charbon minéral a été formé d'éléments appartenant au règne végétal; presque toujours, on trouve fixée sur ces empreintes, une lame plus ou moins épaisse de houille, et cette houille qui n'est autre chose que le végétal qui a servi de moule à l'empreinte mais qui a changé de nature, prouve évidemment quelle est l'espèce de substance qui a concouru à sa formation, et porte ainsi avec elle le cachet de son origine végétale.

Le passage de la houille aux lignites et aux tourbes par degrés insensibles, est une autre preuve concluante en faveur de l'hypothèse que nous développons; la nature nous fournit une foule de substances qui relient entre elles, et d'une manière non interrompue, ces formations extrêmes; en considérant soit les caractères géologiques, soit les caractères minéralogiques de ces substances, on trouve que deux quelconques d'entre elles, voisines dans l'échelle de succession, présentent une analogie de composition si frappante, que l'on ne peut avoir de doute sur l'identité de la nature des éléments qui ont servi à les former; si donc, nous trouvons entre la houille et la tourbe qui est composée de débris de végétaux, une série complète de formations différant chacune très peu de celle qui la suit ou qui la précède immédiatement, l'on ne peut se refuser à considérer la matière qui a donné naissance à la houille comme étant de même nature que celle dont proviennent les lignites et les tourbes. Cette substance se présente à nos yeux sous des aspects différents, mais ces modifications de son état primitif sont dues à l'action d'agents naturels qui ont agi sur elle avec une intensité et dans des circonstances différentes, et alors que par d'autres causes également naturelles, elle avait déjà subi une modification dans sa manière d'être.

Par l'analyse chimique, on a pu aussi constater que les combustibles minéraux provenaient de végétaux qui avaient subi une décomposition connue sous le nom de pourriture humide et d'érémacausie ou combustion lente. On a constaté une grande analogie de composition entre les lignites et les houilles quoique, géologiquement, ces deux substances soient très différentes; les houilles contiennent moins d'hydrogène et d'oxigène que les lignites; mais ces gaz ont évidemment été déplacés pour former les composés que l'on trouve en plus grande abondance dans la houille que dans les lignites, et qui sont entre autres la pyrite, l'hydrogène carboné. Il a été reconnu que toutes les substances qui constituent la série entre les combustibles minéraux d'origine la plus ancienne, et la tourbe qui se forme de nos jours, ont le carbone presque pur pour base, et renferment des quantités variables d'oxigène et d'hydrogène; on a aussi trouvé que le combustible est d'autant plus moderne qu'il contient plus de ces gaz et que le rapport de l'oxigène et de l'hydrogène est plus élevé. Etablissant donc que les lignites et les houilles sont de composition presque identique, on est naturellement conduit à donner à ces dernières, une origine végétale comme on le fait pour les lignites.

Enfin, s'il est une preuve directe et qui, s'il n'en existait pas d'autre, suffirait à elle seule pour établir que la houille est d'origine végétale, c'est la constatation du tissu organique des plantes dans certaines espèces de houilles trouvées en Angleterre; il est assez difficile de rencontrer de la houille qui présente ce caractère à un degré sensible à l'œil nu, et cela est naturel, car les végétaux qui ont concouru à sa production ayant été décomposés, ont dû naturellement perdre dans cette transformation, tous leurs caractères de structure organique, et d'autant plus, que ces végétaux, comme nous le verrons plus loin, appartenaient à des espèces herbacées et ne comprenaient que très peu d'arbres.

M.r Witham a fait beaucoup d'observations au microscope, et, en prenant des lames très minces de charbon qu'il polissait entre deux glaces, il est parvenu à rendre la structure organique très-visible au microscope; il a surtout réussi lorsqu'il a expérimenté sur des houilles de formation récente, parce que ces houilles n'ont pas été soumises aussi fortement que les anciennes aux actions décomposantes; ces dernières, de même que l'anthracite, présentent presque toujours une pâte homogène très serrée, dans laquelle il est impossible de constater la moindre trace de structure organique.

M.r Hulton qui a répété les expériences de M.r Witham, a reconnu également la texture végétale dans certaines houilles; en examinant au microscope l'un des échantillons dans lesquels M.r Witham avait découvert une texture végétale bien distincte, son attention fut éveillée par l'apparence remarquable de plusieurs cellules dans cette partie de la houille où l'on ne distinguait pas nettement la texture de la plante originaire; il se procura plusieurs lames de houille de *Newcastle* appartenant aux trois espèces suivantes : *Caking-coal*, très-estimée, qui est la plus abondante et la meilleure en qualité; 2.° *Cannel-coal* ou *Perrot-coal* ou *Splent-coal* des mineurs; et 3.° *Slate-coal* de Jameson qui est composée des deux premières, arrangées en couches minces alternatives, et qui a par conséquent une structure schisteuse; ces trois espèces de houille lui ont présenté une texture végétale bien prononcée, et, indépendamment de la structure réticulée qu'elles doivent à leur origine végétale, elles ont montré des cellules remplies d'une matière couleur de vin paillet (*wyne yellow*), d'une nature en apparence bitumineuse et qui est si volatile qu'elle est entièrement chassée par la chaleur avant qu'aucun changement ait lieu dans les autres éléments de la houille. Le nombre et la structure de ces cellules varient suivant les différentes espèces de houille; dans le *caking-coal*, elles sont comparativement peu nombreuses et très allongées; M.r Hulton croit que leur forme originaire était circulaire; dans les parties les plus pures de cette houille, où la structure cristaline, indiquée d'ailleurs par la forme rhomboïdale de la cassure, est la mieux développée, les cellules sont oblitérées dans ces endroits, la texture est uniforme. Le *slate coal* contient deux espèces de cellules, toutes deux remplies de la matière jaune bitumineuse; les unes ressemblent à celles de la variété précédente, tandis que les autres constituent des groupes de cellules plus petites d'une forme circulaire allongée. Dans le *cannel coal*, où l'on ne remarque plus de trace de structure cristalline, les cellules de la première espèce manquent communément, mais toute la surface est parsemée de séries uniformes de cellules de la 2.e espèce remplies de matière bitumineuse, et séparées les unes des autres par des cloisons minces, fibreuses. Suivant l'auteur, il est probable que ces cellules sont dues à la texture réticulée de la plante mère et qu'elles ont été arrondies et confondues par l'énorme pression à laquelle la masse végétale a dû être soumise. Quant aux structures d'agrégation ou cristalline que l'on remarque souvent à la fois dans un morceau de houille d'un pouce carré, il l'attribue à la différence originaire des plantes qui ont donné naissance aux divers lits de houille.

Ces observations ne permettent donc pas de douter que les houilles que l'on a examinées, étaient composées de substances végétales; il suffit qu'on ait pu reconnaître cette origine pour quelques-unes, pour que l'on soit en droit de l'admettre pour toutes les houilles, car il est probable qu'elles ont été formées d'éléments analogues.

On s'est longtemps refusé à croire qu'il existait des fleurs fossiles comme certaines personnes annonçaient en avoir découvert dans la houille; il était en effet difficile de concevoir que les étamines et les pistiles qui sont ordinairement d'une nature très-délicate, avaient pu résister à l'action qui a converti la matière végétale en houille; cependant, le doute n'est plus permis aujourd'hui, car on a trouvé en Angleterre des empreintes sur schiste et sur grès, qui, selon toute probabilité, proviennent des fleurs appartenant à quelque genre de fleurs radiées; ces échantillons sont déposés dans les cabinets du musée géologique à Londres.

Il est donc bien établi que la houille provient de substances végétales.

Mais, quelles ont été ces substances et comment expliquer leur présence en assez grande quantité pour former les couches si nombreuses que l'on rencontre dans les bassins houillers ? Les observations de géologues éminents, et en particulier, de M.r Bronguiart, ont mis à même de se rendre compte de la nature de ces substances et des diverses circonstances de leur production ; ces végétaux ont été étudiés sur les nombreuses empreintes que l'on rencontre dans les terrains avoisinant les couches de houille, et l'on a pu déterminer un grand nombre d'espèces dont on trouve encore beaucoup d'analogues de nos jours, surtout dans les pays chauds.

Voici comment M.r de Humbold, dans son cosmos, s'exprime sur les espèces de plantes appartenant à la formation houillère :

« Le terrain houiller comprend non seulement des plantes cryptogames analogues aux fougères et des monocotyledones phanérogames (des gazons, des liliacées analogues aux yacca, et des palmiers) mais encore des dicotytedones gymnospermes (conifères et cycadées). On connaît déjà près de quatre cents espèces de la flore du terrain houiller; nous nous bornerons à citer les calamites et les lycopodiacées arborescentes, des l'épidodendrons squammeux, des sigillaria de vingt mètres de longueur, quelquefois debouts et enracinés ; ces derniers se distinguent par un double système de fascicules vasculaires ; des stigmaria semblables aux cactus; un nombre immense de feuilles de fougères souvent accompagnées de leurs troncs, et dont l'abondance prouve que la terre ferme des époques primitives était purement insulaire ; des cycadées et surtout des palmiers en moindre nombre que les fougères ; des astérophyllites aux feuilles verticillaires, alliées aux naïades; des conifères semblables à certains pins du genre araucaria, avec de faibles vestiges d'anneaux annuels. Tout ce règne végétal s'est largement développé sur les parties soulevées et mises à sec du vieux grès rouge, et les caractères qui le distinguent du monde végétal actuel se sont maintenus, à travers les périodes suivantes, jusqu'aux dernières couches de la craie. Mais la flore aux formes si étranges des terrains houillers, présente, sur tous les points de la terre primitive (dans la nouvelle-Hollande, au Canada, au Groenland, comme dans les îles Melville), une uniformité frappante dans les genres, si non dans les espèces.

« Là où plusieurs lits de charbon de terre sont superposés, les végétaux ne sont point répartis confusément, sans distinction de genres ni d'espèces; le plus souvent, ils y sont disposés par genres de telle sorte que les lycopodes et certaines fougères se trouvent dans une couche, les stigmaria et les sigillaria dans une autre couche. »

Ces végétaux étaient donc nombreux, et l'on voit par leurs empreintes qu'ils étaient bien plus développés que ceux qui leur sont analogues et que l'on trouve actuellement; ils ont dû se produire en abondance pour fournir les matériaux nécessaires pour former les couches de houille, car M.r Elie de Beaumont a calculé que les matières végétales produites par nos forêts durant l'espace d'un siècle et dans des circonstances favorables, suffiraient a peine pour former, après leur transformation en houille, une couche de 16 millimètres d'épaisseur. Cette abondance de végétation est expliquée convenablement par M.r Adolphe Brongniart; ses recherches l'ont conduit à reconnaître que, à cette époque reculée, l'atmosphère contenait une plus grande proportion d'acide carbonique qu'elle n'en renferme aujourd'hui; qu'il y avait bien moins de terreau; que les plantes ont vécu plus facilement et ont pu se développer avec beaucoup de rapidité puisque la quantité de carbone qu'elles pouvaient absorber était considérable; enfin que la végétation était favorisée par l'élévation de température et l'état très-hygrométrique de l'atmosphère.

M.r Th. de Saussure a d'ailleurs prouvé qu'une atmosphère renfermant 2, 3, 4 et même 8 p. °/₀ de plus d'acide carbonique que celle dans laquelle nous vivons, était favorable à la végétation; et, s'il fallait une preuve de l'abondance de l'acide carbonique dans la nature à l'époque de la formation houillère, nous la trouverions dans l'absence, dans le terrain houiller, des débris d'animaux à sang chaud; ainsi, les plus anciens fossiles que l'on rencontre appartiennent aux animaux à sang froid, aux reptiles qui disparaissent après la formation houillère, tandis qu'on ne trouve aucune trace de la présence de l'homme, des oiseaux, des mammifères ou des animaux à sang chaud, parcequ'ils n'auraient pu vivre dans une atmosphère aussi chargée d'acide carbonique; ces derniers n'apparaissent que quelque temps après la formation houillère, alors que les végétaux, pour atteindre ces dimensions gigantesques, qu'on leur reconnait, s'étaient approprié une grande quantité de l'acide carbonique renfermée dans l'atmosphère et avaient rendu cette dernière respirable pour les oiseaux et les mammifères.

Quant à la température de l'atmosphère dans laquelle cette végétation se développait, elle devait être assez élevée, parceque la croûte terrestre, peu épaisse alors, laissait passer facilement la chaleur centrale de notre planète et c'est ce qui explique la présence dans nos contrées, de ces plantes qui appartiennent plutôt aux pays à climats chauds qu'à notre pays à climat tempéré. Cette température devait aussi être uniforme sur toute la terre, car les causes de refroidissement qui ont amené, par la suite, l'abaissement de la température des divers climats, n'existaient pas à cette époque, et la grande quantité de chaleur dégagée de la terre, détruisait pour ainsi dire, les inégalités qui existaient dans le degré de la température moyenne des différentes latitudes. Cette uniformité de température nous est suffisamment démontrée par l'identité que l'on trouve entre les divers échantillons d'une même plante de la flore houillère, recueillis dans quelque latitude que ce soit.

Dans des conditions aussi favorables de température et de composition de l'atmosphère, la végétation devait donc être active et abondante; elle devait fournir une masse de substances qui disparaissaient successivement et se trouvaient enfouies sous les débris des végétations nouvelles; elles n'étaient pas perdues cependant, car la nature prévoyante les plaçait dans son creuset et leur faisait subir des manipulations qui devaient fournir un combustible précieux pour les générations à venir.

Disons maintenant, en peu de mots, comment ces végétaux ont pu se trouver accumulés dans le même lieu en quantité suffisante pour former les bassins houillers.

D'abord, il est reconnu que le terrain houiller est d'origine sédimentaire : la nature des couches qui le composent, la disposition des schistes, des grès, des psammites et de la houille en lits alternatifs, l'épaisseur presque uniforme de chacune de ces couches ou bancs dans toute leur étendue, etc., indiquent suffisamment que ces terrains ont été déposés sous l'eau ; les couches de houille se trouvant placées entre des lits de substances arénacées qui proviennent de transports et de sédiments, paraîtraient donc avoir une origine analogue a celles de ces derniers. Mais la houille est-elle une formation sédimentaire proprement dite, c'est-à-dire, provient-elle de matières qui ont été charriées par les eaux et qui se sont déposées dans leur sein, ou bien les végétaux qui l'ont produite ont ils crû sur place à la manière des tourbières?

Nous allons examiner ces deux hypothèses.

Pendant longtemps, on a cru que les végétaux avaient été amenés par les eaux et déposés sur le lit de mers ou d'amas d'eau considérables qui occupaient la place où se trouvent aujourd'hui les bassins houillers ; ce qui portait à admettre cette hypothèse, c'est que, en voyant combien les tourbières se développent lentement de nos jours, on avait peine à concevoir une période de temps assez longue pour permettre la formation, d'une manière analogue, d'amas de végétaux ayant une puissance suffisante pour produire des couches de houille de 1, 2, 5, 10 et même 50 m. d'épaisseur comme on en rencontre dans certains bassins ; mais on ne doit pas perdre de vue que, à cette époque reculée, la végétation était bien autrement active et abondante qu'elle ne l'est aujourd'hui, et que des accumulations considérables de matières végétales pouvaient se faire en un temps comparativement beaucoup moins long que celui qui serait actuellement nécessaire pour former des dépôts de même puissance ; la longue période de temps qu'aurait exigé l'accumulation, sur une étendue donnée à la manière des tourbières, des végétaux en masse suffisante pour fournir les éléments nécessaires à la formation d'une couche de houille, n'est donc pas un motif pour faire croire que ces matériaux ont dû être charriés et accumulés par des courants.

Ce qui se passe encore actuellement en Amérique, paraissait venir à l'appui de cette première supposition : le capitaine Basil Hall, voyageur anglais, rapporte que sur la rivière Atchafalaya, on trouve des radeaux formés de millions de troncs d'arbres qui ont été amenés par les courants et par les eaux du Mississippi; que ces arbres recouvrent non seulement une grande partie de cette rivière, mais encore la mer, sur plusieurs milles d'étendue; ces radeaux paraissent avoir en certains points une épaisseur de 8 pieds anglais environ, et s'étendent chaque année par l'arrivée de nouveaux arbres. Mais il est impossible d'admettre une origine semblable pour les bassins houillers; en effet, comment se figurer que des arbres aient été amenés d'une grande distance, en nombre assez considérable pour former une couche de houille de 1 mètre par exemple d'épaisseur, et aient été répartis, d'une manière uniforme, sur une surface de plusieurs kilomètres quarrés, car on trouve généralement peu de variations dans l'épaisseur des couches de charbon; les calculs auxquels M.r Elie de Beaumont s'est livré, donnent une idée de l'énorme épaisseur qu'auraient du avoir ces amas d'arbres, et ils démontrent très bien l'impossibilité d'une semblable formation.

Voici comment les calculs de ce savant ont été résumés dans un rapport fait à l'académie de Paris. (1)

« La pesanteur spécifique de la houille est moyennement de 1,30; celle des bois dont nos forêts se composent peut être évaluée en moyenne à 0,70.

« De là il résulte que si l'on concevait que du bois fût condensé de manière à acquérir la densité de la houille, son volume se réduirait dans le rapport de 130 à 70, ou de 1 à 0,5385.

(1) Comptes rendus de l'académie des sciences, 1.er août 1842.

« De plus, le bois ne renferme pas, à poids égal, autant de carbone que la houille, ce qui exige une nouvelle réduction.

« D'après les analyses de M.r Regnault, les diverses houilles contiennent, généralement, entre 90 et 80 pour cent de carbone ; moyenne, 85 p. 100.

« Le bois vert contient, moyennement, environ 36 pour cent de carbone.

« D'après cela, si un poids donné de bois pouvait être changé en houille, sans perte de carbone, il se réduirait dans le rapport de 1 à $^{36}/_{85}$, ou de 1 à 0,4255.

« Si donc, une couche de bois, sans interstices, pouvait être changée en houille, sans perte de carbone, son épaisseur diminuerait dans le rapport de 1 à $0,5385 \times 0,4255 = 0,2280$.

« La quantité de matière ligneuse contenue dans un hectare de forêt est variable, et il est difficile d'en donner une moyenne exacte. Je prends comme exemple, le département des Ardennes, où M.r Sauvage, Ingénieur des mines à Mézières, évalue à 180 stères le produit d'un hectare de taillis de vingt-cinq ans entièrement coupé, sans laisser aucune réserve.

« Le poids de chaque stère de bois, d'essences mélangées, serait (eu égard aux vides) d'environ 330 kilogrammes, ce qui donnerait pour l'hectare entier 59,400 kilogrammes; en admettant une pesanteur spécifique moyenne de 0,70, cela donnerait 84,86 mètres cubes de bois, qui pourraient former sur toute la surface de l'hectare une couche continue et sans interstices de 0,m 00 8486 d'épaisseur.

« Transformée en houille, d'après les évaluations précédentes, cette couche de bois reviendrait à une couche de houille de 0,m 00 8486 × 0,2280 = 0,m 00 1935 ou environ deux millimètres d'épaisseur.

« Il est probable que la plupart des futaies ne renferment pas trois fois autant de matière ligneuse qu'un taillis de vingt-cinq ans bien garni ; par conséquent, la plupart des futaies doivent contenir moins de carbone qu'une couche de houille de même étendue et de 6 millimètres d'épaisseur.

« Il existe probablement peu de futaies, même parmi les plus épaisses, qui contiennent autant de carbone qu'une couche de houille de même étendue et d'un centimètre d'épaisseur. La surface des terrains houillers reconnus en France forme $^{1}/_{214}$ de la surface totale du territoire. Si l'on tient compte de la stérilité de certains terrains, on verra qu'une futaie de la plus belle venue possible qui couvrirait la France entière serait loin de contenir autant de carbone qu'une couche de houille de 2 mètres d'épaisseur étendue dans les seuls bassins houillers connus.

« Ces résultats, qui, je le répète, sont de simples approximations, suffisent cependant pour donner une idée du phénomène, quel qu'il soit, par suite duquel a eu lieu l'accumulation de matière végétale nécessaire pour produire une couche de houille ayant 1 mètre, 2 mètres et jusqu'à 30 mètres d'épaisseur, comme celle du bassin houiller de l'Aveyron.

« La question de savoir comment ce carbone a pu s'accumuler, exerce les géologues depuis longtemps. On a quelquefois supposé que les couches de houille pouvaient résulter de l'enfouissement de radeaux de bois flotté; mais les calculs précédents conduisent à reconnaître que ces radeaux devraient avoir eu une épaisseur énorme et tout à fait inadmissible.

« Le bois, lorsqu'on le coupe en bûches d'une longueur uniforme, et qu'on le range en stères, présente de nombreux interstices qu'on évalue à plus des $^{38}/_{128}$ du volume total, de sorte que le bois n'en remplit réellement que les $^{90}/_{128}$. Pour des branchages, la somme des vides est encore plus grande. Dans un radeau naturel, les troncs ne pourraient être aussi bien rangés que dans du bois en stères, et l'on peut supposer sans exagération qu'un radeau naturel renfermerait $^{64}/_{128}$, ou la moitié de son volume de vide; par conséquent, un pareil radeau, s'il pouvait se réduire en houille, sans aucune perte de carbone, en donnerait une couche dont l'épaisseur serait $^{1}/_{2} \times 0,2280$ ou 0,1140, c'est-à-dire moins du huitième de la sienne. Ainsi, une couche de houille épaisse d'un mètre supposerait un radeau de 8 m. 76 d'épaisseur; une couche de houille de 2 mètres, supposerait un radeau de

17 m. 54; une couche de houille de 30 mètres, un radeau de 265 mètres. Il faut, en outre, remarquer que la houille provient de végétaux qui, comme les tiges d'équisétacées, étaient bien loin d'être aussi pleines que les arbres de nos forêts; pour avoir égard à cette circonstance, il faudrait peut être tripler les épaisseurs précédentes, et attribuer des couches de houille de 1, 2, ... 30 mètres à des radeaux de 26, 52, ... 788 mètres d'épaisseur, suppositions qui dépassent les limites de la vraisemblance, et même celles du possible.

« Cette remarque, en excluant l'hypothèse des radeaux, me paraît augmenter la probabilité de celle qui attribue aux couches de houille une origine analogue à celle des tourbières. »

S'il fallait d'autres arguments contre cette hypothèse, nous les trouverions entr'autres: 1.° Dans la quantité assez faible de cendres que les houilles fournissent à l'analyse chimique; 2.° Dans la présence de troncs d'arbres que l'on trouve placés verticalement et traversant plusieurs bancs successifs de substances sédimentaires; 3.° Dans la nature différente et la disposition des couches qui composent le terrain houiller; et 4.° Dans la perfection des empreintes végétales que renferment les bancs de roches avoisinant les couches de houille.

En effet, 1.° Si les végétaux avaient été charriés par les eaux et accumulés comme cela se présente en Amérique, cette accumulation n'aurait pu avoir lieu sans qu'en même temps il se fût déposé une forte quantité de matières arénacées; les courants qui transportaient les arbres devaient naturellement tenir en suspension beaucoup de parcelles solides arrachées aux terrains sur lesquels ils avaient passés; c'est ce que l'on constate d'ailleurs aujourd'hui dans les amas qui se forment à l'embouchure du Mississipi; on aurait donc constaté dans la houille, des grandes quantités de matières stériles, tandis que, généralement, on n'en trouve après la combustion, que 5 à 10 pour cent, et très rarement au-delà de 20 pour cent.

2.° Dans la supposition d'un dépôt de matières végétales formé au sein des eaux, il est difficile de comprendre comment les arbres que l'on a rencontré traversant plusieurs bancs successifs de grès, auraient pu prendre cette position qui a dû être verticale, car ces bancs étant de formation sédimentaire, ont été déposés sur une surface horizontale ou s'en approchant de beaucoup ; en supposant que par suite du poids plus considérable de leur pied, ces arbres flottants aient pu prendre, à la fin, une position verticale, ils n'auraient pu résister aux mouvements des eaux dans lesquelles ils se trouvaient plongés et qui amenaient les éléments nécessaires pour former les couches sédimentaires dans lesquelles ils sont ensevelis; ils ont donc dû être fixés au sol inondé; on a d'ailleurs pu reconnaître dans beaucoup de cas, que les tiges fossiles rencontrées dans les bancs de grès dans une position verticale ou plutôt traversant les bancs perpendiculairement à leur plan de stratification, se trouvaient dans leur position primitive, c'est-à-dire sur la place où elles ont cru; évidemment, dans ces cas, on a la certitude qu'il ne doit y avoir eu que peu ou point d'eau sur le terrain dans lequel ces arbres ont pris racine, autrement ils n'auraient pu s'y développer, et que, par suite, cette lame d'eau n'a pu recevoir des dépôts d'arbres aussi considérables que ceux nécessaires pour produire une couche de houille.

3.° L'alternance et la composition des couches de houille et des bancs de roche arénacée qui constituent le terrain houiller, peuvent encore fournir un argument contre l'hypothèse du charriage des végétaux qui ont servi à former la houille ; comme nous l'avons vu plus haut, la houille ne renferme que très peu de matières stériles; les bancs de schiste, et surtout ceux de grès, ne contiennent pas de traces de végétaux convertis en houille; il n'y a que les schistes qui sont en contact avec les couches de houille, qui en renferment en plus ou moins grande quantité; d'où viendrait donc cette exclusion des matières arénacées dans un cas, et des végétaux dans l'autre cas, si ces diverses couches s'étaient formées dans la même masse d'eau? Il faudrait pour expliquer ces faits, supposer, ce qui est inadmissible, que les courants qui ont amené les éléments nécessaires pour former les couches de houille et les bancs de grès, charriaient, pendant une longue période de temps, exclusivement des végétaux, et puis, pendant une autre période de temps, exclusivement des matières arénacées; qu'ils recommençaient ensuite à transporter alternativement des matières végétales et des substances minérales, et ainsi de suite pendant très longtemps, car les grès et la houille se trouvent placés en bancs alternatifs, et chacun en grand nombre, dans les bassins houillers; évidemment, si les végétaux ont été amenés par des courants d'eau dans les bassins où se sont produits les terrains houillers, ces mêmes courants auraient continué d'en charrier pendant que se formaient les bancs sédimentaires et l'on aurait alors retrouvé ces végétaux dans ces derniers.

4.° Si l'on considère l'état dans lequel on rencontre presque toujours les empreintes végétales dans le terrain houiller, on est porté à admettre que les végétaux qui leur ont servi de moule ont été saisis sur place ou bien à une faible distance du lieu de leur croissance, par les dépôts sédimentaires, et que ces dépôts se sont produits tranquillement; comment, en effet, dans la supposition d'une accumulation par transport, expliquer la conservation parfaite et vraiment remarquable de ces plantes, de ces grandes feuilles si déliées et si délicates?

Évidemment, si ces plantes avaient été charriées par les eaux, elles n'auraient pas tardé à se déformer, à se briser, et elles n'auraient pu donner ces empreintes admirables qui montrent suffisamment qu'elles sont restées intactes et entièrement développées, et qu'elles se trouvaient dans un état de conservation parfaite, lorsque la nature est venue former son herbier qui devait servir à l'histoire de la végétation des temps primitifs.

L'hypothèse du charriage des végétaux ne peut donc être reçue, et l'on doit naturellement admettre que les végétaux dont est formée la houille, ont une origine analogue à celle des tourbes.

Les observations microscopiques sont encore venues donner raison à cette hypothèse; elles ont fait reconnaître qu'il y avait beaucoup d'analogie entre la structure de la houille et celle de la tourbe. M.r Link qui a fait beaucoup d'observations de ce genre, a commencé par bien étudier la structure des tourbes; il a constaté que la tourbe ordinaire est composée de parties terreuses pénétrées par des racines ou fibres radiculaires avec quelques portions de feuilles répandues çà et là; que la partie terreuse se compose du tissu cellulaire des plantes qui ont été souvent tellement aplaties par l'action d'une forte pression, qu'il est presque impossible de les reconnaître. Parmi les tourbes qu'on vend à Berlin, sous le nom de *tourbe de linum*, il en a rencontré des morceaux compactes et durs, où l'on ne remarque pas de fibres mais seulement quelques débris foliacés, et qui sont composés de couches minces à cassure transverse unie et de couleur brun foncé; il a trouvé que cette tourbe consistait, comme la précédente, en tissu cellulaire de plantes qui ont été comprimées par couches excessivement minces, et qu'elle offrait moins de parties transparentes que la tourbe ordinaire; un troisième échantillon provenant d'une exploitation de la Basse Poméranie, avait l'apparence du bois fossile, mais il ne consistait qu'en couches minces parallèles, à cassure conchoïde et éclatante, et contenant encore des parties semblables à des débris de feuilles; à l'intérieur, cet échantillon ressemblait à la tourbe compacte précédente, excepté que les mailles du tissu y étaient fréquemment rompues; on n'y remarquait aucune trace de structure ligneuse. Plusieurs échantillons parmi les moins transparents, laissèrent passer la lumière quand on les plongea dans l'huile d'olive, et encore mieux quand on les enduisit d'huile rectifiée de goudron de houille.

M.r Link s'est servi du même moyen pour les houilles, et il est parvenu ainsi à rendre un grand nombre de leurs parties transparentes; il a trouvé, en rapprochant les échantillons, que les houilles de l'Amérique du sud, (Nouvelle Grenade), de New-castle, du Bridge Water, de S.t Etienne, de la Basse Silésie, présentaient une structure analogue à la tourbe et particulièrement à la tourbe compacte du linum.

Ainsi, l'on voit par ces observations et par ce que nous avons dit plus haut, que les dépôts de végétaux dont la houille est formée, ont eu une origine analogue à celle des tourbières. Les terrains sur lesquels ces végétaux se sont développés, ont dû présenter une surface horizontale et former des plaines étendues et régulières; ces terrains ont pu être plus ou moins marécageux; mais, lors du développement de la végétation, ils n'ont pas dû se trouver sous l'eau; comme nous l'avons vu précédemment, la végétation, à cette époque, devait être très active, et par suite fournissait une masse de matériaux qui s'accumulaient rapidement en formant, pour ainsi dire, par la succession des époques de la végétation, une série de couches de substances végétales plus ou moins chargées de matières étrangères, suivant que les eaux amenées sur ces terrains, à la suite de pluies ou d'inondations, étaient plus ou moins abondantes; c'est à cette affluence variable des eaux que l'on doit probablement attribuer la présence de ces couches ou lits de terre noire formés d'argile imprégnée d'une grande quantité de carbone, qui partagent très souvent les couches de houille en deux ou plusieurs lits distincts. L'accumulation des végétaux se faisait de cette manière tant qu'il ne survenait pas de l'eau en assez grande quantité pour submerger ces tourbières; mais une fois qu'elles étaient sous l'eau, la végétation y était arrêtée, et les bancs de schiste et de grès se formaient; l'épaisseur de cette lame d'eau a pu être assez considérable surtout pendant que se sont déposés les bancs épais de grès que l'on rencontre dans le terrain houiller; tant qu'elle a persisté, les bancs de grès et de psammite ont continué à s'accumuler; mais lorsqu'elle s'est trouvée suffisamment réduite, soit par suite de l'évaporation, soit par un écoulement produit par l'exhaussement du terrain qui se chargeait de bancs de roches arénacées, ou par toute autre cause, le règne végétal a pu rentrer en possession de ses domaines envahis, et de nouvelles tourbières se sont formées pour être, plus tard, ensevelies à leur tour sous les sédiments amenés par de nouvelles inondations.

Cette explication peut très bien s'appliquer aux bassins d'une faible puissance; mais elle pourrait peut-être présenter quelque difficulté lorsque l'on considère des dépôts de 1500 à 3000 m. et même davantage comme il y a tout lieu de croire qu'il en existe; au premier abord, il paraît en effet assez difficile de comprendre comment, après l'accumulation des végétaux en quantité suffisante pour produire une couche de houille, le terrain a pu se trouver subitement recouvert par une nappe d'eau assez puissante pour donner lieu à la formation de bancs de grès et de schiste plus ou moins épais comme on en rencontre dans la formation houillère; comment les eaux ont ensuite disparu, pendant une certaine période de temps, pour revenir encore après qu'une nouvelle couche de matières végétales avait été produite, et ainsi de suite, de manière à former un ensemble de couches de houille et de bancs de grès et de schiste sur une épaisseur de plus de 3000 m. Mais on peut expliquer ce fait d'une manière assez vraisemblable; en effet, ou bien c'est le niveau des eaux d'immersion qui s'est élevé lors de chaque inondation, ou bien, ce qui est plus à supposer, c'est le niveau du sol qui est descendu successivement à des époques plus ou moins éloignées.

Il est peu probable que ce soit le niveau des eaux qui ait été, à chaque inondation, plus élevé que celui des eaux de l'inondation précédente; il est plus rationnel d'admettre que le terrain est descendu, et que par suite de ce mouvement, les eaux ont pu trouver à l'envahir sur une hauteur plus ou moins grande; qu'il s'est formé, pendant cette inondation, des dépôts de grès et de schiste qui, par l'augmentation successive de leur puissance, ont fini par exhausser le terrain de manière à permettre aux eaux de s'écouler entièrement; qu'alors, les végétaux ont pu se développer sur ce terrain démergé, et qu'ils ont persisté jusqu'au moment où le sol s'est encore affaissé pour être de nouveau envahi par les eaux, et ainsi de suite, jusqu'à la formation de la dernière couche de houille ou du dernier banc de roche du terrain houiller.

Ces mouvements de descente ont dû se produire à des intervalles variables et c'est ce qui explique l'inégalité de puissance que l'on remarque entre les couches de houille; ils ont été plus ou moins importants, et de là, vient le plus ou moins d'épaisseur des bancs de schiste et de grès qui séparent les couches de houille les unes des autres; ils ne se sont pas toujours produits d'une manière uniforme dans toute l'étendue superficielle occupée par la formation houillère, et, à cette inégalité d'action, l'on peut attribuer le défaut de parallélisme parfait entre les couches, et la particularité qui s'observe dans certains bassins, de deux couches de houille séparées par des bancs de grès et de schiste plus ou moins épais à certains endroits, et réunies de manière à ne former qu'une seule couche à d'autres places; enfin, les eaux, en envahissant le sol recouvert de végétaux, ont pu former des courants plus ou moins rapides, lesquels ont emporté ou bouleversé, sur leur trajet, les matières végétales, et les ont plus ou moins mélangées avec des substances terreuses, ce qui a pu occasionner les brouillages et peut-être les rétrécissements que l'on rencontre assez souvent dans les couches de houille.

La cause qui a provoqué l'abaissement du sol a dû se reproduire au moins autant de fois qu'il y a de couches de houille dans un bassin, et elle a dû se faire sentir à des intervalles plus ou moins longs; ne peut-elle pas se rattacher aux phénomènes volcaniques qui auraient eu lieu à des distances plus ou moins grandes des endroits où se sont déposés les terrains houillers? Ces phénomènes peuvent très bien s'être produits avec une intensité variable et à des intervalles de temps différents, et leurs effets ont pu se faire sentir d'autant plus facilement, jusqu'à une très-grande distance, que la croûte terrestre ne présentait pas encore, à cette époque, un degré suffisant de solidité. La circonstance que ces abaissements de terrain ont eu lieu au même endroit, et qu'ils se sont produits d'une manière intermittente, après des intervalles de temps plus ou moins considérables (ce qui est indiqué par l'alternance entre les couches de houille et les bancs de roches sédimentaires), viendrait à l'appui de l'hypothèse qui attribue à ces mouvements une cause dépendante des phénomènes volcaniques.

Il nous reste à dire quelques mots sur la manière dont les substances végétales ont été converties en houille.

Dans les premiers temps, on pensait que la chaleur développée par les roches ignées contenues dans l'intérieur de la terre, avait transformé les végétaux en cette matière d'apparence demi-carbonisée que nous nommons houille; cette opinion était basée sur ce que dans plusieurs localités où l'on avait rencontré cette substance, il se trouvait encore des volcans ou bien des débris indiquant que le terrain avait été volcanique; sur ce que l'on remarquait que la houille, au contact des roches plutoniennes, qui sont d'origine ignée, avait subi des modifications de nature; ainsi, dans le voisinage et jusqu'à une distance variable des filons, des dykes de basanite ou de trappites, les houilles ont perdu leur bitume et leur éclat, présentent un aspect noir mat et sont transformées en anthracite et même, près du dyke, en véritable coke fortement calciné, qui s'enflamme très-difficilement et qui a la plus grande analogie avec le coke et le charbon que l'on retire par le creuset des hauts-fourneaux; enfin, comme à l'époque où l'on fit les premières investigations sur la manière dont la houille avait été produite, les chimistes connaissaient peu l'étendue et la puissance de l'action chimique par la voie humide, l'aspect demi carbonisé que présentait la houille, les avait naturellement conduit à considérer le feu comme ayant été l'agent qui avait transformé la matière végétale en houille.

Mais il faut observer que dans beaucoup de localités où l'on n'a pu découvrir le moindre indice d'effets volcaniques, on rencontre du charbon minéral présentant les mêmes caractères et les mêmes propriétés que celui reposant sur un sol volcanique, quoique dans ces dernières localités, la matière végétale a dû être exposée à l'action d'une chaleur bien plus intense; on ne peut donc attribuer exclusivement à l'action du feu, la transformation des végétaux en charbon minéral; que le feu ait joué un rôle dans cette opération, cela est probable, mais il a dû y avoir une autre cause qui a modifié la nature des végétaux, et cette cause on doit la chercher dans les actions chimiques.

Plusieurs chimistes distingués se sont livrés dans ces derniers temps, à des expériences pour découvrir quel avait pu être cet agent; ils ont reconnu que l'acide sulfurique avait joué un grand rôle dans ces opérations; que cet acide avait, en grande partie, servi à convertir en bitume les huiles des différentes espèces de bois, et que, soit par la chaleur développée par les réactions chimiques, soit par le calorique qui se dégageait du sein de la terre, les matières végétales ainsi décomposées, avaient subi une dernière transformation qui les avait amenées à l'état de houille. Il est bon de remarquer ici, que par l'action des acides sur les matières végétales, on obtient une plus grande quantité de carbone que par l'action de la chaleur seulement.

M.r Hatchett, chimiste anglais, a cherché à obtenir par l'action de réactifs sur des végétaux, une substance analogue à la houille; il a recueilli une matière présentant beaucoup de ressemblance avec le charbon minéral; mais ce produit n'était pas du tout bitumineux; en traitant des résines et en opérant sur des morceaux de chêne, il a obtenu un corps qui avait l'odeur du bitume lorsqu'il brûlait et d'autres de ses propriétés, mais ce n'était pas encore du vrai bitume. Cependant, il faut observer que ces expériences ne prouvent pas que l'action chimique n'a pas joué un rôle important dans la minéralisation des matières végétales; si l'on n'a pu parvenir à préparer artificiellement du véritable bitume par l'action chimique sur des végétaux, cela peut provenir de ce que l'on a opéré sur des corps qui différaient beaucoup de ceux dont la houille est formée, soit par leur constitution, soit par le mode de combinaison dans lequel se trouvaient les éléments qui entraient dans leur composition, et de ce que la manière d'opérer n'était pas la même que celle suivie par la nature qui a employé des moyens lents et des masses immenses de matières; de plus, les circonstances dans lesquelles se faisaient les expériences n'étaient pas les mêmes que celles qui ont accompagné la formation de la houille, car les matières dont proviennent ces dernières, se trouvaient soumises à des pressions plus ou moins considérables suivant la puissance des dépôts qui les recouvraient; cette forte pression a pu avoir de l'influence sur le résultat de la décomposition, et elle a, au moins, concouru à donner de la compacité à la houille. Il n'y a donc rien de surprenant à ce que l'on n'ait pu obtenir du véritable bitume en opérant directement sur des matières végétales.

Mais, de ce que le bitume et la résine soumis à l'analyse chimique donnent des produits analogues; de ce que l'on rencontre ces deux corps unis l'un à l'autre dans la nature, on peut conclure que très probablement le bitume que l'on retire de la houille provient de la décomposition, par quelqu'agent chimique, des résines et des substances huileuses des plantes qui ont été enfouies; M.r Hatchett croit que cet agent qui a aussi servi à former la houille, a été l'acide muriatique ou l'acide sulfurique; il y a plusieurs raisons qui font supposer que c'est l'acide sulfurique qui a joué le principal rôle dans cette opération; en effet, les produits analogues au charbon que l'on obtient par sa réaction sur les matières végétales, l'abondance des pyrites, de l'alun, du sulfate de fer dans le terrain houiller, la présence dans la plupart des houilles, de la pyrite qui s'annonce par l'odeur sulfureuse que produit la combustion, toutes ces circonstances paraissent indiquer que cet acide a été mis en œuvre par la nature dans la transformation des végétaux en houille.

Il est donc très probable que c'est à l'action combinée des acides et de la chaleur, l'une décomposant, et l'autre favorisant ou achevant la décomposition, qu'est due la transformation des matières végétales en houille.

En résumé, l'on peut conclure de ce qui a été dit dans ce chapitre, que la houille a été formée de substances végétales qui ont crû à la manière des tourbières et ont formé des dépôts d'une puissance considérable; que ces tourbières ont été successivement recouvertes par une lame d'eau qui a persisté à leur surface pendant un temps plus ou moins long durant lequel les bancs de schiste et de grès se sont déposés; que cette eau étant venue à disparaître par une cause quelconque, de nouvelles tourbières se sont formées, qui, à leur tour, ont été submergées, et ainsi de suite; enfin, que ces substances végétales enfouies de cette manière, ont été soumises, sous l'influence d'une forte pression, à l'action de la chaleur et d'agents chimiques qui en ont modifié la composition et l'ont transformée en houille.

La nature prévoyante n'avait pas voulu que le produit d'une

végétation abondante et plusieurs fois séculaire, fut perdue pour l'humanité; travaillant dans l'intérêt des générations à venir, elle avait mis en réserve ces matériaux précieux; elle avait condensé, si nous osons nous servir de cette expression, la force qu'ils représentent, voulant la remettre à la disposition de l'homme lorsque le besoin s'en ferait sentir; c'est cette force que nous voyons aujourd'hui développée et utilisée par l'intermédiaire des nombreuses machines à vapeur, qui sont l'âme et la cause de la prospérité de nos principaux établissements manufacturiers, et qui leur permettent de produire les objets de première nécessité en grande abondance et à un prix tel qu'ils sont à la portée de tout le monde; c'est cette force qui, dans nos fourneaux, nous donne le moyen de séparer, pour ainsi dire à la main, les métaux utiles combinés entre eux ou perdus dans des matières stériles et qu'il aurait été impossible, sans son secours, de recueillir en aussi grande quantité qu'on le fait aujourd'hui; enfin, c'est cette force que nous transformons en une source de bien-être dans nos foyers domestiques, et qui, surtout dans les localités où la houille peut être livrée à bas prix, permet aux classes inférieures de la société de se procurer une chaleur bienfaisante dont elles auraient dû se priver la plupart du temps, si la houille n'avait pas existé.

2.me PARTIE.

Classification, composition, analyse, caractères extérieurs, puissance calorifique, distillation, usage et choix des houilles.

I.

Classification des Houilles.

Nous avons vu dans le chapitre précédent, que la houille est d'origine végétale; elle est essentiellement composée de carbone, d'hydrogène, d'oxigène et presque toujours on y rencontre de l'azote; elle renferme aussi des matières stériles, en plus ou moins grande quantité, qui forment le résidu de la combustion et prennent alors le nom de cendres. Ces éléments n'entrent pas pour les mêmes proportions dans toutes les houilles; au contraire, on ne trouve pour ainsi dire pas deux couches dont les produits aient une composition identique; la nature et les propriétés de ces combustibles varient avec les quantités relatives de ces divers éléments; pour beaucoup de houilles, les caractères sont bien distincts, mais pour un très grand nombre, qui se placent entre ces variétés définies, le passage de l'une à l'autre a lieu d'une manière si insensible, qu'il a été jusqu'ici presque impossible d'établir une classification complète et tranchée.

Parmi toutes les classifications qui ont été proposées et qui sont basées, les unes sur les caractères géologiques, les autres sur les caractères minéralogiques des houilles ou sur leurs applications dans l'industrie, nous citerons les classifications des Anglais, de Werner, de Woigt et de Karsten, et enfin la classification de M.r Regnault. Nous ne nous occuperons pas dans ce travail des lignites non plus que des anthracites; nous ne considérerons que les houilles proprement dites.

Les anglais divisent les houilles, sous le point de vue métallurgique, en :

Houille collante (caking coal).

Houille esquilleuse (splint or light burnt hard coal).

Houille molle (cherry, or soft coal).

Et houille compacte (cannel coal).

La houille collante possède, d'après Jamson, une couleur intermédiaire entre le noir de velours et le noir grisâtre obscur; elle se présente en masse et en concrétions ovoïdes; elle est luisante et brillante et son éclat est résineux; sa cassure principale est schisteuse et sa cassure en travers est imparfaite et conchoïde; ses fragments sont quelquefois cubiques, quelquefois trapézoïdaux ou d'une cristallisation indéterminable. Au feu, elle se réduit en petits morceaux, qui se fondent, s'agglutinent et produisent beaucoup de chaleur; la combustion dure assez longtemps.

La houille esquilleuse a une couleur noire un peu brune; son éclat est résineux et brillant, sa cassure principale est feuilletée. Cette houille n'est pas dure; elle se désagrège rapidement par l'action de l'eau. Elle demande une température élevée pour être mise en combustion; elle brûle lentement, avec flamme et donne une chaleur très vive. Le coke qu'elle fournit paraît être excellent pour fondre les minerais de fer.

La houille molle est d'un noir de velours avec une légère teinte de gris; elle est tendre et très friable; sa cassure en travers est unie, conchoïde et très éclatante; ses fragments ont à peu près la forme cubique. Cette houille s'embrase facilement, brûle avec flamme et se consume promptement; elle produit une chaleur très forte; elle ne se ramollit pas au feu.

La houille compacte est d'un noir foncé, tirant sur le gris ou sur le brun; elle a le brillant de la résine; elle est très dure, susceptible de recevoir un beau poli et est très recherchée par les tourneurs qui en font des tabatières et d'autres boîtes. Dans le Yorkshire, on la nomme *branch coal*. Par l'action de la chaleur, elle se divise en feuillets; elle est très inflammable et brûle avec flamme; son nom de *cannel coal* (houille chandelle) lui vient de ce que dans plusieurs localités et principalement de le Lancashire, les pauvres s'en servaient jadis pour remplacer l'huile et le suif pour s'éclairer. Elle est très estimée pour la fabrication du gaz éclairant et pour le chauffage des chaudières.

Werner établit les espèces suivantes :

1.° *Houille piciforme.*
2.° » *scapiforme.*
3.° » *de Kilkenny.*
4.° » *schisteuse.*
5.° » *lamelleuse.*
6.° » *grossière.*

Woigt les distingue en :

1.° *Houille schisteuse.*
2.° *Schiste houiller.*
3.° *Houille lamelleuse.*
4.° » *de suie.*
5.° » *argileuse.*

Karsten les classe de la manière suivante :

1.° *Houille piciforme.*
2.° » *scapiforme.*
3.° » *de Kilkenny.*
4.° » *schisteuse.*
5.° » *grossière.*
6.° » *de suie.*

Mais ces classifications ne sont basées que sur la forme extérieure ; elles reposent uniquement sur le mélange ou sur l'absence du mélange de houilles plus ou moins riches. On nomme *houille schisteuse*, celle qui se compose de couches alternatives de charbon noir à cassure conchoïde et d'un éclat résineux, et de charbon brunâtre sans éclat, à cassure plane ou légèrement conchoïde ; cette espèce renferme beaucoup de lits minces d'anthracite fibreux. Lorsque ces couches alternatives sont très-minces, la houille prend le nom de *lamelleuse ;* si au contraire elles sont très épaisses, la houille est riche en carbone, possède un éclat résineux et on la désigne sous le nom de houille *piciforme ;* si elle possède peu d'éclat, elle est moins riche en carbone et prend le nom de *houille de Kilkenny ;* on donne le nom de *grossière*, à la houille formée de ces deux dernières espèces mêlées intimement ensemble et non séparées par couches alternatives.

M.r Karsten a encore suivi une autre classification, basée sur la nature du coke que les houilles donnent à la distillation : ainsi, il distingue trois sortes de houilles : 1.° les *houilles à coke boursoufflé ;* 2.° les *houilles à coke fritté* et 3.° les *houilles à coke pulvérulent.* Les deux premières sortes constituent les houilles *grasses*, et la troisième, les houilles *maigres.*

Enfin, M.r Regnault divise les houilles, d'après leur application dans les arts, en :

1.° *Houilles grasses et fortes ou dures ;*
2.° » » *maréchales ;*
3.° » » *à longue flamme ;*
4.° » *sèches à longue flamme.*

Voici comment cet auteur décrit ces diverses espèces de houilles.

Les houilles grasses et fortes ou dures, donnent un coke métalloïde boursoufflé mais moins gonflé et plus lourd que celui des houilles maréchales. Elles sont les plus estimées pour les opérations métallurgiques et elles donnent le meilleur coke pour les hauts-fourneaux. Ces houilles diffèrent des houilles maréchales par un plus grand contenu en carbone ; leur poussière est d'un noir brun.

Les houilles grasses maréchales donnent un coke métalloïde très boursoufflé. Ce sont les plus estimées pour la forge. Elles sont d'un beau noir et présentent un éclat gras caractéristique; leur poussière est brune. Le plus souvent, elles sont fragiles et se divisent en fragments rectangulaires.

Les houilles grasses à longue flamme donnent encore ordinairement un coke métalloïde boursoufflé mais moins que celui des houilles maréchales; souvent, on y reconnaît encore les différents fragments de houille employés à la carbonisation, mais ces fragments se sont toujours très bien collés les uns aux autres.

Ces houilles sont très recherchées pour la grille, quand il faut donner un coup de feu vif, comme dans le puddlage; elles conviennent aussi très bien pour le chauffage domestique et ce sont celles que l'on préfère pour la fabrication du gaz d'éclairage. Elles donnent souvent un bon coke pour les hauts-fourneaux, mais toujours en petite quantité.

Enfin *les houilles sèches à longue flamme* donnent un coke métalloïde à peine fritté; souvent même, les divers fragments ne contractent qu'une adhérence très faible. Elles sont encore bonnes pour les chaudières; elles brûlent avec une longue flamme mais qui passe assez rapidement, et elles ne sont pas susceptibles de donner une chaleur aussi intense que les houilles de la classe précédente. La couleur de la poussière est la même que celle des variétés précédentes.

Dans ce travail, nous classerons les houilles exploitées dans le bassin de Mons, de la manière suivante :

1.° *Houille grasse maréchale, ou grasse.*
2.° » *grasse à longue flamme, ou demi-grasse.*
5.° » *maigre à longue flamme,* } *ou maigres.*
4.° » *sèche à courte flamme,* }
5.° » *maigre brûlant presque sans flamme.*

On ne connaît pas dans ce bassin de couches d'anthracite.

Cette classification des houilles est, comme celle de M.r Regnault, basée sur leurs applications dans l'industrie et sur la manière dont elles se comportent au feu; nous avons pensé qu'il convenait de l'adopter de préférence aux divisions fondées sur les caractères minéralogiques, ou géologiques parceque l'industriel est beaucoup plus intéressé à connaître quel usage il peut faire d'une espèce donnée de houille, que de savoir à quel terrain elle appartient ou quels sont ses caractères minéralogiques.

Nous répéterons cependant ici, qu'il est impossible d'obtenir une classification tranchée ; dans chacune de ces classes, il se trouvera des houilles qui auront beaucoup d'analogie avec d'autres houilles des classes précédentes et suivantes; mais aussi, il y en aura qui présenteront des caractères tranchés et particuliers, et ce sont elles que nous prendrons comme types dans la description que nous ferons des houilles.

En traitant en particulier des diverses espèces de houilles exploitées dans le bassin de Mons, nous donnerons les caractères et propriétés des houilles de chacune de ces classes.

II.

Composition des Houilles.

La composition des houilles est très variable; aussi les chimistes qui se sont occupés de l'analyse de ces combustibles, sont.ils loin d'avoir obtenu des résultats identiques. Berthier les considère comme étant du bitume solide auquel sont mélangées des matières pierreuses qui proviennent des roches entre lesquelles elles sont renfermées et qui peuvent contenir quelques substances minérales qu'il appelle accidentelles et qui sont disséminées dans la masse.

D'autres chimistes les regardent comme étant composées de charbon bitumineux et de matières terreuses. Mais nous avons donné dans le chapitre premier, quelques détails sur la formation des houilles, et nous avons vu qu'elles proviennent de substances végétales qui ont subi une décomposition particulière. Les houilles sont des composés de carbone, d'hydrogène, d'oxigène, et d'azote; elles renferment en outre très souvent de la pyrite, et toujours des substances terreuses et fixes pour la plupart, qui constituent les cendres. Ces éléments entrent en proportion variable dans les diverses espèces de houilles; ainsi on trouve des houilles qui, sur cent parties, renferment de 76,50 à 92,60 de carbone, de 1,50 à 5,70 d'hydrogène, de 2,90 à 21,00 d'oxigène et de 1,00 à 14,00 d'azote; quant aux matières stériles, il y a des houilles qui n'en contiennent que très peu, 0,20 pour cent, et d'autres qui en laissent après la calcination 20 pour cent et même davantage.

Il résulte des analyses que M.r Regnault a faites de plusieurs houilles, que pour la qualité dite grasse maréchale, la somme des quantités d'oxigène et d'hydrogène est à peu près de 11 pour cent, et que les quantités d'oxigène et d'hydrogène sont à peu près égales; — que pour les houilles grasses à longue flamme, la somme des quantités d'oxigène et d'hydrogène varie depuis 15 jusqu'à 17 pour cent, et que l'oxigène augmente d'une manière notable par rapport à l'hydrogène; que l'hydrogène se trouve en proportion un peu plus forte que dans les houilles grasses maréchales; — que pour les houilles maigres à longue flamme, la somme des quantités d'oxigène et d'hydrogène s'élève jusqu'à 21 pour cent et que l'hydrogène dimiuue; — enfin, que dans les houilles tout-à-fait maigres, la quantité d'oxigène est encore plus forte tandis que l'hydrogène diminue.

En général, moins les houilles sont éloignées de leur état primitif, plus elles contiennent d'oxigène et d'hydrogène.

Le carbone est, comme nous venons de le voir, l'élément qui entre pour la plus forte proportion dans la composition des houilles; lorsque ces dernières brûlent à l'air libre, la chaleur provient en grande partie de la combinaison de l'oxigène de l'air avec le carbone, et la proportion de carbone que renferme une espèce de houille exerce une grande influence sur les effets que l'on veut obtenir de sa combustion et sur la manière dont celle-ci s'effectuera; ainsi, observe-t-on généralement que plus une houille est riche en carbone, plus elle développe de chaleur dans sa combustion; mais si d'un côté, la quantité de chaleur augmente avec le contenu en carbone, d'un autre côté, l'inflammabilité de la houille est en raison inverse de sa richesse en carbone; on ne peut obtenir une flamme longue, vive et une chaleur rapide, qu'avec les houilles qui ne renferment pas une grande quantité de carbone. Lorsque l'on carbonise la houille, le résidu (coke) est du carbone mélangé avec les matières terreuses et fixes que contenait la houille; la quantité de carbone laissée par la distillation est d'autant plus grande que le combustible renferme moins d'hydrogène, d'oxigène et d'azote. Dans les opérations métallurgiques, la réduction des minerais est opérée par la combinaison du carbone du combustible avec l'oxigène qui est uni au métal. Enfin lorsque l'on veut obtenir du gaz éclairant, c'est le carbone qui s'unit à l'hydrogène que contient la houille, pour former des hydrocarbures, et le résidu de cette fabrication est encore du carbone et des matières stériles. Ainsi, dans toutes les circonstances où l'on emploie la houille, c'est le carbone qu'elle contient qui est appelé à jouer le rôle le plus important.

L'hydrogène se trouve en très petite quantité comparativement au carbone; lorsque l'on brûle la houille, le rôle de l'hydrogène consiste à se combiner à l'oxigène du combustible et de l'air pour former de l'eau qui se dégage en vapeur; s'il se trouve en grande quantité par rapport à l'oxigène du combustible, il s'unit au carbone et donne naissance à de l'hydrogène protocarboné et bicarboné qui produisent la flamme. Généralement, les charbons étant d'autant plus poreux que les combustibles crus qui les ont fournis renferment plus d'hydrogène, et les combustibles ainsi que les charbons qu'ils produisent s'enflammant d'autant plus facilement qu'ils sont plus poreux, on peut conclure que l'hydrogène que contiennent les combustibles doit augmenter leur inflammabilité. Les houilles développent donc, en brûlant, d'autant plus de flamme qu'elles renferment une plus grande quantité d'hydrogène.

Lorsque l'on soumet la houille à la distillation pour en obtenir du gaz éclairant, elle perd dans cette opération tout son hydrogène; une partie de ce dernier gaz se combine avec l'oxigène du combustible, et l'autre partie s'unit au carbone pour former des hydrocarbures; ainsi, plus une houille renferme d'hydrogène, plus les produits volatils de sa distillation seront abondants, surtout si le rapport de l'hydrogène à l'oxigène et celui de ces deux gaz au carbone est très grand.

On rencontre certaines houilles qui jouissent de la faculté de se ramollir et de coller lorsqu'on les expose à la chaleur; il se forme dans ce cas une espèce de gluten qui, faisant fonction de ciment, unit les morceaux de charbon et produit ainsi des blocs assez volumineux; cette propriété dépend du rapport entre l'hydrogène et l'oxigène renfermés dans le combustible; plus l'hydrogène est en excès sur l'oxigène, plus la houille est collante; cependant cette propriété est dépendante aussi de la quantité absolue de ces deux corps. Suivant Lampadius, la propriété qu'ont les houilles de fondre et de s'agglutiner, est due à une résine analogue à la poix, et qui se dissout à froid dans l'éther, l'alcool absolu et le carbure de soufre, et à chaud dans les huiles grasses et les huiles essentielles; suivant cet auteur, les houilles contiennent de 5 à 5 pour cent de cette résine ou de ce bitume, et elles sont d'autant plus grasses qu'elles en renferment davantage; après l'extraction de cette résine, elles sont sèches. Mais cette explication n'est pas exacte, car les analyses faites dans ces derniers temps ont suffisamment prouvé que le bitume ne se trouve tout formé dans aucune espèce de combustible, mais qu'il se produit seulement lorsque l'on soumet ce dernier à la distillation.

Dans toutes les espèces de houilles, l'oxigène se trouve en moindre quantité que l'hydrogène, et en quantité telle, que s'il était entièrement employé pour former de l'eau avec l'hydrogène du combustible, il resterait encore une quantité plus ou moins grande de ce dernier gaz, quantité que l'on nomme alors hydrogène en excès.

Pendant la combustion de la houille, l'oxigène qu'elle renferme est employé, partie à former de l'eau avec l'hydrogène du combustible, et partie à produire de l'acide carbonique avec le carbone.

Quant à l'azote, nous avons vu qu'on trouve des houilles qui en contiennent jusqu'à 14 pour cent; mais ce cas est très rare; ordinairement, elles n'en renferment qu'une petite quantité qui varie entre 1 et 2 pour cent. Ce gaz est inutile à la combustion, et, lorsque l'on distille la houille pour fabriquer du gaz éclairant, il se combine à l'hydrogène et forme de l'ammoniaque qui se mélange aux produits gazeux de la distillation qu'il altère et desquels on le sépare par l'épuration.

Tous les composants dont nous venons de parler, peuvent être déterminés par l'analyse quantitative de la houille; toutefois, on peut reconnaître, par quelques caractères extérieurs, les houilles qui en renferment le plus ou le moins; ainsi d'après Karsten, les houilles pauvres en carbone présentent toujours une couleur brunâtre lorsqu'en même temps l'hydrogène est en quantité considérable par rapport à l'oxigène; un noir intense joint à un éclat vif et à une grande dureté, annonce toujours une grande quantité de carbone et un excès d'oxigène; toutefois, l'éclat résineux n'indique pas autant de carbone que l'éclat vitreux. Le noir, un éclat vif, peu de résistance et de dureté, caractérisent les houilles riches en carbone et dans lesquelles l'hydrogène s'est accru; le noir, un aspect terne, beaucoup de résistance et de dureté, annoncent des houilles moins riches en carbone et dans lesquelles l'oxigène domine fortement sur l'hydrogène; si la couleur passe au noir brun, la proportion d'hydrogène augmente; mais si la houille devient en même temps plus terne et que la dureté diminue sans que la résistance change, le contenu de carbone diminue davantage et l'oxigène reste prédominant sur l'hydrogène. En général, la dureté de la houille diminue à mesure que le rapport de l'hydrogène à l'oxigène augmente, et la fermeté ou résistance s'accroit avec le rapport de ces deux gaz au carbone.

La pyrite se rencontre très fréquemment dans les houilles; elle s'y trouve en lamelles jaunes, brillantes, et quelque fois en petits cristaux ou même en veines cristallines souvent à peine visibles, dans les différents lits des couches ou entre les joints de clivage; sa présence nuit beaucoup à la qualité du charbon; à l'air humide, elle se décompose en absorbant de l'oxigène pour passer à l'état de sulfate de fer; cette transformation, qu'on appelle vitriolisation, donne naissance à de la chaleur quelquefois assez forte pour enflammer la houille; dans tous les cas, l'expansion qui résulte de la décomposition de la pyrite, réduit la houille en poussière et augmente de beaucoup la quantité de menu. Lorsqu'on brûle une houille pyriteuse dans un foyer, il se forme de l'acide sulfureux qui se dégage, et le fer reste dans les cendres à l'état de peroxide et les colore en rouge; ce gaz répand une odeur très désagréable dans les appartements. Si ces houilles sont employées au chauffage des appareils évaporatoires, ces derniers ne tardent pas à être corrodés dans les endroits où ils sont léchés par la flamme, parceque le soufre qui se dégage de la pyrite et qui passe à l'état d'acide sulfureux, attaque le métal. Les houilles pyriteuses ne conviennent pas non plus pour le traitement des minerais parceque le soufre s'unit facilement aux métaux et qu'il en altère le plus souvent la qualité. Le coke obtenu avec ces houilles conserve toujours une grande partie du soufre et n'est nullement propre aux opérations métallurgiques; pendant la carbonisation, une partie de la pyrite s'est transformée en proto-sulfure qui reste dans le coke; le soufre dégagé, en réagissant sur la vapeur d'eau, produit de l'hydrogène sulfuré. Enfin, lorsque l'on distille de la houille renfermant des pyrites, ces dernières se décomposent et donnent naissance à du sulfide hydrique, à de l'acide hydrosulfurique et à du sulfide carbonique, gaz qui sont très nuisibles à l'éclairage; se trouvant mélangés aux gaz carburés, ils se décomposent pendant la combustion de ces derniers et produisent de l'acide sulfureux qui se répand dans les appartements, vicie l'air et altère les objets sur lesquels il vient se déposer. On voit donc combien cette substance est nuisible puisqu'elle fait que les houilles qui en contiennent en quantité notable, présentent de grands inconvénients dans la plupart des circonstances.

Toutes les espèces de houilles renferment une certaine quantité de matières stériles et fixes qui forment le résidu de la combustion, et que l'on nomme alors cendres; ces matières se trouvent disséminées dans les houilles ou intercalées entre les feuillets, ou bien elles proviennent soit des roches encaissantes, soit des lits de terre qui divisent les couches, terres qui restent mélangées au charbon après l'abattage; on conçoit donc que la proportion des cendres que laisse une houille après sa combustion, doit varier beaucoup, et qu'elle dépend principalement de la nature de la couche et du soin que l'on apporte à séparer du charbon les substances étrangères fournies par le havage et les roches encaissantes. On n'est donc pas surpris de voir des charbons qui laissent 20 et même plus de 25 p. °/₀ de cendres lorsqu'on les brûle dans les opérations industrielles; cependant, la houille proprement dite ne donne, d'ordinaire, après l'incinération, qu'une petite quantité de cendres qui, en moyenne, ne va pas au-delà de 5 à 6 pour cent; on en trouve même qui n'en fournit que quelques millièmes, mais ce cas est très rare. La quantité des cendres n'est en rapport avec aucune des propriétés qui caractérisent les diverses espèces de houilles; elle ne dépend non plus ni de la proportion de carbone, ni de l'épaisseur de la couche, pas plus que de la profondeur à laquelle elle se trouve dans le sein de la terre; elle n'est même pas constante dans toute l'étendue d'une couche, car, souvent, les analyses de divers échantillons, arrachés de leur gissement à des endroits peu éloignés les uns des autres, en ont fourni des quantités très différentes.

En général, les cendres sont composées de silice, d'alumine, de carbonate et de sulfate de chaux et d'alumine, d'oxide ferrique, de magnésie et de carbonate magnésique; et, ce qui est assez remarquable, c'est qu'on n'y rencontre aucune trace d'alcalis (carbonate de potasse ou de soude) qui se retrouvent dans les cendres des végétaux. La couleur rouge qu'elles présentent très souvent est due à l'oxide ferrique provenant de la décomposition de la pyrite. Le rôle que jouent ces matières dans les diverses circonstances où l'on fait usage de la houille, est différent pour chacune d'elles; ainsi, la silice qui entre pour 50 pour cent en moyenne dans le poids des cendres, est très nuisible dans le traitement des minerais de fer, surtout lorsqu'elle se trouve disséminée dans le charbon et que la température à laquelle on opère est très élevée, comme c'est le cas dans les hauts-fourneaux au coke; dans ces circonstances, le silicium est facilement mis en liberté et se combine avec la fonte dont il altère les qualités, car il rend le fer cassant à froid et en diminue la pesanteur spécifique. L'alumine qui se trouve dans les cendres dans la proportion de 25 pour cent en moyenne, fournit de l'aluminium qui se combine avec la fonte; si ce corps s'y trouve en petite quantité, il paraît qu'il n'exerce aucune influence nuisible sur la qualité du fer; mais si le fer en contient en proportion notable, sa ténacité est altérée. Lorsque l'on brûle la houille sur des grilles, le sufate de chaux et son carbonate qui se trouvent dans les cendres, donnent lieu à la scorification de ces dernières, c'est-à-dire à cette vitrification que l'on appelle mâche fer et qui se produit lorsque la combustion est très vive; ce mâche fer s'attache ordinairement aux grilles, les détériore et rend la conduite du feu difficile et pénible.

La nature et la quantité de cendres renfermées dans les houilles ou dans le coke qui en provient, ainsi que l'état de dissémination dans lequel elles se trouvent, exercent aussi une assez grande influence sur la consommation de combustible qui se fait dans les hauts-fourneaux. M.r Le Chatelier pense que, à mesure que le combustible se consume dans le fourneau, les cendres qu'il renferme se scorifient et recouvrent les morceaux restants d'une couche de laitier qui empêche ou retarde leur combustion et augmente la quantité de matières à scorifier; aussi, attribue-t-il en partie à cette circonstance la grande consommation de combustible qui a lieu dans les fourneaux à coke, et la nécessité qu'il y a d'entretenir une température très élevée dans ces appareils.

Enfin, dans les fours à puddler et à réchauffer, les cendres sont entraînées par la flamme et viennent altérer les fers que l'on affine ou que l'on réchauffe; aussi, certains métallurgistes ont-ils attribué à cette cause, l'infériorité que présentent les fers obtenus par la méthode anglaise, sur ceux que l'on produit dans les feux d'affinerie où l'on fait usage de charbon de bois dont les cendres ne renferment pas d'alumine et contiennent seulement une petite quantité de silice.

III.

Manière de procéder à l'analyse de la Houille.

Dans l'analyse de la houille, on peut avoir pour but soit de déterminer la quantité exacte des divers éléments, carbone, hydrogène, oxigène, azote et cendres qui entrent dans sa composition, c'est *l'analyse médiate*, soit de connaître la quantité absolue des matières volatiles, la nature et les propriétés du coke, ainsi que la proportion et la nature des cendres qu'elle peut produire en brûlant hors du contact de l'air, c'est l'*analyse immédiate*.

La détermination des quantités exactes des divers composants d'une houille étant, pour l'industriel, moins importante que la connaissance des quantités de gaz ainsi que des proportions et qualités du coke, c'est donc ce dernier genre d'analyse qu'il est appelé à faire le plus souvent ; d'ailleurs, le dosage exact des différents composants de la houille est une opération très difficile, qui demande trop de précision et d'habileté, et qui exige trop de temps pour qu'elle soit jamais entreprise d'une manière régulière dans l'industrie ; de plus, elle ne peut donner des renseignements suffisants pour faire apprécier les qualités et les propriétés des houilles, parceque, comme on a pu le reconnaître par l'observation, il suffit d'une légère variation dans la proportion des éléments, pour occasionner de grandes différences dans les propriétés des houilles, et, en outre, parceque ces propriétés ne varient pas seulement avec la proportion des principes constituants, mais aussi avec la manière dont ces principes sont combinés entre eux. Les renseignements qu'elle fournira pouvant cependant être très utiles, surtout lorsqu'elle sera faite par des personnes habiles et consciencieuses, nous donnerons ici la manière de l'opérer, et nous indiquerons ensuite comment l'industriel doit s'y prendre pour déterminer les quantités et les propriétés des produits qu'il peut obtenir d'une houille en la soumettant à l'action de la chaleur.

Analyse médiate. — Plusieurs chimistes ont cherché à déterminer la composition élémentaire des houilles, mais ils sont arrivés à des résultats très différents ; cela a tenu à l'imperfection des moyens qu'ils avaient à leur disposition pour opérer l'analyse des substances organiques. Dans ces derniers temps, M.r Regnault s'est particulièrement occupé de l'analyse médiate des combustibles ; il a pu profiter du progrès qu'avait fait, depuis ses devanciers, l'analyse organique, et il est arrivé à des résultats qui paraissent se rapprocher beaucoup de la réalité. Nous ne pouvons donc mieux faire que d'indiquer ici la marche que ce chimiste a suivie dans ses analyses ; dans un mémoire qu'il a fait insérer dans le tome 12, 5e série des Annales des mines de France, et dans lequel sont consignés les résultats auxquels il est parvenu, il s'exprime comme suit sur la manière de déterminer les quantités d'hydrogène, de carbone et d'azote contenus dans les houilles :

« Détermination de l'hydrogène et du carbone.

« Cette détermination a été faite avec l'appareil ordinaire de Liébig pour les analyses organiques, mais l'opération demande des précautions particulières pour obtenir une combustion parfaite. En effet, les houilles, et surtout les anthracites, sont extrêmement difficiles à brûler, et l'on n'y parvient pas en mélangeant simplement le combustible avec l'oxide de cuivre, et en faisant la combustion comme à l'ordinaire. Il faut mettre au fond du tube une certaine quantité de chlorate de potasse que l'on chauffe à la fin de l'opération ; alors, l'oxigène dégagé brûle complètement les dernières parcelles de charbon. J'ai essayé également de remplacer l'oxide de cuivre par le chrômate de potasse ou par le chrômate de plomb, comme M.r Liébig l'a proposé dernièrement ; ces substances ont un grand avantage sur l'oxide de cuivre pour la combustion des substances très difficiles à brûler, ou que l'on ne peut pas réduire en poudre impalpable ; en se fondant, elles englobent complètement la matière, et la combustion est toujours parfaite. J'ai employé avec succès le chrômate de plomb dans plusieurs analyses ; mais je dois dire cependant que j'ai obtenu constamment un peu plus de carbone en me servant d'oxide de cuivre et de chlorate de potasse ; cela tient, je crois, à ce que le chrômate de plomb ne prend jamais un état de fluidité parfaite, et à ce qu'il reste rempli de bulles d'acide carbonique.

« Voici maintenant comment l'opération doit être effectuée. Au fond du tube de combustion, on met un mélange d'environ une partie de chlorate de potasse contre sept ou huit d'oxide de cuivre, par dessus une longueur de cinq centimètres d'oxide de cuivre seul, ensuite le mélange bien intime de la matière combustible avec l'oxide de cuivre, qui occupe une longueur de deux à trois décimètres, enfin, de l'oxide de cuivre seul pour achever de remplir le tube. On fait la combustion comme à l'ordinaire, et, quand le dégagement de gaz vient à s'arrêter, et que la potasse remonte dans l'appareil, on chauffe avec précaution la partie du tube qui renferme le chlorate de potasse ; l'oxigène qui se dégage brûle les dernières parcelles de carbone et réoxide le cuivre réduit. La quantité de chlorate de potasse doit être telle qu'à la fin de l'opération il sorte une quantité notable d'oxygène qui balaie tout l'acide carbonique et le fait passer à travers la dissolution de potasse ; de cette manière, on n'a pas besoin à la fin de la combustion d'aspirer de l'air à travers l'appareil, et l'on évite une erreur sur l'hydrogène, qui, dans les analyses ordinaires, se trouve augmenté par l'eau hygrométrique de l'air aspiré à travers le tube.

« Pour éviter l'eau hygroscopique de l'oxide de cuivre, il faut avoir soin de dessécher le tube de combustion préparé pour l'analyse au moyen de la petite pompe pneumatique, en maintenant le tube à une température voisine de 100 degrés.

M.r Regnault détermine la quantité d'hydrogène et de carbone, d'après la quantité d'eau et d'acide carbonique qu'il obtient dans cette opération.

« Détermination de l'azote.

« Toutes les houilles renferment une petite quantité d'azote, ce que l'on reconnaît facilement quand on les chauffe avec de la potasse ; il se dégage alors de l'ammoniaque qui est quelquefois en quantité assez considérable pour être reconnu à l'odeur, et d'autres fois ne se laisse distinguer que par les vapeurs épaisses qui se forment à l'approche de l'acide hydrochlorique.

« La recherche de l'azote dans les houilles, est une opération très délicate, à cause de la très petite quantité qui s'y trouve ; j'ai essayé plusieurs procédés ; mais je suis revenu en définitive à celui de M.r Dumas. Ce procédé présente cet avantage que l'on obtient le gaz azote isolé, et qu'après l'avoir mesuré on peut l'examiner, l'analyser même pour s'assurer qu'il consiste bien en azote pur, ou bien s'il renferme du deutoxide d'azote ou quelque gaz carboné. On peut d'ailleurs employer une quantité considérable de matière pour la combustion, comme 0,800 à 1,000, qui donnent généralement de 5 à 15 centimètres cubes de gaz azote ; dans le cas où la combustion ne serait pas parfaite, il ne pourrait rester dans le tube à combustion que quelques parcelles de carbone, ce qui ne peut pas porter erreur sur le dosage de l'azote. La plus grande difficulté consiste à éviter la production du deutoxide d'azote. Ce gaz mélangé avec une énorme quantité d'acide carbonique ne se décompose que très difficilement au contact du cuivre métallique. On y parvient cependant en mettant au commencement du tube une longueur de 2 décimètres d'un cuivre très poreux, que l'on obtient en oxidant complètement dans un fourneau de coupelle de la tournure de cuivre, et réduisant ensuite cet oxide dans un courant de gaz hydrogène. Pendant tout le temps de la combustion il faut maintenir à la plus forte chaleur possible la portion du tube qui renferme le cuivre métallique. Il est inutile de dire que le tube doit être entouré d'une feuille de cuivre, sans quoi il se crèverait inévitablement. Il faut aussi apporter un soin tout particulier dans le choix du carbonate de plomb que l'on emploie pour chasser l'air de l'appareil; celui du commerce ne donne jamais du gaz acide carbonique tout à fait pur, il reste toujours de petites portions de gaz non absorbables par la potasse. Quand on le prépare en précipitant l'acétate de plomb par le carbonate de soude, ou même en faisant bouillir la céruse du commerce avec une dissolution de carbonate de soude, on obtient difficilement un produit complètement exempt de sous-acétate. Le plus sûr est de le préparer en faisant bouillir du chlorure de plomb avec du carbonate de soude. J'ai remplacé souvent avec avantage le carbonate de plomb par le bicarbonate de soude que l'on trouve très pur, et à bon compte, dans le commerce. Ce bicarbonate présente même quelques avantages sur le carbonate de plomb, notamment celui de dégager très facilement son acide carbonique à une chaleur très modérée; tandis qu'il faut chauffer bien davantage pour décomposer le carbonate de plomb; la litharge produite s'applique contre les parois du tube, d'où il résulte que celui-ci casse très souvent pendant le refroidissement. Le bicarbonate de soude ne donne d'ailleurs pas beaucoup d'eau, et cette eau ne gêne nullement quand on a soin d'incliner un peu le tube de combustion de manière à ce que le liquide condensé dans la partie antérieure ne puisse pas couler contre les parties échauffées.

« On peut juger, par l'exemple suivant, du degré de précision que l'on peut atteindre dans ce procédé, quand on a égard à toutes les précautions indiquées.

« 0,820 d'un coke fortement calciné a été chauffé à 200°, puis soumis à l'opération précédemment décrite, pour y chercher l'azote. On a conduit l'expérience exactement comme pour les houilles azotées, et l'on a fait le même nombre de fois le vide avec la petite pompe. On a recueilli 0,2 cc. de gaz non absorbable par la potasse, ce qui ferait en poids, pour cent :

azote — 0,031.

« C'est donc là l'erreur en plus que l'on peut faire sur l'azote quand on évite complètement la formation du deutoxide d'azote. Encore est-il très possible que cette petite quantité de gaz soit réellement de l'azote resté en combinaison avec le carbone, car l'on admet que le charbon animal, même après avoir été très fortement calciné, renferme encore une certaine quantité d'azote.

« Dans chaque expérience j'ai eu soin d'examiner le gaz recueilli et de m'assurer s'il renfermait du deutoxide d'azote ou quelque gaz carburé. »

Quant à la quantité d'oxigène M.r Regnault l'obtient par différence.

Il détermine les cendres contenues dans la houille, en incinérant une quantité de ce combustible en poudre grossière, environ 1,000 à 1,500 dans une capsule très mince en platine chauffée sur une lampe à esprit de vin.

La cendre étant pesée dans la capsule même, il l'examine avec soin pour s'assurer qu'elle ne renferme plus de parties combustibles.

Telle est la marche qu'a suivie ce chimiste pour faire l'analyse médiate de la houille, maintenant arrivons à la manière de procéder à l'analyse immédiate.

Analyse immédiate. — Cette analyse a pour objet la détermination de la proportion des produits gazeux, liquides et solides que donne un combustible lorsqu'on le chauffe en vase clos, ainsi que de la proportion de cendres qu'il laisse par sa combustion à l'air.

On commence par déterminer la quantité d'eau hygrométrique que peut contenir la houille que l'on examine; on y parvient facilement, soit en plaçant la houille sous le récipient d'une machine pneumatique faisant le vide et pesant ensuite, soit en en faisant chauffer au bain marie et à la température de l'eau bouillante, une quantité que l'on pèse avant l'expérience; dans ce dernier cas, lorsque l'on juge que la matière est convenablement desséchée, on la pèse de nouveau et l'on obtient, par différence, le poids de l'eau hygrométrique. Si l'on veut connaître quelle est la nature de cette eau, on met un morceau de la houille dans un tube ou petit matras en verre que l'on expose à l'action de la flamme d'une lampe à alcool; il se dégagera des vapeurs qui viendront se condenser contre les parois du tube; il faut avoir soin de tenir ce dernier dans une position horizontale; on examine si cette eau condensée est acide ou alcaline, en se servant de papiers imbibés d'une dissolution de tournesol ou de curcuma.

On examine ensuite de quelle manière se comporte la houille lorsqu'on la chauffe au contact de l'air; pour cet essai ainsi que pour les suivants, il convient de n'employer que de la houille dont on a enlevé l'eau hygrométrique; on place un morceau de houille dans une capsule en platine que l'on chauffe en plein air; on observe s'il y a décrépitation, s'il y a production de flamme, s'il se dégage ou non de la fumée avec ou sans odeur.

On peut ensuite s'assurer si la houille que l'on examine renferme ou non des matières résineuses; on en réduit une petite portion en poudre impalpable que l'on verse dans une dissolution de potasse; on fait bouillir la liqueur qui, de limpide qu'elle était d'abord, se colore en brun si la houille renferme quelque substance soluble dans la potasse.

Pour connaître le volume de gaz, ainsi que le poids des produits liquides et solides de la distillation, voici comment il faut opérer: on prend un poids donné de la matière réduite en poudre grossière, et on la place dans une petite cornue en verre au col de laquelle on adapte un tube recourbé qui amènera les produits gazeux sous une cloche graduée et placée sur un bain de mercure; le col de la cornue doit être assez long, et courbé de manière à former un récipient dans lequel viendront s'amasser les produits liquides condensés. On chauffe la cornue et l'on maintient le feu jusqu'à ce que l'on s'aperçoive qu'il ne se dégage plus de gaz. Il faut avoir soin de ne pas remplir entièrement la panse de la cornue afin que si la houille se boursouffle, l'opération ne soit pas gênée; il faut aussi chauffer graduellement et lentement afin que la chaleur ait le temps de gagner le centre de la masse; on pousse la chaleur jusqu'au ramollissement du verre, puis on laisse refroidir.

Le volume du gaz est indiqué par la cloche sous laquelle il s'est accumulé; il faut lorsqu'on calcule ce volume, avoir égard à la pression; si l'on emploie l'appareil de M.r Gay-Lussac pour recueillir les gaz, cette précaution est inutile et de plus on n'a pas à craindre d'absorption.

Pour connaître le poids des huiles ou matières liquides condensées, on brise la cornue, on pèse le col qui renferme ces matières, on le réduit en morceaux que l'on place dans une capsule en platine, et on soumet cette capsule à une haute température; les matières condensées se volatilisent ou brûlent, et le verre redevient propre; on le pèse de nouveau et la différence de poids est celui des matières condensées.

Quant aux produits solides qui restent dans la cornue, on les pèse directement. Le poids des matières volatiles se détermine en retranchant du poids total employé, le poids des liquides et du résidu solide. Il convient d'opérer sur une quantité de houille de 5 à 10 grammes.

Nous devons dire cependant que cette manière d'opérer ne donne pas exactement le poids des matières solides, parceque, en se servant d'une cornue en verre, on ne peut pas porter la température à un degré assez élevé pour que toutes les matières volatiles puissent se dégager. Si l'on veut déterminer exactement cette quantité, il faut alors employer le procédé que nous allons indiquer: on réduit la substance à examiner en petits morceaux de la grosseur d'un pois; on en prend 10 à 12 grammes que l'on met dans un creuset en platine fermé; ce dernier est ensuite placé dans un autre creuset plus grand, également en platine et muni d'un couvercle; on a soin de recouvrir le petit creuset de morceaux de charbon; si l'on ne prenait pas cette précaution, l'air atmosphérique viendrait brûler le carbone du combustible que l'on essaye et l'on aurait ainsi une perte dont on ne pourrait tenir compte; mais avec ce charbon, l'air se réduit à l'état d'acide carbonique avant d'arriver dans le petit creuset, et n'a plus alors d'action sur le carbone de la matière que l'on analyse. On soumet l'appareil ainsi préparé à l'action de la chaleur dans un creuset en terre réfractaire que l'on porte à une chaleur rouge dans un fourneau à tirage assez fort; toutes les matières volatiles s'échappent, et, lorsque l'on ne voit plus sortir de flammes dans le grand creuset, l'opération est terminée. On pèse le résidu solide qui est du coke et l'on obtient par différence le poids des substances volatiles. On observe alors comment la houille s'est comportée dans cette opération; si elle a changé de forme, si elle s'est ramollie, contractée ou boursoufflée, si les morceaux se sont agglutinés, etc.

Dans ces essais, on doit avoir soin de chauffer assez vivement la houille, car, si l'on élevait doucement la température jusqu'au rouge, on obtiendrait du coke pulvérulent, même avec les houilles qui chauffées rapidement, auraient fourni du coke très fritté ou très boursoufflé.

Le produit solide ainsi obtenu, contient le carbone et les cendres renfermées dans la houille. Pour déterminer la quantité de cendres, on réduit le coke en poudre impalpable et l'on en prend une certaine quantité que l'on pèse et que l'on brûle au contact de l'air dans une petite capsule en platine ou en porcelaine vernissée; par la combustion, tout le carbone disparaît, il ne reste que les cendres. Dans cette opération, il convient de remuer de temps en temps la matière avec une spatule sans toutefois donner des mouvements trop brusques, et il faut éviter tout courant d'air; lorsque le fond est rouge et que l'on n'aperçoit plus de points lumineux dans la masse, l'opération est terminée. On pèse immédiatement les cendres obtenues, car elles sont très hygrométriques ; l'on obtient par différence le poids du carbone ou du coke. On examine la couleur des cendres ; si elles sont rouges, on peut être certain que la houille renferme des pyrites qui en se décomposant par l'action de la chaleur, ont produit de l'oxide de fer qui occasionne cette coloration.

On peut, en très peu de temps, obtenir par le procédé que nous venons d'indiquer, les quantités de substances volatiles, de coke et de cendres que peut fournir une houille donnée. Il est bon d'observer cependant, que cette manière d'opérer donne, pour les cendres, un résultat qui n'est pas toujours exact; en effet, dans ces expériences, on choisit souvent un morceau de houille assez pur, et comme les matières étrangères qui constituent les cendres sont presque toujours réparties inégalement dans la houille, il arrive que si l'on s'en tient aux chiffres donnés par cette manière de procéder, on sera exposé à commettre des erreurs dans l'application; il convient donc d'opérer sur des masses plus considérables, renfermant autant que possible de la houille à divers états de grosseur, de répéter plusieurs fois l'expérience, et de prendre la moyenne des résultats obtenus. Nous ajouterons que si l'on opère sur des houilles pyriteuses, la présence de la pyrite donnera lieu dans les essais en petit, à une nouvelle cause d'erreur ; en effet, pendant la distillation de la houille, la pyrite s'étant décomposée, le soufre s'est dégagé en partie et se trouve mêlé aux produits gazeux dont il augmente le le poids ; de plus, le fer de la pyrite pour passer à l'état d'oxide comme on le trouve dans les cendres, a dû absorber de l'oxigène qui est venu augmenter le poids des matières fixes que renferme la houille ; pour faire la correction, il faudra donc déterminer la quantité réelle de pyrite renfermée dans la houille, déduire d'une part, du poids des gaz, celui du soufre qui se sera volatilisé, et d'autre part, du poids des cendres, celui de l'oxigène de l'oxide ferrique provenant de la pyrite.

Voici comment se fait la détermination de la quantité de pyrite que peut contenir une houille.

D'abord, il faut savoir que 100 parties d'oxide de fer correspondent à 152 parties de pyrite. On prend 20 grammes de houille que l'on réduit en poudre et que l'on attaque à chaud par de l'eau régale; on peut accélérer l'action en ajoutant quelques grammes de chlorate de potasse; il se produit du sulfate de fer; on filtre et l'on précipite la liqueur par du chlorure barytique; la barium déplace le fer et il se produit un précipité formé du sulfate barytique que l'on recueille et dont le poids fait connaître celui de la pyrite qui se trouvait dans la houille.

M.r Berthier indique encore les trois moyens suivants :

1.° On chauffe la houille en poudre fine avec de l'eau régale: quand il ne se dissout plus rien, on étend la liqueur avec de l'eau. On verse dans la liqueur filtrée de l'ammoniaque qui précipite l'oxide de fer; d'après le poids de ce précipité, on calcule celui de la pyrite. On peut si l'on veut, vérifier le résultat en précipitant l'acide sulfurique qui reste dans la dissolution en ayant soin de sursaturer celle-ci d'acide hydrochlorique; mais avant cela, il faut que l'ébullition dans l'eau régale ait été longue afin que le soufre soit totalement acidifié. On verse dans la liqueur ainsi préparée, du nitrate barytique qui précipite l'acide sulfurique à l'état de sulfate barytique insoluble même dans les acides.

2.° On incinère complètement la houille; on pèse le résidu et on fait bouillir les cendres avec du chloride hydrique jusqu'à décoloration. On pèse le résidu et l'on conclut, par différence, le poids de l'oxide de fer qui s'est seul dissout, et par suite la quantité de pyrite, ce qui suppose que les cendres ne contiennent d'autre substance que l'oxide de fer attaquable par les acides.

3.° On calcine la houille dans un creuset; on pèse le coke; après l'avoir porphyrisé, on le fait bouillir dans du chloride hydrique, jusqu'à ce qu'il ne se dégage plus de sulfide hydrique. Le sulfure de fer s'est dissout. On filtre, on pèse le résidu et l'on connaît par différence la quantité de pyrite. On peut aussi faire bouillir la dissolution dans l'acide nitrique pour en précipiter le fer par l'ammoniaque.

L'analyse de la houille, opérée comme nous venons de le décrire, sur des petites quantités, quoique pouvant fournir des données utiles sur la nature et sur les propriétés de ce combustible, ne satisfait pas cependant tous les besoins de l'industrie, et souvent, ne permet pas de décider positivement quel emploi l'on peut faire dans les arts de telle ou telle houille; il existe encore trop de causes d'erreurs dans les opérations, et les houilles sont de composition trop variable, pour que l'on puisse se baser sur les résultats fournis par quelques expériences faites en petit; dans quelques cas, ces expériences seront suffisantes, mais dans la plupart des circonstances, il n'en sera pas de même, parceque les petites quantités employées n'auront pas permis de reconnaître suffisamment les propriétés ou les défauts des houilles. Il sera donc plus convenable, en général, d'opérer sur des quantités beaucoup plus grandes, qui donneront bien plus approximativement la composition habituelle de la houille, et l'on arrivera plus facilement à constater les points suivants qui sont ceux sur lesquels on doit, dans ces recherches, porter toute son attention : l'état de dessiccation ou d'humidité habituelle de la houille; la température qu'elle exige pour entrer en combustion complète; si cette combustion est plus ou moins facile, a lieu plus ou moins rapidement, avec ou sans flamme; si la houille possède un pouvoir rayonnant plus ou moins grand; si elle se brise en petits fragments par l'action de la chaleur; si le charbon qu'elle fournit s'agglutine ou non, se boursouffle ou diminue de volume; si elle laisse après sa combustion une quantité plus ou moins grande de cendres et quelle en est la couleur. Dans la plupart des cas, ces recherches seront, pour l'industriel, plus que suffisantes et bien plus utiles que la connaissance des quantités absolues des divers éléments qui entrent dans la composition de la houille; elles devront même presque toujours être faites comme nous venons de l'indiquer quand bien même on aurait déjà opéré l'analyse en petit, car si l'on se fiait uniquement aux résultats fournis par cette dernière, l'on pourrait s'exposer à éprouver de graves mécomptes. Les essais en petit peuvent fournir des données utiles sur la contenance en gaz, sur le rendement en coke et la proportion de cendres que ce dernier pourra contenir.

IV.

Caractères extérieurs de la Houille.

En général, les houilles sont en masse amorphe, se divisent en morceaux qui affectent la forme cubique ou prismatique; certaines variétés présentent un genre de division particulier : les morceaux ont la forme de prismes rhomboïdaux très réguliers mais dont les angles ne sont pas constants et dont les faces portent quelquefois des stries assez régulières et plus ou moins longues.

Les houilles ont toujours une couleur noire plus ou moins foncée, souvent éclatante; quelquefois elles présentent des irrisations sur les faces des morceaux; elles sont ou bien luisantes ou bien ternes et toujours opaques. Leur dureté est aussi variable; cependant, elles sont assez peu résistantes pour être rayées par l'ongle, et la poussière est noire et d'un brun très foncé; elles ont une texture lamellaire ou schisteuse, et leur cassure est souvent conchoïdale et inégale; les morceaux présentent fréquemment des lits plus ou moins épais de substance tendre d'un aspect terne et de couleur noire, alternant avec d'autres lits beaucoup plus durs, brillants, ayant un éclat métallique ressemblant au gris d'acier; d'autres fois, leur texture est à facettes plus ou moins grandes. Enfin, elles sont inodores même après le frottement.

Lorsqu'elles sont riches en carbone, les houilles présentent une couleur noire et un éclat résineux ordinairement très prononcé; elles paraissent alors aigres sans avoir de fermeté; lorsqu'elles sont pauvres en carbone, elles ont une couleur brunâtre, sans éclat, présentent une cassure plane ou légèrement conchoïde, paraissent fermes et sont pourtant aigres.

Leur pesanteur spécifique varie de 1,16 à 1,60; suivant Karsten, on peut admettre, comme règle générale, que les houilles maigres sont plus denses que les grasses; leur pesanteur spécifique augmente en général avec leur contenu en carbone; mais la quantité de cendres qu'elles renferment peut influer beaucoup sur leur densité, car ces matières se trouvent souvent réparties d'une manière très inégale dans la houille, et il peut très bien arriver que l'on rencontre de grandes différences même dans des morceaux qui n'auraient qu'un petit volume.

V.

Action de l'air et de l'eau sur la Houille.

La houille exposée à l'air, surtout sous l'influence successive de la chaleur et de l'humidité, perd une grande partie de ses qualités; elle ne tarde pas à se réduire en petits morceaux présentant un aspect terne et comme sali; il s'opère une sorte d'érémacausie qui fait qu'elle devient moins grasse, ce qui a porté quelques auteurs à dire qu'elle perdait de son bitume; ainsi éventée, elle se trouve dépourvue d'une partie de ses gaz inflammables; ce sont surtout les houilles grasses qui dans ce cas, sont le plus fortement altérées.

En sortant de la mine, la houille ne renferme qu'une très petite quantité d'eau hygrométrique qui, pour la plupart du temps, ne s'élève jamais à 0,02; (généralement la houille compacte en renferme moins que la houille terreuse); mais exposée à l'air humide elle peut en absorber une quantité plus ou moins grande; la variété dite sèche paraît être celle qui en retient le plus; il y en a même, surtout lorsqu'elle est très pauvre en carbone, qui peut s'imbiber de 12 à 15 pour cent de ce liquide; cependant il existe des houilles sèches et pauvres en carbone qui ne peuvent absorber plus de 6 pour cent d'eau à l'état de mélange; on ne connaît pas d'ailleurs la liaison qui existe entre cette faculté d'absorption et les autres propriétés de la houille.

Comme la houille est peu hygrométrique, elle peut être conservée sèche dans un endroit où on l'a placée a l'abri de la pluie. L'eau hygrométrique peut être enlevée entièrement lorsque l'on chauffe la houille à 100°; toutefois, lorsque la houille est refroidie, elle absorbe de nouveau l'humidité de l'air, mais il lui faut un temps plus ou moins long pour reprendre son poids primitif. On a attribué à la présence de l'eau hygrométrique, la décrépitation qui a lieu lorsque l'on brûle certaines houilles; cet effet n'est cependant pas dû à cette cause; il provient de ce que ces charbons sont mauvais conducteurs du calorique.

Une quantité de 2 p. % d'eau hygrométrique dans la houille ne peut être nuisible dans les applications que l'on fait de ce combustible dans l'industrie; mais il n'en est pas de même lorsque, par suite d'une exposition un peu prolongée à la pluie et à l'air, elle en contient une plus forte proportion; après être restée pendant quelques semaines soumise aux influences atmosphériques, la houille grasse, par exemple, a perdu une grande partie de ses bonnes qualités; elle est devenue plus foncée en couleur, moins luisante que lorsqu'elle est sortie de la mine, et brûle moins facilement; si la houille est très pyriteuse, l'altération est encore plus considérable; la pyrite mise en contact avec l'oxigène de l'air et une certaine quantité d'eau, donne lieu à une réaction chimique qui produit du sulfate de fer; pendant cette décomposition de la pyrite, il se développe une certaine quantité de chaleur; si la houille se trouve en petits tas, elle se désagrège, se réduit en fragments de volume moindre, et par suite le menu est en plus grande proportion ce qui diminue la valeur du combustible; si elle est en grandes masses, la chaleur développée par la réaction chimique, peut se concentrer au point de déterminer l'embrasement spontané du charbon, et c'est à cette action chimique que l'on attribue quelquefois l'inflammation des charbons mis en tas et exposés aux influences atmosphériques; l'embrasement du charbon arrive souvent lorsque l'on n'a pas soin d'introduire de l'air frais dans l'intérieur du tas, au moyen de fascines ou de petits conduits débouchant à l'extérieur.

Lorsque l'on plonge la houille dans l'eau, elle absorbe jusqu'à 60 p. °/₀ de son poids d'eau par capillarité, elle augmente de volume, et elle se délite. La houille destinée au chauffage, ou bien à la fabrication du gaz éclairant, perd toujours de ses qualités lorsqu'elle est mouillée; dans le premier cas, une certaine quantité de chaleur se trouve inutilement employée à la vaporisation de cette eau, et de plus, il y a refroidissement dans le foyer ce qui occasionne une autre perte de chaleur; en effet, si par exemple, la houille est brûlée sur une grille, l'abaissement de la température qui a lieu par suite de cette vaporisation, peut être tel que les gaz fournis par la houille, s'éteignant momentanément, s'échappent du foyer en entraînant avec eux beaucoup de parties combustibles tant solides que gazeuses; c'est en partie à cette cause qu'est dûe la production de cette fumée noire et abondante que l'on observe lorsque l'on place du combustible sur la grille d'un foyer, fumée qui se développe en quantité d'autant plus grande que la houille fournit plus de gaz carburés pendant sa combustion; dans le second cas, la production du gaz de bonne qualité est beaucoup diminuée, parceque la houille se trouvant en masse dans la cornue, la portion extérieure peut être portée à une température très élevée avant que l'eau qui se trouve au centre puisse être réduite en vapeur; lorsque la vaporisation de cette eau vient à s'effectuer, la vapeur devant, pour s'échapper, traverser une couche de combustible portée à une haute température, absorbe une partie de cette chaleur, abaisse la température de la masse et peut, dans certains cas, être décomposée par le carbone; il résultera donc de ce refroidissement et de cette décomposition, une modification dans la nature des produits que l'on veut obtenir par la distillation de la houille.

Il est donc important de ne pas laisser séjourner longtemps la houille à l'air; il faut la mettre à l'abri des eaux pluviales si l'on ne veut pas qu'elle perde une grande partie de ses propriétés et qu'elle diminue par suite considérablement de valeur.

VI.

Puissance calorifique de la Houille.

On entend par puissance calorifique d'un corps, la quantité d'unités de chaleur développée par la combustion complète d'un kilogramme de cette matière, l'unité de chaleur ou caloric, étant la quantité de chaleur nécessaire pour élever de 1° centigrade la température de 1 kilogramme d'eau à 0°. La connaissance de la puissance calorifique des combustibles étant très utile dans les applications industrielles, nous allons indiquer les différents moyens qui ont été proposés pour y arriver.

On admet, bien que cela ne soit pas rigoureusement exact, que la quantité de chaleur nécessaire pour élever la température d'un poids P d'eau du degré T au degré T', est représentée par $P(T'-T)$.

Deux méthodes ont été proposées pour arriver à la détermination de la puissance calorifique de la houille; l'une théorique, basée sur ce principe, que la puissance calorifique d'un combustible composé de carbone, d'hydrogène et d'oxigène, est égale à la puissance calorifique du carbone qu'il contient, plus celle de l'excès d'hydrogène sur la quantité de ce gaz nécessaire pour former de l'eau en se combinant avec l'oxigène du combustible; l'autre expérimentale, basée sur la quantité de glace qu'un poids donné de houille peut fondre, ou la quantité d'eau qu'elle est susceptible de réduire en vapeur, ou le poids d'eau qu'elle permet d'échauffer de 1° centigrade.

Si l'on s'en rapportait aux expériences de M.r Dulong, on pourrait déterminer la puissance calorifique d'un combustible composé, en prenant celle des éléments dont il est formé; mais M.r Hess qui s'est livré à de grandes recherches sur cette question, est arrivé à des résultats différents, et il a établi : 1.° que lorsqu'un corps peut former plusieurs combinaisons avec un autre corps, les quantités de chaleur dégagées par ces combinaisons, sont entre elles dans un rapport simple; 2.° que la quantité de chaleur dégagée par une combinaison est la même, soit que cette combinaison s'opère en une seule fois, soit qu'elle ait lieu à différentes reprises; 3.° qu'un combustible composé, dégage toujours moins de chaleur que ses éléments pris isolément. On ne peut donc avoir confiance dans les résultats fournis par cette manière de procéder, et l'on doit avoir recours à la méthode expérimentale.

La détermination expérimentale de la puissance calorifique de la houille est une opération très difficile à exécuter; elle a particulièrement attiré l'attention de plusieurs physiciens distingués; mais les appareils et les moyens que ces expérimentateurs ont employés dans leurs recherches, n'ont pas été assez parfaits pour recueillir *toute* la chaleur développée par le combustible, et les résultats n'ont pas été concordants; ce qui a en outre contribué à augmenter les différences, c'est que les expériences n'ont pas été faites avec les mêmes substances, et l'on sait que les combustibles en général, et surtout les houilles, présentent de grandes différences sous le rapport de la quantité relative des éléments qui entrent dans leur composition.

Nous allons néanmoins décrire les principaux appareils ou procédés qui ont été employés :

1.° *Calorimètre de Rumfort.*

Rumfort s'est servi pour ses expériences, d'un appareil qui porte le nom de calorimètre de Rumfort; voici la description qu'en donne Peclet dans son traité sur la chaleur :

« Il consiste en une caisse de cuivre rouge de peu de hauteur, au fond de laquelle circule un tuyau qui, par une extrémité, communique avec un entonnoir renversé placé au-dessous de la caisse, et par l'autre, avec un tuyau vertical qui s'élève à une certaine hauteur. Pour se servir de cet appareil, on remplit la caisse d'eau à une certaine température, et on fait passer dans le serpentin la fumée du combustible que l'on brûle sous l'entonnoir; alors, connaissant le poids du combustible brûlé, le poids de l'eau renfermée dans la caisse, son accroissement de température, et le poids de la caisse, on peut en déduire la quantité de chaleur développée par un poids donné du combustible. Supposons, par exemple, que la quantité de combustible consommé soit de 10 grammes, le poids de l'eau de 10 kilogrammes, celui de la caisse de 1 kilogramme, et enfin l'élévation de température de 5°. Comme la chaleur spécifique du cuivre est 0,0949, la quantité de chaleur absorbée par la caisse sera égale à celle qui aurait été prise par un même poids d'eau multiplié par 0,0949; ainsi la chaleur dégagée a élevé de 5 degrés un poids d'eau égal à $10^{k} + 1 \times 0{,}0949 = 10{,}0949$, et pourrait élever d'un degré $10{,}0949 \times 5 = 50{,}4745$ kilogrammes d'eau, et par conséquent la puissance calorifique du combustible serait égale à $50{,}47 \times \frac{1000}{10} = 5047$.

« L'emploi du calorimètre de Rumfort, indépendamment de la correction relative à la masse de l'appareil et au refroidissement pendant l'opération, exigerait encore deux autres corrections : l'une relative à la quantité de chaleur entraînée par les gaz qui sortent du serpentin; l'autre à celle qui est perdue par le rayonnement du combustible, au-dessous de l'entonnoir sous lequel la combustion a lieu. Ces deux corrections sont importantes, et je ne pense pas qu'elles aient été faites, car la première exige, non seulement la connaissance de la température de l'air à sa sortie, mais encore celle de la vitesse du courant, qui est assez difficile à déterminer; et pour effectuer la seconde, il faut connaître la quantité de chaleur que rayonnent les différents combustibles, et mesurer l'étendue du cône qui laisse dissiper le rayonnement. D'après cela, on peut considérer l'emploi du calorimètre de Rumfort, comme donnant des résultats trop faibles. »

2.° *Calorimètre de Laplace et Lavoisier.*

Laplace et Lavoisier se sont servis d'un calorimètre qui se compose d'un vase rempli de glace dans lequel passe un serpentin terminé en haut par un tube vertical servant de cheminée, et en bas par un entonnoir sous lequel on produit la combustion dont les produits échauffés viennent fondre une certaine quantité de glace en passant par le serpentin. La quantité de glace fondue par chaque combustible, donne un moyen de comparer leurs effets calorifiques; ces effets sont proportionnels au poids de la glace à 0° fondue; comme il faut 1 kilogramme d'eau à 75° pour fondre 1 kilogramme de glace à 0°, le pouvoir calorifique du combustible est donc représenté par le nombre de kilogrammes de glace qu'a fondu 1 kilogramme de ce combustible multiplié par 75. Mais cette méthode laisse beaucoup à désirer; on ne tient pas compte de la chaleur perdue par rayonnement, et tous les combustibles ne peuvent pas se prêter à ce genre d'essai.

5.° *Méthode de Marcus Bull.*

Cette méthode consiste à faire brûler le combustible dont on veut déterminer le pouvoir calorifique, dans une chambre en bois contenue dans une chambre d'une maison d'habitation bien close, de huit pieds anglais dans toutes les dimensions; la petite chambre est établie de manière que toutes ses faces soient à égale distance de celles de la grande. Les produits de la combustion, à leur sortie de la petite chambre, sont recueillis par un tuyau en étain qui, après de nombreux circuits, va déboucher dans une caisse qui communique à l'extérieur. L'air nécessaire à la combustion est amené au foyer par un tuyau qui traverse les parois des deux chambres concentriques, parois qui sont en bois de chêne. Un thermomètre différentiel, a une de ses boules dans la chambre intérieure dans laquelle s'allume le combustible, et l'autre dans la deuxième chambre.

On commence l'expérience quand on a établi, par la combustion d'une certaine quantité de charbon de bois dans un poële, une différence de 10° entre la température de la chambre intérieure et l'espace qui l'entoure, et l'on voit quelle quantité de combustible il faut pour maintenir cette différence pendant un temps donné.

Le pouvoir calorifique est en raison inverse de cette quantité.

Quand le combustible n'est pas susceptible de s'allumer par lui-même, comme l'anthracite, on commence par brûler une quantité connue de charbon de bois dont on a auparavant déterminé le pouvoir calorifique, et l'on doit corriger, en conséquence, le résultat obtenu.

Cette méthode est, comme on le voit, très compliquée et sujette à beaucoup d'erreurs; aussi ne peut-elle être employée avantageusement.

4.° Méthode de Berthier par la fusion de la litharge.

Le procédé de M.r Berthier est basé sur la loi émise par Welter, que tous les combustibles dégagent la même quantité absolue de chaleur lorsqu'ils se combinent avec la même quantité d'oxigène, ou en d'autres termes, que la chaleur dégagée est proportionnelle à la quantité d'oxigène entrée en combinaison quelque soit la nature du combustible.

Cette quantité d'oxigène pouvant être constatée au moyen de la litharge qui a la propriété de se réduire facilement et d'être fusible, ainsi que le plomb qui en provient, à une température assez basse, M.r Berthier a imaginé le procédé suivant pour déterminer le pouvoir calorifique des combustibles.

On prend un gramme de combustible que l'on réduit en poudre fine; on le mélange intimement avec une quantité de litharge plus grande que celle qu'il peut réduire, 20 grammes au moins, 40 grammes au plus; on introduit le mélange avec soin au fond d'un creuset de terre, et l'on met par dessus 20 à 30 grammes de litharge pure; ce creuset doit être à moitié rempli tout au plus; on le recouvre de son couvercle et on l'introduit dans un fourneau de calcination déjà échauffé; on élève la température progressivement; lorsque la fusion est complète, on couvre le creuset de charbon, et on donne un coup de feu que l'on maintient pendant un temps suffisant pour que l'excès de litharge forme un verre en dissolvant une portion de la silice du creuset, mais en ayant soin cependant de ne pas le prolonger assez pour que celui-ci risque d'être percé. Le creuset étant refroidi, on le casse, et on trouve un culot de plomb recouvert d'une scorie formée par de l'oxide de plomb non réduit, les cendres du combustible et une certaine quantité de silice du creuset; on pèse le culot de plomb.

Dans cette opération, le combustible essayé se transforme complètement en acide carbonique et en eau au moyen de l'oxigène de l'oxide de plomb. Le poids du plomb est donc proportionnel à la quantité d'oxigène que le combustible a pris pour sa combustion complète, et par suite, en admettant la loi de Welter, à son pouvoir calorifique. Or, on sait qu'une partie de carbone pur produit avec la litharge 34 fois son poids de plomb, et qu'une partie d'hydrogène pur produit 103,7 son poids de plomb ou sensiblement 3 fois autant que le carbone. Supposons que le combustible essayé donne C de carbone pur, et que P soit la quantité de plomb réduit; dans cette quantité de métal, le carbone a donné 34 C; le reste P — 34 C a été réduit par les matières volatiles, et, si l'on voulait rechercher l'équivalent en charbon de ces dernières, il faudrait diviser par 34, soit $\frac{P - 34\,C}{34}$; d'où il suit, que le pouvoir calorifique d'un combustible, celui du carbone et celui des matières volatiles y contenues, sont entre eux comme les quantités:

P, 34 C, P — 34 C ou bien

$\frac{P}{34}$, C, $\frac{P - 34\,C}{34}$, qui représentent les quantités équivalentes du carbone. Or, une partie de carbone peut élever de 1° centigrade une quantité d'eau dont le poids est 7815 fois le sien, et comme le charbon produit 54 fois son poids de plomb avec la litharge, chaque partie de plomb réduite sera égale à :

$$\frac{7815}{54} = 250 \text{ calories.}$$

Ce procédé est celui que l'on emploie le plus généralement pour déterminer la puissance calorifique des combustibles ; cependant, de nouvelles expériences sont venues démontrer que le principe sur lequel il est basé n'est pas exact, du moins quand on compare des combustibles très différents par leur état physique, comme le carbone et l'hydrogène ; en effet, M.r Dulong a trouvé que, pour le même poids de carbone et d'hydrogène, les quantités de chaleur produite sont dans le rapport de 7170 à 34. 742 ou de 1 à 4,84, tandis que les quantités d'oxigène absorbé par ces corps, sont dans le rapport de 1 à 3 ; il était d'ailleurs peu probable que ce principe fut vrai, car, ainsi que le dit M.r Peclet, « la quantité totale de chaleur développée doit certainement dépendre de l'état et de la capacité calorifique des corps produits par la combustion, et on devait présumer que les corps qui, par leur combustion, produisent des corps solides, dégageraient plus de chaleur que ceux dont la combustion ne donne naissance qu'à des gaz. »

Bien que l'on ait reconnu l'inexactitude de la loi de Welter lorsque l'on compare des combustibles dont l'état physique est très différent, elle est cependant suffisamment approchée dans le cas où les combustibles se trouvent dans le même état physique, comme le bois, la tourbe, la houille.

Tels sont les principaux procédés employés pour déterminer le pouvoir calorifique des combustibles. Il résulte des nombreuses expériences qui ont été faites, que l'on peut admettre le chiffre 7000 comme représentant en moyenne le nombre de calories que 1 kilogramme de houille est susceptible de développer par sa combustion. On a reconnu en outre, que le pouvoir calorifique des houilles grasses et dures, et des houilles grasses maréchales, est égal si non supérieur à celui du carbone pur; qu'il est à peu près le même que celui du charbon de bois, et double de celui du bois sec; que, à volumes égaux, les combustibles les plus pesants contenant peu de parties terreuses, produisent le plus de chaleur, mais que, à poids égaux, les plus légers en produisent généralement davantage parceque leur combustion s'opère avec plus de rapidité; que le coke et la houille possèdent à peu près le même pouvoir calorifique à poids égaux; que, pris à volumes égaux, la différence dans les pouvoirs calorifiques entre la houille et le coke, est moindre en général (et surtout pour les houilles peu bitumineuses) qu'entre le bois et le charbon. Enfin, l'on admet habituellement dans les usines, que le pouvoir calorifique de la houille est à celui du bois comme 5 est à 1 à volumes égaux, et comme 15 est à 8 à poids égaux.

Nous avons dit ci-dessus que l'on avait trouvé que le pouvoir calorifique de la houille était en moyenne de 7000 calories; il faut bien faire attention que dans la pratique, on est loin d'obtenir un effet utile correspondant à ce chiffre; trop de pertes qu'il est impossible de prévenir ont lieu dans les appareils qui servent à la brûler; ainsi, tantôt c'est le foyer ou bien le massif de maçonnerie dans lequel il est établi, qui laissent échapper inutilement beaucoup de chaleur par rayonnement; tantôt c'est de l'air, ou ce sont les produits de la combustion qui sortent de la cheminée avec une température élevée, ou bien c'est une partie des gaz combustibles formés qui quittent le foyer sans avoir été brûlés en emportant avec eux une quantité plus ou moins grande de carbone, ce qui est annoncé par la fumée que ces appareils laissent dégager; ou bien encore, le combustible n'est pas totalement brûlé sur la grille et tombe dans le cendrier à l'état de coke ou de charbon carbonisé.

La quantité de chaleur qu'une houille peut produire utilement par sa combustion dans les appareils employés dans l'industrie est donc très variable; elle dépend généralement de la manière dont sont construits ces appareils, de la quantité d'air qui pénètre dans le foyer et qui doit opérer la combustion, de la manière de conduire le feu, de faire les chargements sur les grilles, etc., etc., et l'on ne peut parvenir à faire produire au combustible tout l'effet utile dont il est susceptible; aussi dans la pratique, ne peut-on jamais compter pour la houille, sur un effet utile de 7000 calories, mais seulement sur les deux tiers et même la moitié de ce chiffre.

Lorsque dans l'industrie on voudra avoir la mesure de la quantité de la chaleur utile que pourront donner en brûlant, différentes espèces de houilles, il faudra faire des expériences avec chacune d'elles et déterminer cette quantité d'après la proportion d'eau évaporée; on devra opérer en grand dans les fourneaux mêmes où elles devront être employées; on pourra ainsi les placer dans les mêmes conditions, ce qui fera que les résultats obtenus seront comparables entre eux; il faudra ensuite, avant de faire choix, mettre ces résultats en parallèle avec la valeur relative et les frais de transport de chacune des qualités essayées, et ne donner la préférence qu'à la houille qui, sous ces deux rapports, présentera le plus d'avantage.

Nous terminerons cet article en donnant les résultats de quelques essais qui ont été faits en vue de déterminer la quantité de chaleur produite par la combustion de la houille qui est réellement utilisée dans les applications industrielles.

M.r Fife qui s'est occupé de cette recherche, a trouvé qu'une houille grasse contenant : charbon 0,505, cendres 0,075, matières volatiles 0,420, a vaporisé 6,22 de son poids d'eau; d'après l'essai avec la litharge, cette houille aurait dû en évaporer 9,48; il y a donc eu perte de 28,97 p. %; — qu'un anthracite contenant charbon 0,715, cendres 0,108, matières volatiles 0,179, a évaporé 7,94 d'eau; d'après l'essai à la litharge, elle aurait dû en évaporer 10,78; la perte a donc été de 19 p %. Il résulte de ses expériences, que la quantité réelle d'eau qu'un combustible peut évaporer, est sensiblement proportionnelle à la quantité de charbon qu'il laisse à la calcination, déduction faite des cendres, et que la perte de chaleur est d'autant plus grande que le combustible renferme une plus forte proportion de matières volatiles, parce qu'il se produit fréquemment des matières inflammables gazeuses qui échappent à la combustion. M.r Fife ajoute qu'on peut expliquer l'inutilité des parties volatiles, par l'absorption considérable de calorique latent nécessaire à la gazéification de l'hydrogène carboné au moment de sa formation, calorique qui est simplement restitué au foyer par l'incomplète combustion des matières volatiles.

Suivant Dolfus, dans les ateliers de la société de Mulhausen, la houille de Ronchamps vaporise cinq fois son poids d'eau.

Watt comptait pour ses machines à vapeur, sur une consommation d'une partie de bonne houille pour vaporiser 7 à 8 parties d'eau.

Suivant Plack, dans un appareil bien disposé, la houille de Newcastle vaporise huit parties d'eau pour une de houille.

Des expériences faites à Paris sur l'eau chauffée déjà à 100°, ont donné pour résultat 8,50 à 10,50 de vapeur pour une partie de combustible.

Mais la plupart de ces chiffres sont loin d'être atteints dans beaucoup de circonstances; dans les appareils les mieux construits, on ne peut guère vaporiser plus de 7 kilogrammes d'eau avec un kilogramme de houille; ce chiffre est donc une limite que l'on ne devra pas dépasser dans les estimations industrielles, et il sera bon de se tenir encore en dessous, si l'on ne veut pas éprouver des mécomptes.

Enfin voici encore quelques chiffres que donne M.r Berthier. Dans les salines, pour évaporer 1 d'eau, l'on consomme 0,15 à 0,20 de houille; dans les verreries à bouteilles, il faut 2 parties de bois pour remplacer une partie de houille; dans les cristalleries où l'on n'emploie que des bois très secs, 1,66 parties de bois équivalent à une partie de houille; pour fondre 1000 de fonte de fer, au four à réverbère, il faut 500 à 600 de houille, et pour obtenir 1000 de fonte moulée, il faut, à cause des déchets, environ 800 de ce combustible.

VII.

Manière dont la Houille se comporte au feu au contact de l'air.

Lorsque la houille est soumise à l'action de la chaleur au contact de l'air, elle éprouve un commencement de distillation, elle laisse dégager des gaz en plus ou moins grande quantité et elle entre en combustion. Les éléments dont elle est formée produisent des composés nouveaux avec l'oxigène de l'air atmosphérique; l'hydrogène qu'elle renferme se combine avec l'oxigène qui entre dans sa composition et avec l'oxigène de l'air, pour former de l'eau qui s'échappe à l'état de vapeur; le carbone s'unit à l'oxigène d'où résulte de l'oxide carbonique et de l'acide carbonique. S'il y a beaucoup d'hydrogène, il se produit des carbures d'hydrogène qui donnent naissance à la flamme.

Ainsi, le carbone, l'hydrogène et l'oxigène dont la houille est formée, se dégagent sous l'influence de la chaleur, à l'état de composés gazeux, et lorsque la combustion est entièrement terminée, il ne reste que des matières fixes et stériles qui constituent les cendres.

La combustion de la houille au contact de l'air, est accompagnée de circonstances particulières qui dépendent de sa composition; ainsi, la houille brûle avec plus ou moins de flamme, elle s'enflamme plus ou moins facilement, elle produit de la fumée en quantité variable, elle développe plus ou moins de chaleur, elle se gonfle ou se ramollit, se colle ou se divise en feuillets ou en petits fragments.

En parlant de la composition des houilles, nous avons déjà eu occasion de dire quel rôle jouaient dans les diverses circonstances de la combustion, la plupart des éléments qui entrent dans la composition de la houille ; nous ne reproduirons donc ici qu'en peu de mots ces considérations, et nous y ajouterons celles qui n'ont pu trouver place dans cette partie de notre travail.

La houille brûle avec plus ou moins de flamme. — Comme nous l'avons déjà dit, la flamme provient de la combustion des gaz carbures d'hydrogène qui sont produits par la distillation de la houille ; elle est accompagnée de lumière. La quantité de carbures produits pendant la combustion est très variable ; elle dépend de la proportion d'hydrogène qui entre dans la composition de la houille ; il est des houilles qui ne donnent presque pas de flamme, et d'autres qui en fournissent en grande quantité. En général, plus une houille renferme d'hydrogène, plus aussi elle développe de flamme en brûlant, pourvu toutefois que l'air soit en proportion convenable pour fournir la quantité d'oxigène nécessaire à la combustion des produits volatils formés.

La manière dont sont disposés les appareils dans lesquels on opère la combustion, a une grande influence sur la quantité de flamme produite ; si ces appareils sont tels qu'ils laissent arriver sur la matière en ignition une grande quantité d'air, il y aura refroidissement dans le lieu où se fait la combustion, et les produits volatils inflammables s'échapperont sans avoir été brûlés ; si l'air entre dans l'appareil en petite proportion, la quantité de flamme sera encore faible, parceque les gaz combustibles ne rencontreront pas assez d'oxigène pour s'enflammer et s'échapperont sans avoir produit l'effet utile que l'on en attend.

Il y a donc, pour la quantité d'air à introduire sur le combustible, une limite de laquelle il convient de ne pas trop s'écarter ; c'est l'expérience qui doit principalement servir de guide dans ce cas et il faut avoir égard à la nature du combustible et à la disposition des appareils dans lesquels on le brûle.

La houille s'enflamme plus ou moins facilement. — La flamme étant le résultat de la combinaison de l'oxigène avec les matières combustibles et surtout avec celles qui sont hydrogénées, on peut dire que l'inflammabilité est en rapport direct avec la quantité d'hydrogène que la houille contient, et par suite qu'elle est d'autant plus facile que la houille renferme moins de carbone; comme les houilles les plus hydrogénées sont aussi celles qui présentent le plus de pores, de même que les charbons que l'on en retire, l'inflammabilité est encore d'autant plus grande que les houilles sont plus poreuses.

La houille produit en brûlant, de la fumée en quantité variable. — La fumée est formée de vapeurs bitumineuses parsemées d'une très grande quantité de molécules de carbone imprégnées de bitume et d'huile de naphte; elle provient de la décomposition d'une partie du bitume et des gaz hydrogène carboné et bicarboné qui se développent par l'action de la chaleur; elle est ordinairement accompagnée d'hydrogène, d'hydrogène carboné et bicarboné et d'oxide carbonique, gaz qui n'ont pas été brûlés, et ainsi, elle annonce toujours que la combustion se fait d'une manière imparfaite; les éléments solides qu'elle tient en suspension, forment, en se précipitant, ce que l'on nomme la suie, qui se dépose sur les parois des conduits qu'elle parcourt.

Comme de toutes les matières combustibles qui se produisent, c'est la fumée qui, pour brûler, exige la plus haute température (plus de 800 degrés), on peut être certain, lorsqu'il ne s'en dégage point, que tous les gaz formés pendant la combustion ont été brûlés, et que, de cette manière, le combustible a produit tout l'effet utile que l'on se proposait d'en retirer.

On conçoit facilement que les houilles qui renferment le plus d'éléments propres à former les différents produits dont nous venons de parler, c'est-à-dire les houilles les plus hydrogénées, sont aussi celles qui pourront produire le plus de fumée.

Ainsi, la quantité de fumée développée pendant la combustion de la houille, dépend de la proportion des éléments qui entrent dans sa composition; mais elle tient surtout à la manière dont on conduit la combustion et à la disposition des appareils, car, dans des foyers bien établis et bien conduits, on peut brûler ce combustible de telle sorte, qu'il ne se dégage que peu ou point de fumée; tout dépend de la manière dont on fait le chargement du charbon sur la grille et de la quantité d'air qu'on laisse pénétrer dans le foyer pendant la combustion. En effet, lorsque dans un foyer où se trouvera de la houille en parfaite ignition, l'on viendra à charger du combustible en assez grande quantité, voici ce qui aura lieu : si la chaleur du foyer est très élevée, il y aura un grand dégagement de bitume, d'huile de naphte, de gaz oléifiant et de gaz hydrogène carboné; mais en même temps, il y aura refroidissement du foyer parcequ'il y entrera beaucoup d'air froid par la porte, qu'il n'en passera que très peu à travers la grille, et parcequ'il y aura perte de calorique par suite de l'échauffement du charbon et de la vaporisation de l'eau qu'il renferme; si l'abaissement de la température est tel que les gaz combustibles ne puissent brûler et que l'oxide de carbone qui se trouve ou se produit dans le foyer ne puisse se convertir en acide carbonique, il y aura alors forte production de fumée et perte de calorique. En chargeant beaucoup de combustible à la fois, on donnera donc naissance à de la fumée dont la quantité ne sera pas toutefois constante pendant la durée de la combustion du charbon jetté sur la grille, car, très forte immédiatement après le chargement, elle ira en diminuant à mesure que la température du foyer s'élèvera, que les produits carbonés se formeront en moindre proportion, et que l'air qui pénétrera dans le foyer se trouvera en quantité convenable pour opérer la combustion complète du gaz; elle finira par être nulle lorsque la houille aura été distillée et qu'elle sera de cette manière convertie en coke.

Comme la quantité de fumée n'est pas la même pendant tous les instants de la combustion, il faut donc faire varier le volume d'air atmosphérique qui pénètre dans le foyer, autrement, si ce volume était toujours constant, ou bien il serait trop faible pour brûler tous les gaz combustibles au moment où ils se produiraient en grande quantité, et alors, il en résulterait de la fumée; ou bien il serait suffisant pour les brûler tous en ce moment, mais alors il deviendrait trop grand pour brûler la fumée qui se dégagera pendant le restant de la combustion de la houille, et dans ce cas, il y aurait refroidissement du fourneau et par suite encore dégagement de fumée.

C'est sur ces principes que l'on s'est basé pour la construction des foyers dits fumivores; il n'entre pas dans le cadre de ce travail de discuter quels sont les meilleurs de ces appareils; il en est beaucoup qui n'ont pas atteint le but que l'on se proposait, et il en est d'autres qui sont complètement fumivores lorsque le travail est bien conduit et que l'air qui arrive dans le foyer est bien mélangé avec les gaz qui se forment pendant la combustion de la houille, condition essentielle à remplir pour que tous ces gaz soient bien brûlés.

On ne peut donc dire que la fumée est un produit inévitable de la combustion de la houille nous le répétons, sa production tient à l'imperfection des appareils et à la manière de conduire le feu.

La houille développe en brûlant, plus ou moins de chaleur. — Pendant la combustion de la houille, l'oxigène de l'air qui passe sur le combustible enflammé, se combine avec le carbone, et produit de l'oxide de carbone et de l'acide carbonique; sachant, d'un côté, que le carbone ne peut se trouver en excès en présence de l'oxigène et de l'acide carbonique sans se transformer en oxide de carbone, et que l'oxigène ne peut se trouver en excès en présence du carbone et de l'acide carbonique; d'un autre côté, que les quantités de chaleur développées par la combinaison de 1 gramme 077 de carbone (qui représente un litre de vapeur de carbone) avec un litre d'oxigène et avec deux litres d'oxigène, sont respectivement de 1598 et de 7858 calories, on conçoit que le combustible développera la plus grande quantité de chaleur dont il est susceptible si l'on fait en sorte que tout le carbone qu'il renferme soit transformé en acide carbonique. Ainsi, la quantité de chaleur que peut produire une houille en brûlant dépend de la manière dont se fait la combustion; pour obtenir le plus grand effet, on doit donc chercher à empêcher la formation de l'oxide de carbone, et à provoquer la production de l'acide carbonique; pour cela, il faut que l'air arrive un peu en excès sur le combustible. Mais cette condition est assez difficile à remplir convenablement parceque les circonstances de la combustion ne sont pas toujours les mêmes; en effet, à une époque donnée, l'air pourra se trouver en excès, et l'on aura bien pendant un certain temps, une combustion complète; mais dans d'autres moments, cette même quantité d'air deviendra trop grande ou trop faible; si elle est trop grande, le foyer sera refroidi inutilement et la combustion se fera imparfaitement; si elle est trop faible, il y aura défaut d'air et il se formera de l'oxide carbonique qui sortira de l'appareil sans avoir pu trouver assez d'oxigène pour se transformer en acide carbonique.

On est donc presque toujours exposé à avoir des pertes lorsque l'on brûle la houille dans des foyers ordinaires; toutefois, l'on peut arriver à déterminer par expérience, pour un appareil donné dans lequel on devra brûler une espèce de houille également donnée, quelle est approximativement la quantité d'air à introduire pour que la combustion ait lieu de la manière la plus avantageuse; en s'attachant alors à ne laisser pénétrer que cette quantité d'air, en l'augmentant plutôt que de la laisser diminuer, et en ayant soin surtout de ne pas provoquer de grandes perturbations dans la marche de la combustion, soit en chargeant de trop grandes quantités de charbon à la fois, soit en laissant les portes du foyer longtemps ouvertes, ou bien en restant trop de temps avant de recharger du charbon, etc., etc., on pourra arriver à produire beaucoup d'acide carbonique et à développer une très grande chaleur.

Pour atteindre plus sûrement ce résultat, il faut avoir soin de faire en sorte que l'air qui doit fournir l'oxigène nécessaire pour opérer la transformation de l'oxide de carbone en acide carbonique, soit bien mélangé avec les gaz produits par la combustion de la houille; il faut aussi porter son attention sur la hauteur de la couche de combustible qui recouvre la grille, car cette hauteur a beaucoup d'influence sur la nature des composés gazeux qui se formeront; en la faisant très grande, on peut compter que l'air qui la traversera sera parfaitement brûlé; mais aussi, il se formera beaucoup d'oxide de carbone et l'on devra envoyer de l'air en grande quantité pour convertir cet oxide de carbone en acide carbonique; cette hauteur qui est peu différente pour des houilles de même espèce, varie cependant beaucoup pour des houilles dont les propriétés sont très distinctes; ainsi par exemple, pour les houilles maigres ou qui brûlent sans s'agglutiner, on pourra donner à la couche de combustible une épaisseur de 20 à 30 centimètres; mais pour les houilles grasses qui collent au feu, elle ne pourra être que de 5 à 8 centimètres, parce qu'autrement, la houille en se collant, formerait voûte et empêcherait l'air de se répartir uniformément et en quantité suffisante sur toute la couche de houille qui brûle, ce qui donnerait lieu à la formation d'une grande quantité d'oxide de carbone qui s'échapperait sans avoir pu se transformer en acide carbonique.

En observant bien les prescriptions que nous venons d'indiquer, on arrivera facilement à faire produire à la houille presque toute la chaleur qu'elle est susceptible de développer par la combustion.

En général, l'on peut dire que plus une houille renferme de carbone, plus elle développera de chaleur pendant sa combustion; l'expérience a montré que, à volumes égaux, ce sont les charbons légers qui en dégagent le plus; cependant, il faut remarquer que dans les circonstances où l'on est obligé de produire un haut degré de chaleur, l'on est forcé d'avoir recours au charbon pesant, de préférence au charbon léger, parceque probablement la quantité de carbone renfermé dans un volume donné étant plus grande dans le premier cas que dans le second, la chaleur se trouve concentrée et produit ainsi plus d'effet.

Enfin, *la houille en brûlant, se gonfle ou se ramollit, ou colle ou se divise en feuillets, ou bien en petits fragments.* — Ce sont toujours les houilles les plus grasses qui s'agglutinent le plus fortement et augmentent le plus de volume lorsqu'on les brûle sur des grilles; cela provient de ce qu'elles renferment plus d'hydrogène que d'oxigène et de ce que ces deux gaz s'y trouvent en plus grande quantité que dans les houilles maigres; par l'action de la chaleur, il se forme de composés hydrogénés, espèces de bitumes qui réunissent entre eux les divers morceaux de houille et font ainsi fonction de ciment; ces composés se produisent dans les premiers moments de la distillation; lorsqu'ils sont suffisamment chauffés, ils changent de nature, perdent tout leur hydrogène et leur oxigène et laissent un résidu solide qui a soudé les morceaux de houille de manière à former une masse compacte; aussi ces houilles sont elles rarement employées pour le chauffage sur grilles, parcequ'elles donnent lieu à la formation de voûtes qui empêchent la répartition uniforme sur toute la grille, de l'air nécessaire à la combustion, et qui, par suite, dérangent complètement l'allure des foyers; si la hauteur de la couche de charbon sur la grille était considérable, il arriverait même que le passage de l'air à travers le combustible pourrait être entièrement intercepté, et qu'alors le foyer ne tarderait pas à s'éteindre. Avec les houilles maigres ou charbons non collants, cet inconvénient ne se présente pas.

Quant à la division en feuillets ou en petits fragments, cela a lieu lorsque la houille n'a pas une composition homogène, qu'elle est formée, par exemple, de petites couches alternatives de charbon très pur et de matières terreuses; ces effets se produisent aussi lorsqu'elle renferme beaucoup d'eau qui se réduit en vapeur dans le foyer; cette vapeur en se dégageant, divise la houille en petits fragments, et sa force élastique est quelquefois assez grande pour lancer avec bruit ces fragments dans le foyer.

La division en fragments, sous l'action de la chaleur, annonce toujours que la houille est de mauvaise qualité.

VIII.

Manière dont la Houille se comporte au feu en vase clos.

Soumise en vase clos à l'action de la chaleur, la houille éprouve une véritable distillation dont le produit est du coke et des substances liquides et gazeuses.

Quand la distillation se fait en grand dans des vases non hermétiquement fermés, comme dans les fours où l'on fabrique le coke, et que l'on n'a d'autre but que d'obtenir ce dernier produit, la chaleur nécessaire à l'opération est fournie par la combustion d'une petite partie du charbon que l'on traite, et par celle des gaz combustibles qui sont produits par la distillation et qui brûlent dans le four même ou dans des conduits ménagés dans la maçonnerie; mais quand le charbon est placé dans des vases hermétiquement fermés, comme c'est le cas dans les cornues servant à la fabrication du gaz éclairant, la masse à distiller est chauffée extérieurement par un foyer spécial alimenté avec du charbon ou du coke; on recueille alors tous les produits liquides et gazeux qui sont formés, et l'on obtient encore un résidu solide, coke, qui reste dans la cornue.

Houille carbonisée dans des vases non hermétiquement fermés. — Traitées en grandes masses dans des fours où il pénètre un peu d'air, les houilles distillent avec plus ou moins de rapidité suivant que la chaleur à laquelle elles sont soumises est plus ou moins élevée; il en est qui entrent pour ainsi dire en fusion, et dont les morceaux se soudent entr'eux pour ne former qu'une seule masse compacte qui, à sa sortie du four, se divise, en se refroidissant, en blocs de longueur et d'épaisseur variables; d'autres distillent sans que les morceaux s'agglutinent, et dans ce cas, le coke produit se trouve à l'état fritté, c'est-à-dire en petits fragments accolés simplement les uns aux autres sans grande adhérence.

Le coke obtenu est donc ou bien assez compacte et boursoufflé et alors dur et pesant, ou bien poreux et dans ce cas léger et friable, ou bien encore fritté ou pulvérulent.

Lorsque la houille est placée dans un four porté à une température élevée, la distillation commence bientôt à se produire; il se forme des gaz combustibles qui viennent brûler à la partie supérieure du tas; de plus, l'eau que renferme le charbon se réduit en vapeur et s'échappe avec les produits de la combustion des gaz; ces gaz et cette vapeur d'eau en traversant la masse chauffée, la rendent plus ou moins spongieuse ou boursoufflée suivant qu'ils se produisent en plus grande quantité et que le charbon se trouve dans un état de fusion plus ou moins avancé; en général, le coke est d'autant plus boursoufflé, que la houille dont il provient renferme une plus grande quantité d'hydrogène par rapport à l'oxigène.

Mais l'importance de ce boursoufflement peut dépendre des circonstances de la carbonisation; la houille grasse, par exemple, chauffée fortement dans les premiers moments qui suivent l'enfournement, laisse dégager des gaz en grande abondance à la fois; le départ de ces gaz occasionne un fort boursoufflement et l'on trouve aussi à la fin de l'opération, une petite diminution dans le rendement en coke. Ce grand boursoufflement n'est pas aussi sensible lorsque la houille est soumise de prime abord à l'action d'une douce chaleur, et lorsque la température s'élève graduellement à mesure que la carbonisation fait des progrès. Quant à la diminution de rendement en coke, elle provient de ce qu'une certaine quantité de charbon a dû être consumée en plus dans le four pour compenser la perte qui a eu lieu lors du fort dégagement des gaz, car une certaine partie de ces gaz n'a pu être brûlée utilement pour le chauffage des fours.

La houille grasse ne doit donc pas être chauffée trop fortement dans le commencement de la distillation.

Mais il n'en est pas de même de la houille maigre ou sèche;

cette houille, chauffée doucement, ne s'agglutine pas et ne donne que du coke pulvérulent, tandis que soumise, dès le commencement de la carbonisation, à une chaleur assez intense, elle fournit du coke aggloméré ou fritté.

La manière de conduire la distillation doit donc changer avec la nature de la houille et la qualité du coke que l'on veut obtenir; la température du four au commencement de la distillation, doit être d'autant plus élevée que le charbon est moins gras.

Le volume du coke produit est tantôt plus grand que celui de la houille dont il provient, et tantôt il est plus petit; pour les houilles grasses, ce volume est quelquefois plus fort de 0,05 à 0,07 que celui de la houille, tandis qu'au contraire, pour les houilles maigres et qui renferment beaucoup de parties terreuses, il est plus petit de 0,01 à 0,10; cela dépend de l'importance du boursoufflement qui se produit pendant la carbonisation de la houille.

Les qualités du coke dépendent encore de la durée de la cuisson du charbon et de la disposition des fours.

En général, plus longtemps on laisse le charbon dans le four, moins est grand le rendement, mais aussi plus le coke est dense et beau; dans la calcination en grand, la cuisson dure ordinairement 24 ou 36 heures, rarement 12 heures; quelquefois lorsque les fours sont très grands et que l'on veut avoir du coke très dense, la cuisson dure 48,72 et même 96 heures; c'est le consommateur qui règle, pour ainsi dire, la durée de la cuisson, en indiquant le degré de dureté qu'il désire trouver dans le coke.

Quant à la disposition des fours, c'est un des points les plus importants. Ces fours sont à sole non chauffée ou bien à sole et même à parois latérales chauffées; ces derniers sont munis le long des parois verticales et sous la sole, de carneaux dans lesquels les gaz inflammables provenant de la distillation de la houille et non consumés sous la voûte, peuvent venir brûler à leur sortie du four proprement dit; ils permettent donc d'utiliser au chauffage de la masse, toute la chaleur que ces gaz développent en brûlant, et de produire une température élevée.

Traitées dans des fours à sole non chauffée, les houilles grasses donnent du coke de belle apparence et de bonne qualité; mais ce coke n'a jamais la même dureté ni la même compacité que celui fabriqué dans les fours à sole et à parois chauffées.

Pour les charbons maigres, la différence est beaucoup plus sensible; dans des fours à sole non chauffée, ces charbons ne donnent, pour ainsi dire, pas de coke en morceaux un peu volumineux, parce qu'ils ne produisent pas une quantité suffisante de composés hydrogénés; mais carbonisés dans des fours à sole et à parois latérales chauffées, ils peuvent fournir du coke d'assez bonne qualité. Comme ces charbons ne produisent à la distillation qu'une petite quantité de composés hydrogénés, il faut faire en sorte que ces composés se forment le plus rapidement possible et en grande quantité à la fois, et c'est en portant, de prime abord, la température de la masse à un degré élevé, que l'on arrive à ce résultat; un chauffage modéré fait que le charbon distille sans s'agglutiner, parceque les éléments des composés agglutinants se dégagent ou brûlent séparément avec les gaz carburés.

Pour les charbons demi-gras, la différence est moins sensible que pour les charbons maigres; cependant, elle est encore assez importante pour que l'on y ait égard lorsqu'il s'agit de faire choix d'un système de four pour leur calcination.

Les fours à sole et à parois chauffées, conviennent donc essentiellement pour les charbons maigres; ils donnent aussi de très beaux résultats lorsqu'on les emploie pour la carbonisation des charbons demi-gras et gras.

Pour ce qui concerne les dimensions à donner à ces fours, il convient de prendre en considération la qualité de la houille et la durée de la carbonisation. La longueur n'a pour ainsi dire pas d'influence; elle n'est limitée que par les difficultés d'enfournement du charbon et du défournement du coke. Mais il n'en est pas de même de la largeur; c'est de cette dimension que dépend, dans beaucoup de cas, le plus ou moins grand rendement en gros coke; on peut dire, d'une manière générale, que la largeur des fours doit être d'autant plus petite que le charbon que l'on traite est moins gras et que la durée de la cuisson est moins longue.

Ce principe trouve son explication dans la manière dont se produit la carbonisation dans les fours, et dans la forme que prennent les morceaux de coke pendant que s'effectue le refroidissement de la masse carbonisée après sa sortie du four. En effet, les faces latérales et le dessous de la masse de charbon soumise à la carbonisation, reçoivent la chaleur des deux parois latérales et de la sole du four, et la face supérieure est chauffée par la chaleur résultant de la combustion des gaz sous la voûte et par la réverbération de cette voûte; la chaleur est donc transmise, partout, de l'extérieur à l'intérieur de la masse; après un certain temps de cuisson, le charbon, à la partie supérieure du tas et le long des faces latérales et de la sole, se trouve converti en coke sur une épaisseur plus ou moins grande, tandis qu'au centre de l'amas, il y a encore un noyau de charbon dont la distillation est à peine commencée; tout le charbon enfourné ne peut donc être converti en coke que lorsque la cuisson a été prolongée pendant un temps suffisamment long pour que la chaleur ait pu pénétrer jusqu'au centre de l'amas.

Si le four est très large et la hauteur de la charge petite, et si l'on traite du charbon gras, il ne faudra pas, relativement, beaucoup de temps pour que tout le charbon soit carbonisé; mais comme la cuisson aura marché en même temps de haut en bas et de bas en haut, la masse se trouvera divisée en deux parties à peu près égales par un plan horizontal, et le coke se présentera en morceaux qui n'auront, presque tous, pour longueur, que l'épaisseur de chacune de ces tranches; et comme ces tranches n'auront elles-mêmes qu'une faible épaisseur dans le cas d'une charge de peu de hauteur, le coke sera alors en petits morceaux.

Si le four est très large et la hauteur de la charge grande, il faudra plus de temps pour que le charbon qui se trouve au centre de l'amas soit complètement distillé et bien carbonisé, parce que la chaleur ne se transmet que lentement à travers la masse; l'épaisseur de chacune des deux tranches sera plus forte dans ce cas que dans le cas précédent, et l'on aura du coke en plus gros morceaux; mais aussi, il ne sera pas d'une densité ni d'un aspect uniformes, car, vers la partie extérieure du tas, il sera plus dense et plus brillant que vers le centre, puisque cette partie extérieure, bien que carbonisée, aura dû rester soumise à l'action de la chaleur pendant tout le temps nécessaire à la distillation et à la conversion en coke de la partie centrale; de plus, comme la durée de la cuisson aura été assez longue, il y aura une diminution dans le rendement, parce qu'une plus grande partie du coke aura été brûlée à la surface supérieure de l'amas; il faut faire attention qu'après que les gaz inflammables ont été dégagés et brûlés, la chaleur nécessaire au chauffage du four est fournie par la combustion d'une partie du coke de la face supérieure de l'amas.

Ainsi, avec des charbons gras, une grande largeur du four et une faible hauteur de charge donneront lieu à la production de coke en petits morceaux; une grande largeur du four et une forte hauteur de charge nécessiteront une durée de cuisson plus longue, occasionneront une diminution dans le rendement en coke et feront que le produit n'aura pas une densité ni un aspect uniformes.

Avec les charbons maigres, ces inconvénients seront plus sensibles; la diminution de gros coke sera beaucoup plus forte, car ces charbons produisent moins de composés agglutinants que les charbons gras; par suite de la grande largeur du four, la chaleur sera moins concentrée, et le charbon étant étalé davantage sur la sole, les gaz qui doivent donner lieu à la formation des composés hydrogénés, trouveront une plus grande surface libre (le dessus de la masse enfournée) par laquelle ils pourront s'échapper avant d'avoir pu produire ces composés; on obtiendra donc, dans ces cas, du coke pulvérulent ou fritté.

Si le four est étroit, et si l'on opère avec du charbon gras, les inconvénients signalés plus haut disparaîtront; la hauteur de la charge pourra être aussi grande que le permettra la facilité de la manœuvre, car il ne faudra pas plus de temps pour carboniser un tas de grande hauteur qu'un tas de faible épaisseur; plus elle sera grande, même, plus le coke sera dense dans la partie inférieure de la masse, parce que la partie supérieure agira par son poids sur cette partie inférieure; il faudra moins de temps qu'avec des fours larges, pour que tout le charbon soit converti en coke d'une densité donnée; le produit sera, par conséquent, plus homogène; il y aura moins de coke brûlé dans le four puisque la face libre du tas sera moins grande; enfin, on aura tous les avantages des fours larges avec charges épaisses, sans en avoir les inconvénients. Il faudra seulement, que la durée de la cuisson soit proportionnée à la longueur du four; ainsi, par exemple, lorsque l'on traitera du charbon gras, on aura du beau et bon coke avec une cuisson de 48 heures, si le four a 1^m à $1^m,20$ de largeur, et l'on obtiendra un produit de même qualité avec le même charbon, après une cuisson de 24 ou de 12 heures, si le four a $0^m,80$ à $0^m,85$ ou $0^m,50$ à $0^m,55$ de largeur.

Avec les charbons maigres, les avantages des fours étroits seront encore plus sensibles; la température de ces fours sera beaucoup plus élevée que celle des fours larges, ce qui convient parfaitement pour ces charbons; la charge pourra être plus haute, et le charbon sera moins étalé sur la sole, circonstances très favorables à l'agglutination; il y aura moins de coke brûlé pour le chauffage du four, ce qui augmentera le rendement; enfin, on obtiendra le coke en gros morceaux, ce que les fours larges ne permettent pas d'espérer.

L'inspection d'une charge de coke sortie du four et refroidie à l'air, vient confirmer tout ce qui précède. En effet, lorsque l'on enlève le coke refroidi et qui a été fabriqué dans des fours larges, on trouve que la masse est divisée, plus ou moins nettement, par une série de plans verticaux, perpendiculaires à la longueur du four si ce four est rectangulaire, ou paraissant se diriger vers une ligne parallèle à cette longueur si la sole est de forme elliptique, et par une autre série de plans verticaux formant des angles irréguliers avec les précédents; on distingue aussi, très nettement, qu'il existe une séparation, suivant un plan horizontal, entre les parties de la masse qui ont reçu la chaleur du dessus et celles qui ont été chauffées par la sole, et que la masse se trouve partagée suivant ce plan, en deux parties à peu près égales; les morceaux de coke affectent donc une forme prismatique allongée (aiguilles), dont la longueur est égale à l'épaisseur de la tranche dans laquelle ils se trouvent; une moitié environ de leur longueur, celle du côté de l'extérieur de la masse (saumon), présente toujours un aspect plus brillant, plus argenté que l'autre moitié qui a très souvent un aspect terne, ce qui indique bien que la carbonisation a été moins forte ou moins avancée au centre que vers l'extérieur.

Quand c'est du coke préparé dans des fours étroits, on remarque aussi un plan de séparation qui partage le saumon en deux parties à peu près égales, mais ce plan est vertical et parallèle à la longueur du four; on observe aussi une série de plans verticaux perpendiculaires au précédent, ainsi qu'une série de plans horizontaux; c'est le même système de division que celui du coke produit dans les fours larges; mais dans ce dernier cas, les aiguilles sont disposées verticalement, tandis que dans l'autre cas (fours étroits), elles occupent une position horizontale; enfin, on trouve généralement que le coke est en morceaux qui présentent à peu près le même aspect sur toute leur longueur, ce qui indique que la carbonisation s'est effectuée d'une manière uniforme dans ces fours.

Les fours à parois et à sole chauffées, donnent donc, dans tous les cas, des résultats plus avantageux lorsqu'ils sont étroits que lorsqu'ils sont larges.

Après que la houille a été soumise à la carbonisation pendant un temps suffisamment long, les substances volatiles qu'elle contenait ont disparu presqu'entièrement, et il ne reste que du coke composé de carbone et des matières stériles et fixes que renfermait la houille; le coke est donc d'autant plus pur que la houille qui l'a produit est elle-même moins chargée de substances terreuses et fixes; il est aussi moins sulfureux que la houille, parceque une partie de la pyrite contenue dans cette dernière, a été décomposée pendant la distillation et a perdu son soufre; le soufre restant se trouve à l'état de protosulfure de fer assez difficile à reconnaître à la vue dans le coke nouvellement préparé, parcequ'il possède une couleur analogue à celle du coke; mais on peut constater sa présence en versant un peu de chloride hydrique sur le coke; il se dégage alors du sulfide hydrique très reconnaissable à son odeur; on peut aussi le reconnaître lorsque l'extinction du coke a lieu par la projection d'une certaine quantité d'eau sur la masse en ignition lorsqu'elle est sortie du four; dans ce cas, l'eau projetée décompose une certaine quantité du protosulfure et forme du sulfide hydrique qui se dégage avec la vapeur d'eau que cet arrosement produit.

Quant à la quantité de coke fournie par la carbonisation de la houille, elle varie beaucoup; elle dépend, comme on peut le comprendre par ce qui précède, de la nature de la houille et de la disposition des fours; on trouve des houilles (principalement les houilles grasses) qui donnent en grand, jusqu'à 80 en poids de coke pour cent de houille; mais aussi on en rencontre (les houilles très maigres) qui ne peuvent fournir plus de 45 à 50 de coke, et même moins, pour cent de houille; nous le répétons, le rendement du charbon en coke, et la quantité de coke, dépendent beaucoup de l'espèce de four que l'on emploie pour la carbonisation.

Houille carbonisée dans des vases hermétiquement fermés. — Soumise à la distillation dans des vases hermétiquement fermés, la houille donne les produits suivants:

Produits gazeux: — Hydrogène bicarboné (gaz oléfiant), hydrogène carboné, acide carbonique, oxide de carbone, hydrogène, sulfide hydrique, cyanogène, vapeurs d'huiles volatiles, gaz ammoniacaux, et vapeurs de sulfure de carbone;

Produits liquides: — Eau, sels ammoniacaux, goudron;

Produit solide: — Coke.

Le gaz oléfiant ou hydrogène bicarboné, et les vapeurs d'huiles volatiles, sont les composés que l'on doit chercher à produire en grande quantité lorsque le but de la distillation de la houille est d'obtenir du gaz éclairant; ces substances sont celles qui en brûlant, développent le plus de lumière, parcequ'elles renferment beaucoup de carbone qui, en se précipitant lors de la combustion des gaz, devient incondescent dans la flamme et produit l'éclat de la lumière. Les vapeurs d'huiles ne sont que des hydrocarbures qu'une température élevée a amenés à un état tel qu'ils ne peuvent se condenser à la pression ordinaire. Dans la pratique, on n'obtient guère plus 7 à 8 p. °/o de gaz oléfiant ou de vapeurs d'hydrocarbures, quoique les houilles qui donnent ces résultats soient susceptibles d'en fournir une quantité plus considérable.

Les gaz hydrogène carboné, hydrogène et oxide de carbone, brûlent avec une flamme bleuâtre mais en donnant peu de lumière; lorsque l'on cherche à produire du gaz éclairant, on doit donc chercher à s'en débarrasser ou bien à prévenir leur formation; comme c'est vers la fin de la distillation, alors que la plus grande partie de gaz oléfiant et de vapeurs d'hydrocarbures a été dégagée, que la houille fournit beaucoup plus de gaz hydrogène et oxide de carbone que d'autres gaz, il convient donc de ne pas prolonger trop longtemps la distillation si l'on veut diminuer la proportion de ces deux gaz.

Les gaz acide carbonique et sulfide hydrique, qui exercent une influence si nuisible sur l'économie animale, se produisent en quantité plus ou moins grande suivant la température de la distillation, et, pour le sulfide hydrique en particulier, suivant la proportion de pyrite que contient la houille; ils ne sont d'aucune utilité pour l'éclairage; aussi, pour ce motif et surtout à cause de leur insalubrité, a-t-on soin de les séparer aussi parfaitement que possible des produits gazeux lorsque ces derniers sont destinés à l'éclairage.

Les gaz ammoniacaux et le cyanogène proviennent de l'azote qui se trouve dans la houille; généralement, ces substances se rencontrent en petite proportion parce que les houilles contiennent peu d'azote. Ce sont les gaz ammoniacaux unis entre autres au sulfide hydrique, qui donnent cette odeur repoussante au gaz employé à l'éclairage. Quoique ces gaz soient assez difficiles à condenser, on pourrait cependant parvenir à les enlever en grande partie par des procédés particuliers; il ne resterait plus alors que l'odeur que présentent les vapeurs des hydrocarbures et le gaz oléfiant, odeur beaucoup moins incommode et qui est assez forte pour faire reconnaître la présence du gaz; mais pour atteindre ce but, les manipulations qu'on devrait faire subir au gaz éclairant auraient l'inconvénient d'en élever de beaucoup le prix de revient.

Quant au sulfure de carbone, on le rencontre en très petite quantité dans le gaz éclairant.

Les produits qui se condensent sont, comme nous l'avons dit, de l'eau, des sels ammoniacaux et du goudron.

La quantité d'eau est variable; toutes les houilles en fournissent; quelques-unes en donnent jusqu'à 5 et 6 pour cent, et d'autres, les plus sèches, en produisent encore 1 pour cent.

Quant aux sels ammoniacaux qui se composent de carbonate, de sulfhydrate et souvent de muriate ammoniaque, ils se rencontrent en proportion telle que l'on trouve de l'avantage à les retirer des eaux pour les livrer au commerce.

Les eaux qui tiennent en dissolution l'ammoniaque et les sels ammoniacaux, se séparent facilement des huiles par la simple différence de densité.

Le goudron est formé de pyrétine et de pyrelaïne, substances que l'on peut séparer l'une de l'autre par des distillations répétées; lorsqu'il est frais, il peut donner à la distillation 10 pour cent d'une huile entièrement volatile, très légère, jaunâtre, contenant beaucoup de naphtaline, possédant une odeur fort désagréable et brûlant avec une flamme claire en donnant beaucoup de vapeurs; mais lorsqu'il a été obtenu depuis quelque temps, il ne rend plus autant d'huile parce que cette dernière, qui est assez volatile, a pu s'échapper en partie au contact de l'air. Si la distillation de ce goudron est poussée plus loin, on obtient d'autres huiles intermédiaires de moins en moins volatiles, et il reste, pour résidu, une matière noire épaisse avec laquelle on fait l'asphalte et que l'on appelle brai sec; enfin, si l'on continue la distillation, jusqu'à ce qu'il ne se dégage plus rien, on obtient une matière spongieuse qui n'est autre que du carbone.

La naphtaline dont nous venons d'indiquer la présence dans le goudron, se trouve aussi dans les eaux dites ammoniacales qui restent au-dessus du goudron dans les cuves, et on en rencontre ordinairement dans le gaz éclairant; c'est cette substance qui se dépose souvent dans les tuyaux de conduite en quantité quelquefois même assez grande pour les obstruer, et qui, en hiver, se condense par le froid dans les becs et empêche alors le passage du gaz.

Le goudron provenant de la distillation de la houille est moins acide que celui que fournit le bois; il est préférable à ce dernier pour recouvrir le bois que l'on veut préserver de l'action de l'air et de l'humidité, parce qu'il le pénètre mieux; il est cependant moins estimé que le goudron de bois, parce qu'il donne des teintes moins rougeâtres; cependant l'on peut rémédier facilement à cet inconvénient par un commencement de distillation.

Le coke provenant de la distillation de la houille en vase clos, se trouve généralement à l'état fritté et en morceaux de moyenne grosseur; il est plus gazeux que celui obtenu par la carbonisation directe dans des fours, et il a l'inconvénient de contenir une plus forte proportion de pyrites que ce dernier, car le sulfure de fer qui se trouve en plus ou moins grande quantité dans la houille, reste à l'état de sulfure de fer simple, parce qu'il n'a pu être brûlé aussi facilement que lorsque l'on opère dans des fours. Ce coke n'est pas employé dans les opérations métallurgiques, et ne convient pas non plus pour le service des chaudières, parce qu'il occasionne une prompte détérioration des surfaces métalliques qu'il chauffe; il donne en outre moins de chaleur que le coke obtenu par les procédés ordinaires. On peut cependant lui enlever une grande partie du sulfure de fer qu'il contient en l'arrosant au sortir des cornues avec une certaine quantité d'eau qui donne lieu à la formation de sulfide hydrique qui se dégage; mais outre que cette opération a l'inconvénient de le réduire encore en plus petits morceaux, elle le charge d'une quantité d'eau plus ou moins grande qui en augmente encore les mauvaises qualités.

Nous dirons ici un mot d'un autre corps dont la présence, dans les produits retirés de la distillation de la houille, a été constatée il y a peu de temps par M.r Bussy; nous voulons parler de l'iode. Après avoir reconnu que l'iode se trouvait dans le cresson et plus spécialement dans un ceratophillum, M.r Bussy l'a recherché dans certains produits renfermant des débris de végétaux, et particulièrement dans la houille; il a opéré sur des eaux ammoniacales provenant d'une usine à gaz, et il a constaté la présence de l'iode qu'il a pu isoler et doser. Voici comment il a procédé : il a ajouté à une quantité donnée d'eau ammoniacale, assez de potasse pure pour transformer en iodure de potassium l'iode qui devait y exister à l'état d'iodrydate d'ammoniaque; il a évaporé à siccité, puis calciné pour détruire tout le goudron, et il a traité le résidu par l'alcool rectifié qui dissout l'iodure de potassium; de la décomposition de ce dernier au moyen de la chaleur, il a obtenu l'iode. Trois kilogrammes d'eau ammoniacale ont donné 0 g.r 50 d'iode, c'est environ 0 g.r 2 par kilogramme. D'autres chimistes ont répété les expériences de M.r Bussy; ils ont également constaté la présence de l'iode dans les eaux ammoniacales provenant de la distillation du charbon. Si les faits qu'ils ont rapportés sont exacts, il est permis d'espérer que l'on pourra, par la suite, obtenir l'iode économiquement et en grande quantité, car on produit journellement dans les usines à gaz beaucoup d'eaux ammoniacales ; il restera à voir si l'on pourra opérer l'extraction de ce corps sans nuire à la préparation des produits ammoniacaux qu'on retire aujourd'hui de ces mêmes eaux.

Ce sont les divers éléments dont est composée la houille (carbone, oxigène, hydrogène, azote et pyrite) qui, sous l'action de la chaleur et à l'abri du contact de l'air, forment les composés que nous venons de décrire succinctement; ces composés ne se produisent pas en même quantité avec toutes les espèces de houilles, et même, avec une variété donnée, on peut les obtenir en quantités différentes, suivant la manière de conduire la distillation. En effet, si la houille est soumise à l'action d'une faible chaleur, et distille lentement, il se produira peu de gaz éclairant et beaucoup d'acide carbonique et d'hydrogène, parceque les hydrocarbures qu'elle renferme et dont la décomposition par le feu doit fournir en partie les carbures gazeux qui constituent le gaz éclairant proprement dit, seront simplement vaporisés sans être décomposés et se condenseront par le refroidissement; ils augmenteront donc la proportion de goudron, et cela, au détriment de la quantité de gaz que l'on aurait pu obtenir; ce goudron sera léger, riche en huiles très volatiles que l'on pourra, à la vérité, extraire par distillation, et qui, après épuration et rectification, pourront servir à l'éclairage; mais ce serait compliquer inutilement les opérations. Sous l'action d'une basse température, la quantité d'ammoniaque sera fortement réduite, et cela se conçoit, car le gaz ammoniaque n'est pas tout formé dans la houille, il n'est que le résultat de la combinaison de l'azote et de l'hydrogène, combinaison qui s'opère sous l'influence d'une haute température.

D'un autre côté, si la houille est soumise d'emblée à une forte température, il se formera beaucoup de gaz carburés, mais ces carbures se décomposeront ensuite, et le pouvoir éclairant du gaz sera diminué de beaucoup; le gaz sera donc de moins bonne qualité.

Enfin, si la houille est chauffée doucement, et si la température est élevée graduellement jusqu'au rouge, on obtiendra plus de gaz, il se produira une plus grande quantité d'eau et une moindre proportion d'huiles; le gaz sera de meilleure qualité que celui obtenu avec un coup de feu rapide.

L'influence du degré de température sur la composition et les quantités relatives des produits distillés, est donc très sensible; mais la richesse et la quantité de ces produits varient aussi suivant les diverses époques de la distillation.

Pour ce qui est de la variation de la richesse, le D.r Henry a constaté que le gaz qui se dégage au commencement de la distillation, renferme la plus grande quantité de carbure bihydrique et de vapeurs d'hydrocarbures, et que la proportion de ces deux composés va sans cesse en diminuant, en sorte que vers la fin (après 5 heures par exemple de distillation), c'est l'hydrogène et l'oxide carbonique qui prédominent dans le mélange; après dix heures de distillation, le gaz qui se dégage renferme 40 pour cent d'hydrogène pur; le reste est de l'oxide de carbone et de l'azote.

Quant à la quantité de gaz éclairant, elle diminue aussi à mesure que l'on prolonge la distillation; M.r d'Harcourt rapporte des expériences qui ont été faites à la compagnie française à Paris, et qui démontrent bien qu'il est inutile de chauffer trop longtemps, et que, ainsi que nous l'avons vu, les gaz qui se produisent vers la fin de l'opération sont de l'acide carbonique et de l'hydrogène qui altèrent la qualité du gaz éclairant déjà produit. Les expériences ont été faites au moyen d'un petit gazomètre dont les élévations étaient proportionnelles aux quantités de gaz obtenues et pouvaient servir à les représenter; voici les résultats que donne cet auteur.

On a trouvé que le gazomètre avait monté :

après 1 heure de distillation,		de . . .	58,00
2	»	en plus de .	29,00
3	»	» .	22,00
4	»	» .	15,66
5	»	» .	9,35
6	»	» .	6,00
		Total. .	120,00

Il est encore une circonstance qui peut influer sur la qualité et le rendement en gaz; c'est l'état hygrométrique de la houille; à ce sujet, M.r Penot de Mulhause a fait des expériences que nous citerons ici :

1 kilogramme de houille, contenant 10 pour cent d'eau, a fourni :

gaz de bonne qualité	160 litres
gaz de mauvaise qualité . . .	92 »
Total .	252 litres.

1 kilogramme de la même houille, mais desséchée, a donné :

gaz de bonne qualité	240 litres
gaz de mauvaise qualité . . .	92 »
Total .	332 litres.

Ces résultats s'expliquent facilement : la houille étant humide, elle refroidit le vase distillatoire; la température à laquelle la distillation se fait, est donc plus basse et l'on obtient moins de gaz et de goudron. M.r Penot conseille cependant de ne pas se servir d'une houille trop desséchée, car, alors, une partie s'échapperait en poussière avec les matières volatiles et viendrait obstruer les tuyaux.

La quantité de gaz oléfiant ou de vapeurs d'hydrocarbures que l'on peut retirer des houilles soumises à la distillation, est aussi très variable; voici comment M.r d'Harcourt s'exprime à ce sujet, dans son traité de l'éclairage au gaz.

« La composition du gaz oléfiant étant de 85,80 de carbone et 14,20 d'hydrogène, on peut en conclure qu'une houille contenant 5 à 5,50 pour cent d'hydrogène, comme celles que l'on emploie généralement dans les usines à gaz, pourrait fournir à la rigueur de 30 à 35 pour cent de son poids en gaz oléfiant ou en vapeurs hydrocarbures. L'expérience est loin de donner d'aussi beaux résultats; on n'obtient qu'une très minime partie d'hydrogène en gaz carburés, la plus grande partie se dégage à l'état d'hydrogène carboné, de façon qu'il est rare que la totalité du gaz obtenu s'élève dans la pratique à plus de 20 à 25 pour cent en poids de la quantité de houille. Ainsi, on regarde comme un fort rendement d'obtenir 30 mètres cubes de gaz avec 100 kilogrammes de charbon. Et comme on peut regarder la densité du gaz de houille comme ayant une moyenne égale à 0,55, on peut donc en conclure que le poids maximum serait de $0,55 \times 1,2991 \times 30 = 21$ k.,43. Nous parlons ici d'un rendement pratique et obtenu dans une exploitation en grand, car, dans des essais en petit, on a obtenu à l'école des mineurs de Saint-Etienne, jusqu'à 36^{m},55 avec la houille du Soleil (Bréchignac), et dans d'autres expériences rapportées par Clecg, ce rendement a pu s'élever à 40^{m} avec le cannel-coal.

« Si nous adoptons 30 mètres cubes de gaz comme le plus fort rendement des usines à gaz avec 100 kilogrammes de houille, nous pouvons évaluer approximativement qu'elle est la portion d'hydrogène contenue dans la houille, qui a pu être en réalité introduite dans le gaz. Le cas le plus avantageux est celui où le gaz ne contiendrait pas d'hydrogène pur, et pour nous placer dans les conditions communes, nous regarderons la quantité de gaz carburés, d'hydrogène carboné et d'hydrogène sulfuré, comme entrant dans une proportion de 80 à 85 pour cent, ce qui revient à dire que chaque mètre cube de gaz contient au maximum de 1^{mc},60 à 1^{mc},70 d'hydrogène, et par conséquent les 30 mètres cubes de gaz de 48 à 51 mètres cubes de gaz hydrogène dont le poids varie de 3 k.,3 à 3 k.,50. Or, la houille que l'on distille contient en moyenne de 5 à 5,5 pour cent d'hydrogène ; on peut donc en conclure qu'il y a généralement 2 d'hydrogène sur 5,5 qui sont perdus pour l'éclairage. Ces 2 pour cent sont employés soit à la formation de l'eau et de l'ammoniaque avec l'oxigène et l'azote contenus dans la houille, soit, en se combinant avec le carbone, à donner naissance au goudron, et enfin une autre partie reste dans la houille convertie en coke ; car après dix heures de distillation, on obtient encore de l'hydrogène.

« Si l'on réfléchit à tous les phénomènes divers que doit présenter la distillation des houilles, on ne peut espérer qu'on puisse arriver à des résultats beaucoup plus avantageux. Comment arriver à ce que chaque molécule individuellement ne soit soumise justement qu'à une chaleur nécessaire et assez forte pour décomposer en produits volatils carburés toute la matière bitumineuse ou plutôt hydrogénée de la houille, mais non suffisante cependant pour décomposer les produits déjà formés? Comment se soustraire encore à toutes les autres actions chimiques qui peuvent se manifester? Sans nous appesantir davantage sur ce sujet, on doit reconnaître qu'il n'est pas probable que l'on puisse, dans les circonstances actuelles, arriver à une distillation parfaite. Mais cependant, les idées que nous venons d'émettre devront guider sur la meilleure marche à suivre pour atteindre le but.

« La constitution physique de la houille doit aussi avoir une influence sur le rendement ; ainsi le charbon menu, dit fine forge, donne-t-il un rendement beaucoup plus faible que le charbon de la même mine, mais en morceaux plus gros, désigné sous le nom de gaillettes et de gailleteries. Il est vrai de dire aussi que l'on pourrait attribuer cette différence à une perte d'hydrogène plus grande opérée dans l'air par le charbon menu. Mais le même faible rendement se fait encore remarquer dans le charbon sortant de la mine, ou du moins se trouve-t-on dans la nécessité de mettre une moins grande quantité de houille dans la cornue. Il est au reste très difficile de pouvoir, d'après l'état actuel des expériences faites en France, donner des indications pratiques bien certaines sur la valeur des houilles par rapport à leur rendement; toutes les expériences connues sont trop incomplètes pour pouvoir guider à ce sujet. Elles ne font aucune mention du mode de distillation par rapport à la température, non plus que de la richesse du gaz par rapport à la lumière. De plus, la température extérieure à une grande influence pour la masse des gaz condensés, de même que l'état hygrométrique des houilles. »

En général, la houille ne commence à se décomposer, qu'à la chaleur rouge naissante, et cette décomposition ne s'achève qu'au rouge presque blanc; il n'y a que la houille sèche et la houille maigre, quand elles sont pauvres en carbone, qui se décomposent au-dessous de la chaleur lumineuse, et cependant, cette décomposition est quelque fois très imparfaite; lorsqu'elles sont riches en carbone, elles exigent une forte chaleur rouge. La houille chauffée seulement à 370°, donne beaucoup de goudron et peu de gaz; chauffée très fortement, elle fournit au contraire beaucoup de gaz, mais il est peu éclairant; on a reconnu que la température la plus convenable pour obtenir le gaz le plus éclairant, est le rouge cerise vif. La substance oléagineuse ne se forme qu'au premier degré de chaleur rouge brun.

Plus la houille que l'on distille est fraîchement exploitée, plus aussi le rendement en gaz et en hydrocarbures est grand.

L'huile est d'autant plus épaisse que la houille contient plus de carbone; le rapport du liquide aqueux au liquide oléagineux, est le plus grand possible lorsque la houille est sèche; et la masse de tous les produits liquides et gazeux est toujours en raison inverse du contenu en carbone. Les charbons à forger et ceux qui s'enflamment lentement, mettent plus de temps à rendre leur gaz que les charbons légers et facilement inflammables. Les houilles les plus grasses se fondent et se ramollissent en se décomposant; elles fournissent peu de gaz et laissent un coke boursoufflé et fritté; les houilles sèches conservent leur forme, et, si elles sont en poudre, elles ne s'agglutinent pas. En général, si la distillation se fait à une chaleur graduée, le coke est moins boursoufflé que si la chaleur est donnée brusquement.

Enfin, la quantité de coke fournie par la distillation en vase clos, est plus grande, prise au poids, que celle fournie par les modes ordinaires de carbonisation; il est cependant moins bon que ce dernier, aussi ne carbonise-t-on la houille en vase clos que lorsque l'on a principalement pour but de recueillir tous les produits gazeux qu'elle peut fournir par sa distillation.

IX.

Usages et choix des Houilles.

La houille est employée dans presque toutes les industries, surtout dans celles qui exigent une chaleur élevée, uniforme et à peu de frais; son usage est très répandu et s'étend encore de jour en jour; on la préfère, dans la plupart des circonstances, aux autres agents qui peuvent servir à produire de la chaleur.

Nous indiquerons dans ce chapitre quels sont ses principaux usages, et nous exposerons, pour ces divers cas, les considérations qui doivent guider dans le choix à faire parmi les différentes variétés, et en particulier, parmi celles que fournit le bassin houiller de Mons.

On emploie la houille : 1.° dans presque toutes les opérations métallurgiques; 2.° pour le chauffage des appareils qui servent à la distillation et à la vaporisation des liquides; 3.° pour la préparation du gaz éclairant; 4.° pour opérer la fusion des substances non métalliques que l'on doit mettre en œuvre dans les établissements industriels; 5.° pour la calcination des pierres, des terres, etc., etc., et pour la cuisson des briques; 6.° enfin, la houille est d'un usage très répandu pour le chauffage domestique :

1.° *Dans les usines métallurgiques*, la houille est employée à l'état cru, ou bien après avoir été préalablement convertie en coke par la carbonisation.

A l'état cru, on s'en sert pour la réduction des minerais de fer dans les hauts-fourneaux, pour le chauffage des fours à réverbère et pour le réchauffage du fer dans les foyers à tuyère (affinage par la méthode champenoise), pour le grillage des minerais et enfin pour la réduction de certains oxides métalliques, tels que l'oxide de zinc, dans des creusets, retordes ou autres appareils.

Depuis quelque temps, on a fait beaucoup d'essais pour substituer la houille au coke dans les hauts-fourneaux servant au traitement du minerai de fer; mais on n'a pu jusqu'ici parvenir à des résultats suffisamment concluants pour permettre de dire s'il y a avantage à opérer cette substitution ; dans certaines usines on s'en est très bien trouvé; dans d'autres, les produits ont été reconnus mauvais et l'on a été obligé de revenir à l'emploi du coke.

Ces différences proviennent, selon toute probabilité, de ce que la houille dont on s'est servi, ne présentait pas les qualités requises, et de ce que les formes et les dimensions des fours n'étaient pas convenables pour brûler ce combustible à l'état cru.

Il n'est en effet pas indifférent d'employer telle ou telle espèce de houille dans le travail des hauts-fourneaux ; la houille grasse, bitumineuse et collante, tend à fondre et à s'agglutiner de manière à former des voûtes qui empêchent le passage de l'air, et sous lesquelles les gaz qui se dégagent pendant la combustion viennent se loger et s'amasser; l'inflammation de ces gaz peut donner lieu aux plus graves accidents; il est arrivé souvent que le minerai et le charbon ont été lancés hors du fourneau à la suite d'explosions. L'emploi d'une telle houille peut donc compromettre l'existence du fourneau ou tout au moins déranger beaucoup son allure. Avec la houille qui est peu collante, ou qui se réduit en poussière soit par excès de friabilité, soit par l'effet du délitement dû à l'action de la chaleur, il est difficile que le vent puisse être longtemps réparti d'une manière uniforme dans toute la section du fourneau, parce que le charbon menu se loge facilement dans les interstices existant entre les morceaux de minerai, et finit par former une masse compacte qui s'oppose au passage du courant d'air et occasionne une descente irrégulière des charges; en outre, si la houille est sèche ou maigre, il faut, pour la carboniser, avoir un courant d'air assez fort, et le déchet devient alors assez considérable.

La quantité et la nature des gaz qui sont fournis par la houille lorsqu'elle est soumise à l'action de la chaleur, peuvent aussi avoir une influence sur la réduction du minerai et sur l'allure du fourneau; si la houille que l'on emploie est susceptible de donner beaucoup d'hydrocarbures, il arrivera que le minerai sera converti en fer à une distance assez grande au-dessus des étalages, car ces hydrocarbures décomposent l'oxide de fer à une température plus basse que ne le fait l'oxide de carbone qui est l'agent réductif lorsque l'on brûle du coke; si donc, il s'est produit une grande quantité de fer (quantité qui sera d'autant plus grande que les hydrocarbures fournis par la houille seront en plus forte proportion), il pourra arriver que ce fer ne trouvera plus assez de carbone pour se convertir en fonte lorsqu'il se présentera aux étalages, ou qu'il n'y aura plus une quantité suffisante de combustible pour amener le fer cémenté à un état de fusion convenable dans le creuset; et, comme le fer n'est pas fusible, il résultera de sa présence en trop grande quantité aux étalages ou au creuset, des engorgements dans le haut-fourneau, ou bien une fonte de mauvaise qualité et un déchet assez grand provenant du fer qui n'aura pas été réduit en fonte et qui sera tombé dans le fond du creuset. Sous ce rapport, les houilles maigres qui produisent des hydrocarbures en quantité moindre que les houilles grasses ou demi-grasses, seraient donc celles qui présenteraient le moins d'inconvénients; mais ces houilles, du moins celles que l'on trouve dans nos bas-

BIBLIOTHÈQUE NATIONALE R.F. IMPRIMÉS

sins, ont généralement le défaut de se déliter facilement lorsqu'elles sont soumises à l'action de la chaleur, et, par suite, de former obstacle à la parfaite distribution du vent; si l'on avait un moyen de remédier aux conséquences fâcheuses du délitement, ces houilles pourraient, selon toute probabilité, être employées avantageusement à l'état cru dans les hauts-fourneaux.

A ces inconvénients résultant de la nature de la houille et de son état physique, il faut encore ajouter celui provenant de la pyrite que ce combustible renferme ordinairement en plus ou moins grande quantité; le soufre provenant de la décomposition de cette pyrite dans le haut-fourneau, se combine avec la fonte et la rend de mauvaise qualité, car elle donne du fer rouverin, c'est-à-dire, cassant à chaud; lorsque la houille est très sulfureuse il ne convient donc pas de l'employer à l'état cru et l'on doit d'abord lui enlever, le plus qu'il est possible, cette substance nuisible, par la carbonisation.

Ainsi, pour être employée à l'état cru dans les hauts-fourneaux, la houille doit s'allumer assez facilement, ne pas être très collante ni très-maigre, ne pas produire une grande quantité de gaz hydrogénés, avoir assez de consistance pour ne pas se réduire en petits morceaux soit par l'action de la chaleur, soit sous le poids de la charge, ne renfermer que peu ou point de pyrite, enfin être en morceaux de la grosseur du poing au moins. La houille qui donne du coke fritté, et qui est peu sulfureuse, doit donc être préférée à celle qui produit un coke pulvérulent, et à celle qui se délite très facilement.

Quant aux formes et aux dimensions des fours, elles devront différer de celles des fourneaux dans lesquels on fait usage du coke. Il ne faut pas perdre de vue, que dans les fours à cuve et surtout dans les hauts-fourneaux où l'on traite du minerai de fer, un combustible ne peut produire un bon effet que s'il se trouve complètement carbonisé à son arrivée dans l'ouvrage ou foyer; s'il parvenait en cet endroit avant d'avoir été dépouillé de toutes les substances volatiles que la carbonisation doit lui enlever, ce serait l'ouvrage qui devrait lui fournir la chaleur nécessaire pour achever cette carbonisation ; il y aurait donc refroidissement du foyer, ce qui serait un inconvénient, car c'est justement dans cette partie du fourneau que l'on cherche à produire la température la plus élevée. Or, dans un même fourneau, les circonstances de combustion ne sont pas les mêmes pour la houille et le coke ; la houille, avant d'arriver à l'ouvrage, doit perdre tous les gaz qu'elle est susceptible d'abandonner par l'action de la chaleur ; il faut que le temps qu'elle doit mettre pour descendre jusqu'à ce point, ou bien, que l'espace qu'elle a à parcourir, soit assez long pour qu'elle puisse être entièrement carbonisée ; de plus, une certaine quantité de chaleur doit encore être dépensée pour vaporiser l'eau dont elle est chargée, car on sait que la houille renferme toujours une certaine quantité d'eau hygrométrique, quantité qui peut quelquefois aller jusqu'à 8 ou 10 pour cent ; c'est donc encore une nouvelle perte de chaleur qu'éprouve l'ouvrage.

Avec le coke, ces inconvénients ne se présentent pas ; lorsqu'on le charge dans le fourneau, il est déjà entièrement dépouillé de gaz ; il n'a besoin que d'être convenablement chauffé avant d'arriver à l'ouvrage ; la distance qu'il a à parcourir pour descendre jusqu'à ce point, peut donc être moindre que pour la houille ; il n'occasionne pas une dépense de chaleur aussi forte que cette dernière pour réduire son eau hygrométrique en vapeur, car il n'en renferme ordinairement pas en aussi grande quantité. Avec le coke, la chaleur est donc plus élevée dans le four ; et, pour obtenir un même produit avec la houille ou le coke, il faut nécessairement que la forme et les dimensions du fourneau soient différentes.

Enfin, ce qui doit encore faire modifier les dimensions et les dispositions des fours, c'est, qu'avec la houille, la température est généralement très élevée auprès du gueulard, ce qui provient sans doute, en grande partie, de ce que les gaz dégagés de ce combustible viennent brûler en cet endroit au contact de l'air extérieur.

A ce qui vient d'être dit concernant la nature de la houille et la forme à donner aux appareils de combustion, nous ajouterons : que la préférence que l'on accordera à la houille crue sur le coke, sera encore subordonnée aux quantités de minerai que ces deux combustibles pourront fondre pour un poids donné, c'est-à-dire, au rapport existant entre leurs facultés de porter le minerai; elle dépendra en outre, du prix de la houille relativement à celui du coke, car il arrivera très souvent que le coke fabriqué avec le menu fourni par des couches de charbon demi-gras qui donnent quelquefois jusqu'à 75 et même 85 pour cent de menu, coûtera moins cher que le charbon, en morceaux de grosseur convenable pour être employés dans les hauts-fourneaux, que produit la même couche; et, comme il n'y a d'autre moyen d'utiliser le menu dans les hauts-fourneaux, que de le convertir préalablement en coke dans des fours particuliers, il faudra, dans ce cas, renoncer à faire usage de la houille crue.

D'après ce qui précède, l'emploi de la houille crue ne pourrait être que difficilement généralisé pour le service des hauts-fourneaux; cependant, dans le cas où la nature des produits que l'on cherche à obtenir le permettrait, que les fourneaux seraient construits de manière à prévenir les inconvénients qui résulteraient de l'arrivée, dans l'ouvrage, de morceaux de houille incomplètement carbonisés, ou de parties de fer non cémentées, ce combustible serait avantageusement employé à l'état cru pour remplacer le coke; il y aurait économie, puisque la houille produirait plus d'effet, car, à volumes égaux, elle possède un pouvoir calorifique et une densité supérieurs à ceux du coke; l'on utiliserait la chaleur développée par la combustion des gaz qui se dégagent de la houille au fur et à mesure que sa carbonisation se fait dans le haut-fourneau, gaz qui viennent brûler en partie au gueulard ou dans la partie supérieure du fourneau; enfin, l'on n'aurait plus à éprouver de pertes résultant du petit coke ou des déchets produits lors de la carbonisation dans des fours spéciaux et pendant les chargements et transports que l'on fait subir au coke, pertes qui sont quelquefois assez considérables.

Les fours à réverbère sont toujours chauffés avec de la houille; ils sont beaucoup employés pour la fabrication du fer par la méthode anglaise, dans l'opération dite puddlage qui a pour but de convertir la fonte ou le fin métal en fer ductile ; pour réchauffer le fer qui a été affiné dans des fours à puddler, afin de le soumettre à des chaudes réitérées pour le corroyer; enfin pour réchauffer les tôles. Ils servent aussi à la réduction des minerais de plomb et au grillage des minerais de zinc, etc.

Dans ces opérations, on a pour but soit d'oxider les matières que l'on dépose sur la sole, soit de leur enlever certaines substances étrangères qui sont inutiles ou nuisibles à la qualité des produits que l'on veut obtenir, soit enfin de les porter à une température donnée pour opérer le soudage ou pour les soumettre à certaines opérations particulières. Il est donc essentiel que les substances que l'on traite dans ces foyers reçoivent un degré de chaleur convenable, souvent très élevé (comme c'est le cas dans les fours à réchauffer), et qu'en même temps elles ne soient pas en contact immédiat avec le combustible ; il faut aussi que cette chaleur soit distribuée d'une manière uniforme sur une étendue donnée, et non concentrée sur un point. Les fours doivent donc être disposés de manière que les substances à traiter reçoivent la chaleur par le rayonnement des parois ou par réverbération, et principalement par la flamme que l'on force à passer à une certaine distance au-dessus de la sole.

Voici, en peu de mots, comment l'on remplit ces conditions.

On établit la chauffe à un niveau inférieur à celui de la sole, afin que les gaz qui se dégagent de la houille puissent être convenablement brûlés avant d'arriver au-dessus de la sole; si on la fait très grande, la combustion sera lente, on consommera beaucoup de combustible, il arrivera dans le four une forte proportion d'air non brûlé et la flamme sera trop oxidante; si on lui donne trop petites dimensions, il sera assez difficile de produire une température élevée, la flamme sera chargée de beaucoup de carbone et la combustion se fera mal.

On sépare la chauffe de la sole par un petit mur plus ou moins élevé, que l'on appelle autel ou pont; l'autel empêche que le combustible se répande sur la sole et que la flamme vienne en contact immédiat avec la matière que l'on traite, et il fait que les fuliginosités et les gaz combustibles qui accompagnent la flamme, peuvent brûler avant que celle-ci n'arrive sur la sole. Il est important que l'autel soit convenablement disposé, parce que de son emplacement et de sa hauteur au-dessus de la sole, dépend souvent l'effet que doit produire le combustible sur la matière à traiter; trop haut, il empêche que la température soit élevée sur la sole; trop bas, il fait que la matière que l'on chauffe est soumise à toute la force comburante de la flamme et qu'elle est souillée par les cendres de la houille qui sont entraînées par le courant.

La voûte est ordinairement très basse et plate; si elle était très élevée, il arriverait peu de chaleur sur la sole; elle communique avec une cheminée assez haute. Comme la flamme se refroidit à mesure qu'elle s'éloigne du foyer, on la force à se rapprocher de la sole, en abaissant la voûte assez fortement près de la cheminée, et en rétrécissant la sole en cet endroit; cette partie du four porte le nom de rampant; en réduisant ainsi la section du four, on obtient une économie de combustible et l'on arrive à produire une température élevée et uniforme sur la sole.

On modifie les dimensions des différentes parties de ces fours suivant que l'on veut soumettre les matières à traiter à une température élevée (pour le réchauffage ou le puddlage, par exemple), ou bien à une température modérée (fours à tôle). Ainsi, par exemple, dans les fours à réchauffer, où l'on a besoin de produire rapidement une chaleur soudante et durable, on doit donner à la grille une grande surface par rapport à celle de la sole, ne pas élever beaucoup le pont, abaisser fortement la voûte, avoir un rampant étroit et une cheminée de grande hauteur. En général, les grands fours ne se chauffent pas bien, parce qu'il est assez difficile de conduire convenablement la combustion, et parce que la chaleur est développée à une trop grande distance de la sole; les fours de très petites dimensions, éprouvent toujours une perte de chaleur assez forte par les parois et la cheminée; toutefois les petits fours conviennent lorsque l'on veut développer rapidement une très haute température.

D'après ce qui précède, il faut donc, pour chauffer un four à réverbère, choisir une houille qui brûle avec une flamme vive, qui ne colle pas assez pour former voûte sur la grille, ni se boursoufle ou coule entre les barreaux de la grille, car, alors, le passage de l'air nécessaire à la combustion serait intercepté; il faut qu'elle renferme peu de pyrites, qu'elle n'ait pas été exposée à la pluie, et qu'elle ne produise que peu de cendres; lorsqu'elle contient beaucoup de matières terreuses, il faut que la surface du foyer soit grande par rapport à celle de la sole et que la flamme passe rapidement dans le fourneau. Dans tous les cas, on doit avoir soin de charger la houille souvent et en petite quantité à la fois, afin que tous les gaz combustibles qui se dégagent puissent être facilement et entièrement brûlés; on doit aussi éviter de l'employer à l'état de menu parce qu'elle peut obstruer la grille et occasionner beaucoup de variations dans la température.

La houille grasse à longue flamme dite aussi demi-grasse, et celle maigre à longue flamme désignée dans le Hainaut sous le nom de Flénu, conviennent donc très-bien pour le service de ces fours, surtout lorsqu'elles sont pures et ne donnent pas beaucoup de cendres; la première est excellente pour les fours où l'on doit produire une température très élevée, comme dans les fours à réchauffer; la deuxième convient quand on veut donner des coups de feu instantanés et vifs, et elle est recherchée pour le service des fours à puddler. On peut aussi employer des houilles sèches qui brûlent presque sans flamme; mais comme la principale action de ces houilles doit se faire par rayonnement, il faut que les grilles soient placées plus bas au-dessous de l'autel, et que les fours soient moins larges et moins longs que si l'on brûlait des houilles grasses ou des maigres à longue flamme; ces dernières sont toujours préférables lorsque l'on doit développer rapidement une forte chaleur. En général, la surface de la grille sera moindre, et l'écartement des barreaux sera plus grand lorsque l'on emploiera une houille grasse à longue flamme et en gaillettes, que lorsque l'on brûlera une houille sèche et menue; avec un charbon léger à longue flamme, il faudra aussi un autel plus élevé qu'avec un charbon compacte et difficile à brûler.

La houille est encore employée pour le réchauffage du fer dans des foyers à tuyère, lorsque l'on affine la fonte par la méthode champenoise; dans ce travail, le fer étant immédiatement en contact avec la houille, celle-ci doit être de très bonne qualité, peu sulfureuse, car le soufre exerce une influence nuisible sur la qualité du fer et peut occasionner beaucoup de déchet, et, enfin, assez collante pour se réduire en coke dans le foyer.

Pour le grillage des minerais dans des fours à cuve, où le combustible est mélangé avec le minerai, il faut avoir une houille qui ne colle pas, autrement elle formerait des voûtes qui empêcheraient le passage de la chaleur et le minerai serait imparfaitement grillé; comme il n'est pas nécessaire d'avoir ici une chaleur très élevée, on peut donc employer des houilles qui ont un faible pouvoir calorifique; pour ce travail, les houilles tout à fait sèches et même la terre houille, conviennent très bien.

Il en est de même pour la réduction de certains oxides métalliques, tels que l'oxide de zinc, qui se fait dans des vases, creusets, moufles, etc., en terre réfractaire; la houille ne doit pas être collante ni se trouver en gros morceaux; il faut que le minerai et le charbon soient mélangés le plus intimement possible, et qu'il ne puisse y avoir agglutination entre les diverses substances soumises à l'action de la chaleur. La houille maigre et la terre houille, sont donc encore celles que l'on doit préférer dans ce cas. Le coke en petits morceaux, n'étant plus aussi collant que la houille qui l'a fourni, serait avantageusement employé pour la réduction de ces oxides; mais il a l'inconvénient d'exiger une température très élevée pour opérer cette réduction, et il donne lieu à une plus grande consommation de combustible que lorsque l'on emploie de la houille qui permet de travailler à une plus faible température.

Le coke est généralement employé dans les fours où la matière à traiter doit se trouver en contact avec le combustible; ainsi, dans les fourneaux à cuve où l'on réduit des substances métalliques et où l'on fond des métaux, dans les foyers de maréchalerie, dans les foyers d'affinage où l'on affine les métaux, etc.

Dans les hauts-fourneaux où l'on traite les minerais de fer, on trouve de l'avantage à se servir de coke lorsque le minerai exige, pour sa réduction, une température très-élevée et soutenue, lorsque l'on veut produire beaucoup de fonte en peu de temps, et enfin, pour obtenir certains produits, par exemple, de la fonte de moulage de 2.me fusion. La fonte de moulage de 1.re fusion fabriquée avec du coke, n'est pas aussi bonne que celle qui provient des fourneaux au charbon de bois; elle est moins pure, renferme plus de graphite, s'obtient à une température plus élevée et détériore les moules davantage que cette dernière; aussi n'est-elle employée que pour fabriquer des objets peu délicats; il est préférable, lorsqu'on ne veut pas avoir recours à une 2.me fusion, de fabriquer cette fonte au charbon de bois, ou, au moins, avec un mélange de charbon de bois et de coke. Mais la fonte de moulage de 2.me fusion provenant des fourneaux alimentés avec du coke, est généralement préférée à celle obtenue également en 2.me fusion avec du charbon de bois; après plusieurs refontes, elle est encore très douce, facile à travailler, possède une grande ténacité et communique cette propriété au produit obtenu par son mélange avec d'autres fontes de qualité inférieure. Enfin, pour ce qui est de l'affinage, les fontes au coke sont loin de donner des produits aussi avantageux que les fontes au charbon de bois; ces dernières fournissent toujours du fer de meilleure qualité, parce qu'elles ont été produites avec un combustible renfermant peu de soufre; elles peuvent être affinées rapidement et facilement, car on peut obtenir du bon fer par la simple opération du puddlage; enfin, elles éprouvent moins de déchet à l'affinage; la fonte au coke, au contraire, ne fournit du fer de bonne qualité que lorsqu'elle a été d'abord soumise au mazéage, c'est-à-dire, convertie en fin métal, puis puddlée et enfin corroyée au moins une fois, ce qui n'est pas toujours nécessaire pour les fontes au bois; cependant, bien que le fer qui en provient ne soit pas d'aussi bonne qualité, et que le déchet à l'affinage soit plus considérable, on préfère fabriquer la fonte d'affinage avec du coke, parce qu'on l'obtient à meilleur marché, et que, dans un même temps, l'on peut en produire de plus grandes quantités qu'avec le charbon de bois;

cela tient à ce que le coke peut porter une plus forte dose de minerai et que les charges descendent avec plus de rapidité.

Il est toutefois des circonstances où l'on ne peut employer avantageusement le fer obtenu avec des fontes au coke; par exemple, pour la fabrication de certaines tôles à fer blanc, pour la tréfilerie fine, pour l'acier de cémentation; il faut, dans ces cas, faire usage de fer provenant de fonte au bois.

Dans tous les cas, on doit avoir soin d'employer le coke le moins sulfureux possible, car les fontes obtenues avec du coke sulfureux sont toujours sulfureuses, et le fer qui en provient est difficile à souder ou à forger, et est même cassant à chaud; pour enlever ce soufre dans l'opération du mazéage, il faut le brûler au milieu du métal par le vent de la tuyère, et l'on ne peut y parvenir qu'en brûlant en même temps beaucoup de fer.

Il faut autant que possible, pour une même opération, faire usage de coke de composition et de densité uniformes, surtout pour le travail des hauts-fourneaux à fer, car la variation de la densité du coke peut occasionner une descente plus ou moins rapide des charges, augmenter ou diminuer la température de réduction dans le fourneau, et enfin, modifier la nature et la qualité du produit que l'on veut obtenir.

Lorsque la réduction du minerai exige une température très-élevée et que le combustible doit être soumis à une grande pression, il convient d'employer un coke un peu boursoufflé, passant au coke fritté; mais si l'on n'a besoin que d'une température moyenne, il est préférable de se servir de coke boursoufflé parce que sa combustion est plus facile; dans cette dernière circonstance, il faut avoir soin d'éviter que le combustible ne supporte une trop grande pression et que la descente des charges ait lieu par mouvements brusques, autrement, ce coke qui est assez friable, se réduirait en poudre et pourrait encombrer le fourneau.

Le coke que l'on doit employer pour mazer la fonte, c'est-à-dire pour la convertir en fin métal, doit être choisi avec soin; le mazéage, qui est la première opération que l'on fait subir à la fonte dans la fabrication du fer par la méthode anglaise, consiste à mettre la fonte en fusion au milieu d'un fort courant d'air, à la laisser soumise encore pendant quelque temps à l'action du courant d'air après la fusion, et à refroidir ensuite brusquement au moyen de l'eau; son but est de rendre la fonte moins aisément fusible et, par suite, plus facile à travailler dans les fours à puddler, et de lui donner un premier degré d'affinage en lui enlevant une partie du carbone et les substances nuisibles qu'elle contient; le coke doit donc être très pur et peu sulfureux, autrement, la fonte, loin de se purifier dans cette opération, pourrait devenir moins bonne; le soufre donnerait lieu à un fort déchet et l'on obtiendrait du fer en barres de mauvaise qualité; les cendres, par la silice qu'elles renferment, produiraient des silicates de fer qui passeraient dans les scories et occasionneraient encore un énorme déchet. Quant au choix du coke, pour les fontes dures ou longues à mazer, on se servira de coke compacte, tandis que pour les fontes tendres, on emploiera un coke léger sans être friable.

2.° *La houille est encore employée pour le chauffage des chaudières des machines fixes, et, en général, pour le chauffage de tous les appareils qui servent à la vaporisation et à la distillation des liquides.*

Dans ces diverses circonstances, la surface à chauffer est plus ou moins éloignée de la grille sur laquelle s'opère la combustion, et souvent, cette surface est très grande par rapport à celle de cette grille. Le combustible ne peut donc ici produire son effet en agissant simplement par rayonnement, mais il doit principalement communiquer la chaleur par la flamme qu'il développe et en chauffant convenablement l'air qui entre dans le foyer et qui va ensuite lécher les parois de l'appareil soumis à l'action de la chaleur.

Les houilles à employer dans ces cas, sont donc celles qui développent, en brûlant, une flamme longue et abondante, et, sous ce rapport, on doit préférer les houilles dites à longue flamme. Mais il faut encore faire un choix parmi ces dernières et prendre celles qui sont les moins collantes ou du moins, qui collent seulement assez pour empêcher que le menu ne passe entre les barreaux de la grille; une houille très collante ne tarderait pas à éprouver une espèce de fusion pâteuse, formerait alors obstacle au passage de l'air, et, par suite, occasionnerait le refroidissement du fourneau; elle serait imparfaitement brûlée et donnerait lieu à une grande perte; elle occasionnerait une prompte détérioration des grilles, car ces dernières étant alors exposées à une température élevée et n'étant pas rafraîchies par le passage de l'air dans le foyer, seraient bientôt brûlées; enfin, le chauffeur aurait un service pénible et fatiguant, car il devrait être constamment occupé à prévenir les obstructions ou bien à les détruire lorsqu'elles se seraient produites. En outre, il faut préférer les houilles qui donnent le plus de flamme, et faire bien attention, dans la disposition des appareils destinés à être soumis à l'action de la chaleur, que, pour les houilles qui brûlent avec flamme, la plus grande chaleur développée se trouve dans la flamme et surtout vers l'extrémité de celle-ci; on devra donc éloigner ces appareils de la couche de combustible embrâsé, d'une quantité qui dépendra de la longueur de la flamme que le combustible produira en brûlant.

La houille dite maigre à longue flamme, et surtout la variété connue dans le bassin de Mons sous le nom de Flénu, est celle qui présente le plus de qualités pour le mode de chauffage qui nous occupe.

Quelle que soit l'espèce de houille que l'on emploie, il convient qu'elle contienne le moins possible de pyrites, parce que les surfaces métalliques soumises à l'action de la flamme sont facilement attaquées par les gaz qui se dégagent pendant la combustion.

Pour le chauffage des machines locomobiles, des locomotives par exemple, il serait assez difficile de se servir de la houille, surtout pour les machines qui ont à faire un long parcours, parce qu'elles doivent consommer une grande quantité de combustible dans un temps très court; ces machines ayant, en général, un foyer très resserré, il faudrait charger la grille fréquemment, et alors, comme on devrait ouvrir très-souvent la porte du foyer, on donnerait accès à une grande quantité d'air froid; d'ailleurs, le chauffage se ferait d'une manière irrégulière, car, après chaque chargement de combustible, il y aurait abaissement de température dans le foyer et ce refroidissement persisterait tant que la houille chargée ne serait pas convertie en coke; la houille distillerait donc dans le foyer, et pendant tout le temps que durerait cette distillation, il se produirait de la fumée en quantité plus ou moins forte, ce qui est un grand inconvénient surtout quand ces machines remorquent des voyageurs; de plus, une partie des éléments de cette fumée ainsi que les cendres qui sont emportées par le courant, viendraient tapisser et bientôt obstruer les tubes qui servent au chauffage de l'eau dans la chaudière et par lesquels la flamme et les produits de la combustion se rendent à la cheminée; le mécanicien devrait donc nettoyer souvent ces tubes, autrement la surface de chauffe se trouverait bientôt diminuée au point de ne plus produire la quantité de vapeur nécessaire; or, ce travail n'étant possible que lorsque la locomotive n'est pas en marche, il ne pourrait être convenablement exécuté sans apporter une grande perturbation dans le service que doivent faire ces machines. Enfin, la conduite du feu serait difficile et exigerait beaucoup de soins de la part du chauffeur.

Les inconvénients que nous venons de signaler ne se présentent point à un degré aussi élevé lorsque l'on fait usage du coke, surtout s'il ne contient que peu de cendres; ce combustible peut être chargé dans le foyer en plus grande quantité à la fois, et il ne dégage pas de fumée pendant sa combustion; il est donc préférable à la houille, aussi est-il employé presque partout pour le chauffage de ces machines.

Il est assez important de chauffer les locomotives avec du coke contenant le moins possible de matières stériles, parce que la proportion de ces matières a une grande influence sur la quantité de combustible consommé, sur l'effet utile que l'on doit obtenir, et enfin, sur la régularité de la marche de ces appareils; aussi, dans le choix que l'on fait du coke pour les chemins de fer, s'attache-t-on beaucoup à rechercher celui qui donne le moins de cendres, et même, rejette-t-on celui qui est reconnu en renfermer plus de 10 pour cent. C'est ce qui se pratique en Belgique pour les chemins de fer de l'état, et en France à peu près pour tous les chemins de fer. En Belgique, l'état stipule dans le cahier des charges pour la fourniture du coke, que le coke qui donne à l'incinération une quantité de 7 pour cent de cendres ou de résidus, est accepté ; que celui qui en contient davantage, subit une réduction de prix proportionnée au tantième pour cent de cendres au-dessus de 7 pour cent; enfin, que celui dont les cendres excèdent la proportion de 10 pour cent est rebuté. En France, sur le chemin de fer du nord, la réduction du prix commence à être appliquée lorsque le coke donne plus de 6 pour cent de cendres, et, quand il est reconnu en contenir plus de 10 pour cent, la société est en droit de le refuser; d'autres sociétés françaises appliquent la réduction au coke renfermant plus de 5 et même 4 pour cent de ces substances, et ne l'acceptent pas lorsqu'il en donne 8 pour cent. Les commissions chargées de la réception du coke pour le service de ces chemins de fer, veillent avec soin à ce que les fournisseurs remplissent les conditions de leur contrat; elles sont surtout exigeantes pendant la saison d'hiver, car c'est principalement pendant cette partie de l'année que l'on a besoin d'employer du coke de très bonne qualité, parce que, pour un même travail utile, la consommation de ce combustible est plus forte qu'en été, par suite, d'une part, des pertes de chaleur éprouvées par le foyer et par la condensation de la vapeur, pertes qui sont d'autant plus grandes que la température de l'air est plus basse, et, d'autre part, par suite des obstacles que présentent à la marche des convois la neige, le verglas, etc., qui recouvrent souvent les voies ferrées; la consommation étant donc plus forte en hiver, la proportion de cendres produites en un temps donné, est également plus grande ; la conduite du feu exige alors plus de soins et de fatigue de la part du chauffeur, parce que les laitiers ou les mâchefers se figent plus rapidement sur les grilles car l'air qui arrive au foyer se trouve à une basse température. Il est donc assez important de choisir, pour le chauffage de ces machines, un coke renfermant peu de cendres.

Comme le charbon qui sert à fabriquer le coke est employé à l'état menu, et qu'il renferme ordinairement une assez grande quantité de terres ou matières schisteuses que l'on n'a pu en séparer lors de l'abattage dans la mine, les entrepreneurs sont presque toujours obligés de laver leurs charbons avant de les convertir en coke, afin de pouvoir remplir les conditions qui leur sont imposées ; au moyen de ce lavage, on peut obtenir du coke dont la proportion de cendres est faible et ne va même quelquefois qu'à un et demi ou deux pour cent ; cela dépend du soin apporté à cette opération ; les mêmes charbons non lavés, en rendent souvent au-delà de dix ou douze pour cent.

Il est encore assez important, d'employer du coke peu sulfureux pour le chauffage des machines locomotives ; le soufre qui se dégage attaque assez rapidement les tubes en cuivre que la flamme parcourt, et cette action est encore favorisée par la haute température qui règne dans ces appareils ; la détérioration est même plus grande que lorsque l'on emploie de la houille qui, cependant, contient en général plus de soufre que le coke ; cela provient de ce qu'avec la houille qui dégage beaucoup de fumée chargée de bitume, les parois des tubes sont bientôt recouvertes d'une couche de suie ou de bitume qui les préserve entièrement ou du moins en grande partie, de l'action du soufre. Cela n'a pas lieu lorsque l'on fait usage du coke, parce que ce combustible brûle généralement sans produire de fumée.

Enfin, on doit avoir soin de se servir de coke d'autant plus léger que les dimensions de la boite à feu sont plus petites et dans le cas où l'on fait usage de coke très dense, il faut le charger sur la grille par petites quantités à la fois.

3.° *Pour fabriquer, au moyen de la houille, le gaz propre à l'éclairage*, on doit principalement choisir celle qui donne, à la distillation, le plus d'hydrogène bicarboné et d'hydrocarbures, gaz qui sont essentiellement les gaz éclairants ; or, comme nous l'avons vu dans d'autres chapitres, la quantité de gaz éclairant que peut produire une houille, dépend des proportions relatives de l'hydrogène et du carbone ; plus il y a d'hydrogène libre, c'est-à-dire, plus il y a d'hydrogène en excès sur la quantité nécessaire pour former de l'eau avec l'oxigène renfermé dans cette houille, plus aussi ces gaz seront produits en grande quantité; les houilles qui renferment la plus forte proportion d'hydrogène et la moindre quantité de carbone, sont donc les plus avantageuses pour la fabrication du gaz éclairant; ces houilles sont celles qui brûlent avec une longue flamme.

Parmi ces houilles, on doit encore préférer celles qui sont les moins chargées de pyrites, et l'on doit avoir égard aussi à la quantité et à la qualité du coke qu'elles laissent à la distillation.

Le sulfure de fer produit, en se décomposant pendant la distillation, du sulfide hydrique, de l'acide hydrosulfurique et du sulfure de carbone qui se dégagent avec les autres gaz; pour se former, ces gaz enlèvent à la houille une portion d'hydrogène qui serait utilement employée à former des hydrocarbures; leur séparation d'avec les gaz propres à l'éclairage, demande beaucoup de soins et ne peut pas toujours être faite d'une manière complète, surtout en ce qui concerne le sulfure de carbone; cependant, ces gaz, principalement l'acide hydrosulfurique qui en brûlant produit de l'acide sulfureux, exercent une fâcheuse influence sur l'économie animale et altèrent les objets sur lesquels ils viennent se déposer; ils communiquent en outre au gaz éclairant une odeur insupportable. On doit donc éviter avec soin d'employer des houilles qui renferment beaucoup de pyrites, et même, si l'on avait à choisir entre une houille très-pyriteuse donnant beaucoup de gaz, et une autre contenant peu de pyrites mais fournissant du gaz en quantité un peu moindre, il faudrait donner la préférence à cette dernière.

Il convient aussi d'avoir égard au coke que l'on peut retirer de cette fabrication, parce que c'est le produit accessoire le plus important; beaucoup de houilles qui brûlent avec une flamme longue, et surtout celles qui donnent le plus de gaz à la distillation, laissent pour résidu un coke fritté, de mauvaise qualité, et dont il est difficile de se défaire; le charbon dit Flénu est dans ce cas, mais, en compensation, c'est celui qui fournit le plus de gaz éclairant, et ce gaz est peu chargé d'acide hydrosulfurique et de sulfide hydrique; les houilles qui forment le passage de la qualité dite maigre à longue flamme à la qualité connue sous le nom de grasse à longue flamme, sont celles qui donnent le coke le meilleur et le plus avantageux pour la vente, tout en rendant cependant une assez grande quantité de gaz propres à l'éclairage; mais ces charbons sont en général plus pyriteux que le Flénu. Tout est relatif ici à la valeur que peut avoir le coke dans les localités où l'usine est établie, et aux moyens que l'on a de s'en débarrasser; si l'on ne trouve pas un placement avantageux de ce coke, il faut alors employer la houille qui laisse après la distillation le moins de coke possible, et c'est justement celle qui fournit une grande quantité de gaz renfermant beaucoup de principes lumineux.

La quantité et la qualité des gaz éclairants dépendent beaucoup, pour une même espèce de houille, de la forme des appareils qui servent à la distillation et de la manière dont l'opération est conduite; il faut que les cornues aient une forme telle que la couche de combustible à distiller ne soit pas très-épaisse, autrement la chaleur ne pourrait arriver qu'avec peine au centre de la masse, parce qu'elle devrait traverser la couche de coke formé par la distillation du charbon immédiatement en contact avec les parois de la cornue, et l'on sait que le coke est mauvais conducteur du calorique; cette croûte de coke qui devient de plus en plus épaisse à mesure que la distillation avance, s'oppose au passage de la chaleur et fait que la houille qui occupe le centre ne peut être portée à une température convenable pour être entièrement distillée. Il est bon aussi d'employer la houille à l'état de gros, ou du moins, en morceaux de la grosseur du poing; on obtient alors un rendement en gaz plus considérable et du coke en plus beaux morceaux que si l'on avait fait usage de la houille menue.

Quant à la manière de conduire l'opération, il faut soumettre les cornues à une haute température, surtout après la première heure de la distillation, et de plus, on ne doit pas trop prolonger cette opération, parce que le gaz qui est produit après les cinq ou six premières heures est de mauvaise qualité et altère la pureté de celui fourni d'abord; la quantité de coke diminue aussi à mesure que la distillation avance, et ce coke n'a plus les mêmes qualités que s'il avait été retiré après trois ou quatre heures de chauffage. Si l'on soumet la cornue à une faible température, on obtiendra beaucoup d'huile et de goudron qui iront se condenser, tandis que ces produits auraient été en partie décomposés et auraient fourni des gaz carburés si la température avait été suffisamment élevée. La marche et la durée de la distillation, doivent donc dépendre de la valeur relative du gaz et du coke, ainsi que de la facilité que l'on a de se défaire avantageusement de ce dernier; dans les localités où le prix du gaz sera élevé et le coke d'un placement difficile, il sera naturellement préférable de prolonger la distillation afin d'augmenter la quantité de gaz; mois lorsque le contraire aura lieu, que l'on trouvera plus d'avantage à produire peu de gaz, mais de bonne qualité, et à vendre le coke à un prix élevé, on diminuera la durée de l'opération.

Dans tous les cas, pour une même quantité de produits gazeux, on fera varier la durée de la distillation suivant que la houille sera plus ou moins grasse ou légère, car la houille grasse exige plus de temps, pour laisser dégager le gaz, que celle qui est maigre.

4.° *On emploie aussi la houille pour le chauffage des fours de verrerie, de faïencerie, et en général, lorsque l'on veut fondre des matières non métalliques qui ne sont pas en contact avec le combustible.*

Pour les verreries, par exemple, il faut considérer les divers genres d'opérations : la fonte des matières premières, le soufflage du verre et ensuite l'étendage.

Pour la fonte des matières premières (mélange de sulfate de soude, de chaux, de sables, de rognures de verre et de substances pour la coloration), on se sert de grands creusets que l'on place dans un four à moufles de chaque côté de la grille; dans cette opération, il faut que la température soit portée à la chaleur blanche, qu'elle soit uniforme et soutenue pendant 10 à 18 heures, durée de la fusion; il faut aussi éviter la poussière noire et la fumée, parce que les parcelles de charbon qui viennent tomber dans les creusets, ne peuvent s'y carboniser et, en se mélangeant avec la matière en fusion, forment des tâches dans le verre.

Le charbon demi-gras convient donc pour ce travail; on doit choisir celui qui donne le moins de mâchefer, afin que le chauffeur ne soit pas obligé de décrasser souvent la grille, opération qui donne toujours beaucoup de poussière; dans ce but, les verriers des environs de Charleroy recherchent, pour opérer la fusion, les charbons qui renferment ce que l'on désigne, dans cette localité, sous le nom de *galets;* ces galets sont des espèces de reffles (charbon terreux) qui forment des petites layettes dans les couches; ils ont une texture compacte, brûlent facilement, donnent une cendre calcaire blanche assez abondante, et ne produisent pas de mâchefer; après leur combustion, ils laissent dans la masse sur la grille, des espèces de cheminées par où l'air peut facilement circuler, de sorte que la combustion est prolongée sans qu'il soit nécessaire d'enlever très souvent le mâchefer. C'est peut-être le seul cas où l'on puisse faire usage de ces galets dans l'industrie; généralement les exploitants qui ne se trouvent pas à portée des verreries, doivent les faire mettre à part, pour ne pas altérer la qualité du charbon, et les vendre à très-bas prix aux classes peu aisées qui les brûlent dans les foyers domestiques.

La fonte terminée, on procède au soufflage; il faut alors une température élevée et soutenue et un charbon qui demande le moins possible de travail à la grille; pour cela, dès que la fusion est achevée, on recouvre le feu avec du charbon un peu plus gras que celui employé dans la première opération; ce charbon colle, forme une croûte sur le feu et brûle lentement tout en donnant une température élevée.

Enfin, après le soufflage, vient l'étendage du verre; on fend les gros tubes de verre, et on les chauffe graduellement jusqu'à ce qu'ils atteignent un certain degré de ramollissement; l'ouvrier, en se servant d'un ringard, étend alors le verre sur une plaque de manière à former des lames (carreaux); c'est *platir* le verre, et cette opération se nomme *platissage;* les fours que l'on emploie étant des espèces de fours à réverbère, il faut se servir de charbon qui brûle avec une longue flamme, par exemple, le charbon avec lequel on fabrique le gaz éclairant.

Pour ces industries, il convient d'employer un charbon qui puisse produire une température assez élevée, et qui brûle assez lentement afin que le chauffeur ne soit pas obligé de travailler souvent à la grille; pour rendre la combustion plus lente, on dispose quelquefois le combustible dans le foyer de manière qu'il y ait sur la grille, d'abord une couche de gros morceaux recouverte d'une autre couche de menu qui vient remplir en partie les interstices qui se trouvent entre les gros morceaux, puis un nouveau lit de morceaux et ensuite du menu, etc.; de cette manière, le charbon se consume assez lentement.

5.° *Pour calciner le calcaire dans les fours à chaux et pour cuire les briques*, il faut une chaleur douce et uniforme, et qui se développe lentement; la houille ne doit pas coller, car, ou bien elle s'agglutinera et empêchera le passage du courant d'air, ou bien il se formera, dans la masse, des cheminées qui occasionneront une répartition irrégulière de la chaleur, et l'on aura des produits inégalement cuits. C'est principalement dans la calcination du calcaire dans les fours où cette substance est disposée en lits alternatifs avec le combustible, qu'il faut une houille qui brûle lentement, parce que la pierre doit être chauffée avec douceur pour ne pas éclater et pour que l'acide carbonique puisse se dégager facilement. Pour les briqueteries, une houille qui développerait une chaleur très-forte et rapide, pourrait occasionner la vitrification des terres et donner de mauvais produits.

La houille maigre, et surtout la houille sèche à courte flamme, sont donc celles que l'on doit rechercher pour la calcination du calcaire et la cuisson des briques.

6.° *Pour le chauffage domestique*, la houille est préférée aux autres combustibles, parce qu'elle développe, en brûlant, plus de chaleur que ces derniers, et parce qu'elle est d'un usage plus commode; elle serait d'un emploi général, si les frais de transport pour l'amener dans les localités éloignées des centres houillers, ne venaient en augmenter considérablement le prix de vente et faire que l'on trouve alors plus d'économie à se servir de bois; on la préfère au coke, qui cependant possède un pouvoir rayonnant plus grand, parce qu'elle s'allume plus facilement.

Il y a deux manières d'opérer la combustion de la houille pour le chauffage domestique : ou bien dans des foyers découverts, ou bien dans des poêles ou des calorifères.

Les foyers découverts se composent principalement d'une grille placée à quelque distance au-dessus du sol, et sur laquelle repose le combustible; les produits volatils de la combustion se rendent du foyer dans l'atmosphère extérieure par une cheminée qui sert en même temps à activer le tirage.

La disposition et les dimensions du foyer et de la cheminée, exercent une grande influence sur l'effet utile que l'on peut retirer de ce combustible; un foyer ayant une grande ouverture, donne accès à une forte proportion d'air qui, en passant sur le foyer pour se rendre dans la cheminée, active beaucoup la combustion et occasionne ainsi une forte dépense de combustible; l'appartement n'est pas bien chauffé, car il est constamment refroidi par le passage de cet air qui arrive de l'extérieur à une basse température; une cheminée de trop grande section, présente les mêmes inconvénients, et de plus, le courant d'air qui la parcourt, étant animé d'une faible vitesse, est arrêté à sa sortie par le vent le plus léger, et la fumée qui se dégage du foyer reflue bientôt dans l'appartement; quelquefois même, il s'établit deux courants, l'un ascendant et l'autre descendant, et, dans ce cas, le moindre obstacle que ces courants rencontrent dans leur marche occasionne encore le dégagement de la fumée dans l'appartement. Si les dimensions du foyer et de la cheminée sont trop petites, la combustion ne se fait pas convenablement; les produits gazeux ne trouvant pas une quantité d'air suffisante pour brûler, se rendent dans la cheminée sans avoir produit d'effet utile; la fumée n'ayant pas assez d'espace pour se dégager lorsqu'elle est produite en abondance, reflue dans l'appartement et l'on éprouve le même désagrément qu'avec une cheminée de trop grande section.

Pour les dimensions à donner aux différentes parties d'un oyer, il y a donc certaines règles, fournies par l'expérience, qu'il faut avoir soin d'observer si l'on veut remédier en partie aux inconvénients que nous venons de signaler; il y a aussi certaines dispositions propres à utiliser une grande partie de la chaleur qui s'échappe par la cheminée; mais quelque disposition que l'on adopte, quelque bien établis que soient les foyers, on ne pourra faire que toute la chaleur développée par la combustion soit utilisée; et même, lorsque ces foyers seront destinés à chauffer de très-grands appartements, des salles publiques par exemple, il arrivera que la chaleur sera tout-à-fait insuffisante; pour ce motif, et à cause de la forte consommation de combustible à laquelle ils donnent lieu, les foyers ouverts sont donc, de tous les modes de chauffage, le moins avantageux.

Bien que les foyers ouverts consomment beaucoup de combustible et ne produisent pas tout l'effet utile que l'on devrait en attendre, ils présentent cependant certains avantages dont il faut tenir compte; ainsi, par exemple, de ce qu'ils donnent lieu à l'appel d'une grande quantité d'air qui s'échappe par la cheminée, ils permettent que le renouvellement de l'air dans les appartements ait lieu d'une manière convenable; ils sont donc très-salubres; de plus, ils laissent voir le feu, et c'est une satisfaction à laquelle beaucoup de personnes tiennent; un feu ouvert est très-gai, donne de la vie, pour ainsi dire, à la matière, car, ces petites flammes de couleurs variées qui se montrent instantanément dans le foyer, s'y promènent et puis disparaissent comme par enchantement, attirent souvent les regards; c'est un spectacle dont on se lasse difficilement surtout lorsque l'on se trouve seul dans un appartement, occupé à méditer, et on lui sacrifie facilement un peu du bien-être que procure la chaleur, plutôt que de se servir de poëles fermés qui portent avec eux un cachet de tristesse et de solitude.

Il n'est pas indifférent d'employer telle ou telle espèce de combustible pour le chauffage des appartements au moyen des foyers découverts; comme, dans cette circonstance, le combustible doit produire son effet par rayonnement, il est rationnel de choisir celui qui possède le plus grand pouvoir émissif et qui brûle en développant le moins de flamme; le coke serait donc ici plus avantageux que la houille et surtout que le bois, parce que son pouvoir rayonnant est plus grand que celui de ces derniers, et parce qu'il ne développe pas de fumée pendant sa combustion; mais il présente l'inconvénient de s'embraser très-lentement, et c'est pour cela que l'on préfère se servir de houille qui d'ailleurs coûte moins cher.

La houille la plus convenable est celle dite demi-grasse, qui brûle avec peu de flamme, possède un grand pouvoir rayonnant, est assez collante et se maintient longtemps en ignition dans le foyer; elle est surtout d'un usage très-avantageux lorsque le foyer est construit de manière à favoriser le rayonnement, ce que l'on obtient en lui donnant peu de profondeur et en inclinant les murs latéraux; on a même cherché à augmenter encore ce rayonnement en recouvrant les briques d'un vernis blanc.

La houille grasse maréchale développe une grande quantité de chaleur, mais elle a l'inconvénient de coller fortement et de se gonfler beaucoup; par suite de ce gonflement, les morceaux qui se trouvent à la partie supérieure, s'échappent du foyer, et peuvent communiquer le feu aux planchers ou lancer, dans leur chute, des éclats incandescents sur les personnes ou les objets environnants; elle occasionne aussi une prompte détérioration ou déformation des grilles, parce que celles-ci étant portées à une très-haute température, ne peuvent pas résister suffisamment aux efforts produits par le gonflement; enfin, un autre inconvénient que présente la houille grasse maréchale, c'est qu'elle s'allume difficilement surtout lorsque l'on commence le feu.

On peut cependant la brûler dans ces sortes de foyers ainsi que la houille grasse à longue flamme; mais alors, il convient d'employer des morceaux de moyenne grosseur dans le foyer proprement dit, et non du menu; les morceaux de grosseur moyenne laissent entre eux l'espace nécessaire pour le passage de l'air qui doit alimenter la combustion, et les effets du gonflement sur les grilles ne sont pas aussi sensibles qu'avec le menu ou les morceaux volumineux; en s'agglutinant dans le foyer, le menu empêche le passage de l'air, et, en se gonflant, il occasionne une prompte détérioration des grilles ; mais si l'on place les morceaux très-petits et le menu à la partie supérieure de la masse à brûler, on n'a plus à craindre que les grilles se ressentent des effets du gonflement, et l'on forme une couverture qui empêche que la combustion se fasse d'une manière rapide, et qui sert même de réflecteur en renvoyant la chaleur dans l'appartement.

La houille maigre à longue flamme se consume assez rapidement, ne donne pas autant de chaleur que les houilles grasses, parce qu'une grande partie de ses éléments sont convertis en gaz qui brûlent dans le foyer ou s'échappent par la cheminée sans avoir produit d'effet utile; elle n'est pas collante, ce qui oblige de l'employer en morceaux assez gros, autrement elle passerait à travers les barreaux de la grille; enfin, elle donne lieu au dégagement d'une grande quantité de fumée dont une partie, quelque bien établi que soit le foyer, pénètre dans l'appartement et y répand une odeur désagréable. Ce dernier inconvénient est moins sensible avec les houilles grasses parce qu'elles produisent moins de fumée. La houille maigre à longue flamme présente sur les houilles grasses, l'avantage de s'enflammer avec facilité et de permettre d'avoir, en peu de temps, un feu bien allumé; de plus, elle ne détériore pas les vases dans lesquels se fait la combustion; aussi, est-elle préférée aux autres houilles pour le service des foyers de cuisine et surtout des appareils nommés cuisinières.

L'emploi simultané de la houille maigre à longue flamme et de la houille grasse, dans des proportions convenables, est très-avantageux ; la propriété que possède la houille maigre à longue flamme de s'enflammer facilement, se trouve alors utilisée pour allumer la houille grasse, et l'on profite de l'avantage que présente cette dernière de coller et de développer une forte chaleur.

Le menu des trois espèces de charbon dont nous venons de parler, ne peut être convenablement brûlé dans ces foyers, que sous forme de briquettes ou de boulets; ces briquettes que l'on nomme aussi *hochets*, sont faites au moyen de formes en fer, dans lesquelles on tasse le charbon que l'on a mouillé avec de l'eau, et auquel on a mélangé une certaine quantité d'argile délayée dans l'eau, (environ 15 à 20 pour cent de la quantité de houille menue employée), argile qui a pour but de rendre la pâte liante et de faire que les briquettes, après avoir perdu une partie de leur eau par leur exposition à l'air, restent assez fermes pour ne pas se réduire en poudre quand on veut les manier; ces briquettes qui ont ordinairement la forme d'un cylindre à base elliptique, ont environ 0m,18 à 0m,20 de longueur, 0m,12 à 0m,14 de largeur et 0m,08 à 0m,10 de hauteur; on les place au-dessus de la houille que l'on met dans le foyer; on ne les emploie qu'avec de la houille, parce qu'elles brûlent lentement et avec difficulté; on en restreint l'usage dans les appartements où l'on craint de produire de la poussière, car étant formées avec le charbon le plus chargé de terre, elles laissent une grande quantité de cendres.

Dans les foyers ordinaires, ces briquettes sont souvent coupées en deux parties; mais dans les foyers de grande dimension, comme c'est le cas dans les habitations et les lieux publics qui se trouvent dans les centres houillers, on ne les partage pas d'habitude; dans ces foyers, qui sont généralement formés de quatre grilles dont une horizontale sur laquelle repose le combustible, et les trois autres verticales formant le devant et les deux côtés qui sont libres, on dispose les briquettes par rangées superposées à partir du niveau supérieur des grilles verticales; il y a quelquefois pour un feu, cinq ou six rangées de quatre à six briquettes chacune, sans compter le charbon qui se trouve dans l'espace compris entre les grilles, de sorte que l'on brûle, en un jour, plus de un hectolitre de charbon, quantité suffisante pour alimenter pendant cinq ou six jours un foyer d'habitation ordinaire convenablement établi. Mais dans ces localités, on ne regarde pas de si près à la consommation du charbon, et l'on ne craint pas beaucoup la poussière; par suite du voisinage des mines, les consommateurs se procurent le charbon à bas prix, et brûlent beaucoup de menu souvent de qualité inférieure; dans les lieux publics, estaminets, on est d'ailleurs forcé de faire de très-grands feux quand le froid se fait sentir, parce que les portes sont constamment ouvertes pour l'entrée et la sortie des clients (qui sont ordinairement nombreux dans ces localités), ce qui amène beaucoup d'air froid, et parce que le mode vicieux de construction des foyers qui sont placés contre un mur et surmontés d'une cheminée munie d'un énorme manteau en forme d'entonnoir qui commence à une assez grande distance au-dessus des grilles, détermine l'appel d'une grande quantité d'air dans la cheminée et ne permet pas de chauffer convenablement l'appartement.

Quant à la houille maigre brûlant presque sans flamme, c'est celle qui développe le moins de chaleur; elle s'allume assez difficilement, brûle avec beaucoup de lenteur, mais conserve le feu pendant longtemps et ne donne pas beaucoup de fumée; elle produit une température douce et constante, mais ce n'est que quelques heures après que le feu a été allumé, que la chaleur se fait sentir dans l'appartement; cette houille ne peut donc être brûlée dans les pièces où l'on veut produire un chauffage rapide.

Dans les localités où l'on fait usage de la houille maigre, on a l'habitude de former avec le menu (qui se trouve en assez forte proportion), des petits boulets de figure ovoïde, dont la longueur varie de 0^{m},10 à 0^{m},15 et le plus grand diamètre de 0^{m},06 à 0^{m},08. Pour leur donner de la fermeté, on mélange au menu charbon une certaine quantité d'argile délayée dans l'eau, comme cela se pratique dans la confection des briquettes. Voici comment on dispose ces boulets dans le foyer: on en place une rangée verticalement contre toute la surface de la grille de devant, et l'on remplit l'intervalle qui reste entre cette rangée et le fond du foyer, avec de la houille et du bois auquel on met le feu; arrivé au niveau supérieur de la grille de devant, on établit les boulets horizontalement les uns contre les autres en dirigeant leur longueur perpendiculairement au fond du foyer, de manière à former des rangées horizontales superposées en plus ou moins grand nombre; on recouvre la rangée supérieure d'une couche du même charbon suffisamment humecté d'eau pour former, après dessication, une croûte assez épaisse et assez résistante pour s'opposer au passage de la flamme. Les flammes sortent par les intervalles qui existent entre les boulets, et produisent un fort bel effet. Avec des foyers de dimensions ordinaires, il faut quatre à cinq heures pour que le combustible, arrangé comme nous venons de l'indiquer, soit convenablement embrasé; mais comme il brûle lentement, le feu se maintient pendant longtemps sans diminuer sensiblement d'intensité, et, si les boulets ont été disposés avec soin, ce qui demande une certaine habitude, ils se consument sans se déranger; après dix-huit heures et même davantage, on retrouve encore un peu de feu dans le foyer.

Comme nous l'avons déjà dit, toutes les houilles laissent après leur combustion, une certaine quantité de cendres, quantité qui dépend de la nature des couches et du soin que l'on a apporté dans la mine, à séparer le charbon des terres et autres substances étrangères qui peuvent s'y mélanger; ces cendres qui, en général, sont très-légères par suite de leur grand état de division, se répandent facilement dans les appartements lorsque l'on emploie des foyers ouverts, et viennent souiller les meubles et les tentures qui les décorent; c'est donc une circonstance à laquelle il faut avoir égard quand il s'agit de faire choix d'un combustible pour le chauffage des habitations meublées avec luxe ou renfermant des objets qui doivent être préservés de la poussière; dans ces cas, il convient de n'employer que de la houille en morceaux, parce qu'elle est toujours beaucoup plus pure que le menu; on doit aussi préférer les houilles grasses, qui, ordinairement, produisent des cendres plus pesantes, et toujours en moindre quantité, que les houilles maigres.

Les poêles se composent, en général, d'un vase en fonte muni d'une grille, dans lequel on brûle le combustible; souvent, ces vases sont placés dans un autre vase en tôle de forme cylindrique ou prismatique; les produits de la combustion se rendent dans une cheminée soit directement, soit après avoir parcouru un tuyau plus ou moins long. Dans ces appareils, l'échauffement a lieu par rayonnement et par l'air de la pièce qui vient lécher les surfaces métalliques chauffées.

Les calorifères sont des appareils analogues aux poêles, mais ils ne produisent pas leur effet par rayonnement; c'est l'air extérieur qui est ici chauffé et qui se répand ensuite dans l'appartement.

Pour le chauffage domestique, les poêles et les calorifères sont d'un emploi plus économique que les foyers découverts; la chaleur développée par le combustible peut être presqu'entièrement utilisée; ces appareils consomment donc une faible quantité de charbon et l'on peut se dispenser d'employer la houille en morceaux, car le menu un peu mouillé y brûle très-bien; mais ils privent du plaisir de voir le feu et ils sont moins salubres, parce qu'ils empêchent que l'air de l'appartement soit renouvelé d'une manière convenable. Ce n'est que dans les grandes pièces élevées, ou dans celles munies d'appareils particuliers pour la ventilation, et dans les édifices publics, que leur emploi ne présente pas ces inconvénients; dans ces cas, ils sont préférables, sous tous les rapports, aux foyers découverts.

En général, toutes les houilles peuvent être brûlées dans ces appareils, parce qu'ils sont peu sujets à donner de la fumée; cependant, il convient d'employer celles dont la combustion a lieu d'une manière lente, de préférence à celles qui brûlent rapidement; avec les houilles grasses, qui développent beaucoup de chaleur et qui se gonflent fortement, le vase dans lequel a lieu la combustion, étant porté à une température élevée, peut facilement se briser ou se déformer, et les cylindres en tôle dans lesquels ils sont ordinairement placés, étant eux-mêmes fortement échauffés, ne tardent pas à se plisser et à se déformer, surtout s'ils sont élevés ou bien, comme cela arrive souvent, s'ils sont surmontés de tablettes en marbre ou en métal dont le poids agit directement pour opérer l'écrasement.

Les poêles et les calorifères présentent encore un autre inconvénient, c'est celui de communiquer une odeur désagréable à l'air des appartements; ce reproche est sssez fondé, et cela est dû à ce que l'air n'est pas suffisamment renouvelé ; il est peu de personnes qui, en entrant dans une pièce qui a été chauffée au moyen de ces appareils et dont les portes et les fenêtres sont restées fermées pendant quelque temps, n'ont pas été frappées de l'odeur particulière et désagréable qui s'y trouvait ; bien plus, si elles ont continué à séjourner dans cette pièce pendant quelques heures sans avoir pris la précaution de renouveler l'air, elles ont éprouvé un léger assoupissement et des maux de tête, symptômes d'un commencement d'asphyxie ; la mauvaise odeur que possède l'air dans ces pièces, est due, en grande partie, à la combustion des miasmes contenus dans l'air, miasmes qui viennent se brûler imparfaitement contre la paroi extérieure du poële qui est plus ou moins échauffée ; l'insalubrité provient des gaz acide carbonique et autres qui s'échappent par les joints de l'appareil. Lorsque l'on fait usage de poëles et de calorifères, il faut donc que l'on ait un moyen de renouveler convenablement l'air de l'appartement.

L'on peut facilement concevoir par ce que nous venons de dire, qu'il n'est pas indifférent d'employer telle ou telle espèce de houille pour le chauffage domestique ; on doit avoir égard aux dimensions des pièces à chauffer, au genre d'appareil dans lequel doit s'opérer la combustion et au moyen que l'on a de produire un renouvellement constant et suffisant de l'air de l'appartement. Toutes les houilles peuvent servir au chauffage domestique ; mais pour que leur combustion se fasse de la manière la plus avantageuse, il faut que les foyers soient appropriés à la nature du combustible et aux circonstances qu'il présente pendant la combustion.

3.me PARTIE.

Généralités sur le bassin houiller au Couchant de Mons; description des espèces de houille exploitée et des couches dont elles proviennent.

I.

Généralités sur la composition des couches de Houille et sur leur manière d'être dans le bassin au Couchant de Mons.

La houille se présente en couches plus ou moins épaisses et qui ont depuis quelques centimètres jusqu'à deux mètres et même davantage de puissance.

Généralement, ces couches ont une épaisseur presque uniforme dans toute leur étendue ; ce n'est que par exception et sur de petites portions, qu'on les trouve amincies ou renflées ; elles alternent avec des bancs de grès et de schiste; la roche sur laquelle elles reposent, se nomme *le mur*, celle qui les recouvre, porte le nom *de toit* ou *de roc.*

Les couches de houille sont ordinairement composées d'un ou plusieurs sillons parallèles que l'on appelle *laies* (et souvent *layons* ou *layettes* lorsque leur épaisseur ne va pas à 0^{m}, 20 ou 0^{m}, 25); ces sillons sont plus ou moins épais et séparés ou non par des lits de pierre ou d'argile. Lorsqu'il y a plusieurs laies, la plus rapprochée du toit se nomme *laie du toit* ou *du roc*, et celle qui se trouve le plus près du mur, porte le nom de *laie du mur;* lorsqu'il y en a 3, 4 ou même davantage comme cela se rencontre quelquefois, on désigne généralement celle qui est supérieure aux autres sous le nom de 1.re *laie* ou laie du toit, les suivantes, en descendant, sous la dénomination de 2.me laie, 3.me laie, etc., jusqu'à la dernière qui prend le nom de *laie du mur*.

Les lits de terre qui séparent les laies, ou qui se trouvent au-dessus ou au-dessous de la veine, portent les noms de *mojet*, *bézier* ou *bézies*, *havrie* ou *havage* ou *chauffour*. On donne la dénomination de mojet aux bancs formés de petits sillons alternatifs de charbon et de schiste; quelquefois ce nom s'applique à un banc de schiste tendre qui se trouve souvent entre la veine et le toit solide et que l'on appelle généralement *faux toit*. Le bézier ou bézies s'entend d'un sillon composé d'un mélange de terre et de mauvais charbon très-tendre; dans certaines mines, on donne cette dénomination aux chistes grisâtres tendres qui séparent assez souvent la couche de son mur solide; presque partout, ces schistes sont désignés sous le nom de *faux mur*. Le nom de havrie ou de havage, ou de chauffour, s'applique à des petites couches de terre de couleur noire très-chargée de matières charbonneuses.

Souvent, ces différents sillons ou petites couches de terre, sont désignés indistinctement sous la dénomination de havrie.

En général, les bancs de havrie sont plus tendres et plus friables que la houille; lors du havage (opération qui consiste à enlever à l'outil l'un des lits de terre pour former un vide soit au-dessus, soit au-dessous ou bien entre deux laies de la couche pour faciliter l'abattage du charbon), le banc de havrie fournit des terres qui, avec les déblais provenant du coupage des voies, servent à combler le vide que laisse le charbon après qu'il a été enlevé; c'est cette opération que l'on désigne sous le nom de *remblayage*.

Quand une couche renferme plusieurs lits de terre, l'un de ces lits possède ordinairement une plus grande épaisseur que les autres; il est alors le seul que l'on emporte avant de détacher le charbon, et on le désigne spécialement sous le nom de havrie. Le havrie se trouve ou bien entre la couche et la roche sur laquelle elle repose, ou bien entre la couche et son toit, ou bien encore entre deux laies de charbon; sa position la plus avantageuse pour le travail est la première, c'est-à-dire, au-dessous de la couche, parce que l'abattage est plus facile à exécuter, car le charbon tend alors à se détacher par son propre poids de la roche qui le recouvre, et il suffit même, presque toujours, pour faciliter l'arrachement, de se servir comme d'un levier, de l'outil au moyen duquel on a opéré le havage; lorsqu'il se trouve au-dessus, l'enlèvement de la houille est plus difficile, parce qu'il faut souvent faire de grands efforts pour la détacher de la roche sur laquelle elle repose et à laquelle elle adhère, dans certains cas, avec tant de force, que l'on doit avoir recours à la poudre.

Si le banc de terre se trouve entre deux laies de charbon, il arrive presque toujours que l'arrachement du combustible est moins difficile que dans le cas précédent; mais cette division de la couche en deux parties peut être désavantageuse si chacune de ces deux parties ou du moins l'une d'elles présente une faible épaisseur, parce que, alors, on obtient peu de charbon en morceaux et beaucoup de menu (1); il faut faire attention que l'une des

(1) Voici quelles sont, pour les charbonnages des environs de Mons, les dénominations que l'on donne aux charbons après qu'ils ont été triés.

Dans les mines où l'on exploite la qualité de houille dite Flénu, on appelle *gaillettes* les morceaux dont le volume dépasse un décimètre cube; les gaillettes sont séparées à la main. Le charbon dont on a enlevé les gaillettes est passé sur des grilles en fer dont les barreaux sont écartés de 0m,03 les uns des autres; ce qui reste sur ces grilles est appelé *gailletterie*. Dans plusieurs mines, les charbons qui ont traversé cette première grille, tombent sur une autre grille également en fer, dont les barreaux laissent entre eux un intervalle de 0m,01; les morceaux qui restent sur cette deuxième grille sont appelés *gailletins*. Enfin, ce qui passe à travers cette deuxième grille, ou bien à travers la première lorsque l'on ne fait pas de gailletins, constitue les *fines* ou le *menu*. On ne fait pas dans tous les charbonnages la qualité dite gailletin; ce n'est que lorsque le charbon est dur, qu'il donne beaucoup de ces petits morceaux bien taillés, qu'on les retire du menu; le

grandes qualités des couches, du moins pour certaines espèces de charbon, c'est de fournir beaucoup de houille en gros mor-

gailletin est d'un placement avantageux, surtout lorsque la houille contient peu de pierres.

Il y a peu d'années encore, les morceaux qui avaient plus de 8 décimètres cubes, étaient triés à part et formaient une catégorie désignée sous le nom de *gros à la main;* mais aujourd'hui, on ne fait plus cette qualité avec le charbon Flénu, les gaillettes comprennent indistinctement tous les morceaux dont le volume dépasse un décimètre cube.

Dans les charbonnages où l'on exploite les couches de houille grasse ou demi-grasse, on ne fait que deux classes de grosseurs : *le gros à la main* ou simplement *le gros,* et *les forges gailletteuses* ou *le gailletteux.* Le gros à la main est formé des plus gros morceaux que l'on enlève à la main; après ce triage, ce qui reste constitue les forges gailletteuses. Il arrive quelquefois, mais cela n'a lieu que par exception et lorsque le charbon est assez dur, que l'on retire, outre le gros, une certaine quantité de gailletteries, tout en conservant d'assez belles forges gailletteuses; mais, en général, les charbons gras et demi-gras, qui sont plus tendres que le charbon Flénu, ne permettent de faire que deux qualités (gros et forges). Il arrive même souvent, que ces charbons ne sont pas triés, et qu'ils sont livrés au commerce tels qu'ils sortent de la mine; on dit, alors, que l'on produit du *trait-venant* ou du *tout-venant.*

Enfin, dans tous les charbonnages, on donne le nom de *chauffours,* au charbon très-mélangé de terre (havries) que l'on enlève lors de l'abattage de la houille ou dans le coupage des voies, et que l'on amène au jour lorsqu'il n'y a plus de place pour le remblayer dans les travaux; cette dénomination s'applique aussi aux matières que l'on recueille sur le sol des voies de roulage dans l'intérieur de la mine, et qui se composent, en grande partie, du charbon qui s'est échappé des chariots pendant le transport, et des pierres qui se sont détachées des parois des galeries.

Les *reffles* (schistes très-chargés de matières combustibles) que l'on détache à la main des gaillettes, ou que l'on retire des gailletteries, se trouvent ordinairement en morceaux de la grosseur des gailletteries; pas plus que les chauffours, elles ne figurent pas dans la classification commerciale des charbons. Les chauffours se vendent au prix de fr. 0,20 l'hectolitre et même moins, et sont achetés par les personnes peu aisées; très-souvent, on les emploie ainsi que les reffles, soit seuls, soit mélangés avec des fines, pour le chauffage des chaudières à vapeur des charbonnages ou pour l'alimentation des foyers d'aérage. Les reffles, brûlant avec une flamme assez grande, sont plus recherchées que les chauffours; les meilleures ne se vendent ordinairement pas plus de fr. 0,50 à 0,60 l'hectolitre.

ceaux, parce que la houille en morceaux est plus pure, moins altérable à l'air, et est propre à beaucoup d'usages auxquels le menu ne peut convenir, et qu'ainsi elle se vend plus avantageusement que ce dernier.

Il arrive quelquefois qu'un banc de havrie placé vers le milieu d'une couche qu'il divise alors en deux laies, conserve une épaisseur uniforme sur une assez grande étendue, et qu'il augmente ensuite graduellement jusqu'à atteindre 5 ou 6 mètres et même davantage de puissance; les deux laies forment alors deux couches distinctes que l'on exploite séparément si elles ont une épaisseur suffisante.

L'existence d'un seul banc de havrie convenablement placé, est avantageux sous différents rapports; mais s'il y en a plusieurs, il est difficile de produire de la grosse houille, et de plus, on obtient du charbon menu très-sale, parce que, lors de l'abattage, les terres fournies par ces lits se mélangent à la houille menue et font que cette dernière perd beaucoup de sa valeur.

Quant aux lits de pierre (que l'on appelle *cailloux*) qui se trouvent dans certaines couches de houille, ils sont formés de grès ou de psammite qui se divisent, lors de l'abattage, en morceaux plus ou moins gros; ils sont toujours nuisibles parce qu'ils salissent beaucoup le menu ainsi que la gailletterie à laquelle ils se mélangent facilement et dont ils ne peuvent être séparés entièrement que par un triage long et coûteux.

Outre ces lits de terre et de pierre qui divisent les couches en plusieurs laies, il y a presque toujours entre la couche et les roches solides qui constituent son toit ou son mur proprement dits, un banc de schiste peu consistant que l'on désigne, comme nous l'avons vu plus haut, sous le nom de faux-toit ou faux-mur; ce schiste se trouve plus généralement au toit qu'au mur, et souvent il contient des matières bitumineuses en assez grande quantité pour s'enflammer avec facilité; lors de l'abattage de la houille, le faux-toit se détache souvent en même temps que la couche et rend le charbon très-sale. On rencontre parfois dans ces bancs de schiste, des galets aplatis ou des petites couches de fer sulfuré et des blocs de fer carbonaté (appelés *cloches*), qui atteignent quelquefois un volume assez considérable ; souvent ces cloches se détachent du toit au moment où l'on s'y attend le moins et viennent ensevelir le mineur occupé à travailler.

Dans certaines couches de houille, on trouve des lits de pyrite de fer de 2, 3, 4 centimètres et même davantage d'épaisseur, que l'on désigne sous le nom de *barres;* les laies qui en contiennent sont dites *laies barreuses.*

Enfin, plusieurs couches, surtout parmi celles qui produisent le charbon dit Flénu, renferment des lits, de plusieurs centimètres de puissance, de schiste très-chargé de matières combustibles qui, par leur dûreté, leur couleur et leur aspect, ressemblent beaucoup à la houille; on les nomme *reffles;* ils se trouvent tantôt au toît ou au mur, tantôt au milieu d'une laie; ils font très-souvent corps avec le charbon dont ils altèrent naturellement la qualité; avant de livrer au commerce les gaillettes provenant de ces couches, on doit avoir soin d'en détacher ces reffles, opération qui est exécutée ordinairement au marteau lorsque le charbon est arrivé au jour. Beaucoup de ces reffles brûlent facilement et donnent une assez grande quantité de flamme; mais leur combustion ne dure pas longtemps, car dès que les matières combustibles qu'elles renferment ont été brûlées, il ne reste plus que des pierres rougies qui perdent rapidement leur chaleur, et l'on obtient, pour résidu, une grande quantité de cendres ou de schistes calcinés.

Ainsi, les bancs de terre ou de pierre, et la nature du faux-toit ou du faux-mur, exercent une grande influence sur l'exploitation d'une couche de houille; si les premiers sont en grand nombre, la couche n'est pas souvent exploitable avec bénéfice; si le faux-toit est peu consistant et en même temps très-épais, l'on obtient difficilement du charbon propre, le travail peut devenir dangereux et l'on est presque toujours obligé, pour maintenir le terrain, d'employer du bois en telle quantité qu'il est presqu'impossible d'exploiter la couche avec avantage, surtout si elle n'a qu'une faible puissance.

La houille est souvent accompagnée de pholérite, de carbonate de chaux et de pyrite de fer.

La pholérite, d'un blanc mat nacré, très-douce au toucher, se rencontre quelquefois en lits très-minces entre le toit et la couche; souvent, les bancs de schiste formant le faux-toit, en renferment en plus ou moins grande quantité; enfin, elle se présente presque toujours vers les endroits où les couches sont en dérangement, et c'est même un des indices les plus certains de l'approche des crans ou des failles.

Le carbonate de chaux se rencontre en lames minces entre les joints verticaux ou horizontaux qui forment le clivage de la houille; quelquefois on le trouve cristallisé dans des petites géodes; il altère la qualité du charbon et occasionne la division de la houille en petits morceaux.

La pyrite de fer, se présente assez fréquemment en lames très-minces, radiées, quelquefois moirées, interposées entre les feuillets ou intercalées dans les fissures transversales de la houille; elle se montre aussi dans le charbon sous forme de petits lits, ou en masses aplaties ou ovoïdes quelquefois cristallisées à leur surface.

L'on rencontre encore, mais plus rarement que les substances que nous venons d'énumérer, des petites veines de charbon anthraciteux soit dans la houille, soit au toit ou au mur de la couche; lorsqu'elles n'ont que quelques millimètres d'épaisseur, elles ne nuisent pas beaucoup à la qualité du charbon; mais il n'en est pas de même lorsqu'elles se présentent avec une épaisseur de 3, 4, 6 et même 15 centimètres comme c'est le cas dans quelques couches du bassin de Mons; ce charbon anthraciteux ne brûle qu'avec difficulté lorsqu'on l'expose à un feu ordinaire, et augmente la quantité de cendres.

Enfin, certaines couches de houille, surtout parmi celles qui donnent la qualité de houille dite grasse, renferment un plus ou moins grand nombre de petits lits irréguliers d'une matière analogue, par son aspect, au charbon de bois, et que l'on nomme *charbon végétal* ou *houille daloïde*; cette substance est noire, fibreuse ou pulvérulente, et fait entendre le même bruit que le charbon de bois lorsqu'on veut la rayer dans un sens contraire à la direction des fibres.

La houille exploitée dans le bassin de Mons, se présente généralement avec une texture feuilletée ; quelquefois, ces feuillets sont très-minces, et d'autres fois, ils ont plusieurs centimètres d'épaisseur. On trouve aussi, mais plus rarement, des couches qui donnent du charbon très-dur et à texture compacte ; pour être détachées de leur gite, ces couches très-dures exigent souvent l'emploi de la poudre. Enfin, on rencontre des couches dont la houille est terreuse, friable ou pulvérulente.

Certains charbons produisent, lors de l'abattage, une quantité considérable de poussière excessivement tenue, qui incommode beaucoup les travailleurs et vicie l'air; d'autres, au contraire, ne donnent lieu qu'à un dégagement de poussière peu sensible. La plus ou moins grande quantité de poussière dépend du degré de dureté de la houille; les houilles grasses, qui sont les plus friables, sont aussi celles qui donnent le plus de poussière.

Plusieurs couches de houille présentent un genre particulier de division que l'on nomme *le clivage*, et qui a lieu suivant des plans verticaux parallèles à la direction des couches ou faisant un angle constant avec cette direction; lorsque les joints de clivage sont bien réguliers, uniformément espacés, l'abattage est plus facile et l'on a beaucoup de gros charbon, ou du moins, beaucoup de morceaux de grosseur uniforme; mais lorsqu'ils ne sont pas réguliers ou qu'ils n'existent pas, il est assez difficile d'obtenir une grande quantité de houille en gros morceaux. Dans l'exploitation, on cherche, autant que possible, à diriger les travaux de déhouillement perpendiculairement à ces faces de clivage.

La direction des couches de houille dans le bassin du Couchant de Mons, se fait généralement de l'est à l'ouest; quant à l'inclinaison, elle varie dans des limites très-étendues. Bien qu'il soit probable, d'après ce qui a été dit dans la première partie de ce travail, que les couches de houille ont occupé primitivement une position horizontale ou du moins s'en approchant de beaucoup, il n'est pas une seule couche de ce bassin qui ait conservé cette position; loin delà, on trouve des couches dont certaines portions sont inclinées au nord, tandis que d'autres le sont au midi, et même, on rencontre des parties qui se présentent dans une position verticale ou renversée. Beaucoup de couches, coupées par un plan vertical perpendiculaire à leur direction, donnent pour ligne d'intersection, une ligne brisée dont chaque portion indique la pente de la partie de couche dans laquelle elle est située; une série de ces lignes incline au midi, par exemple, tandis qu'une autre série reliant deux à deux les lignes de la première, pend vers le nord; leur ensemble forme ainsi une sorte de zigzag, et les lignes d'une même série n'ont pas la même longueur ni la même inclinaison. Ces portions de couche, sont appelées *droits*, *dressants*, *droiteures*, ou bien *plats*, *plateures*, et leur partie inférieure prend le nom de *pied de droit* ou *de plat*, tandis que leur partie supérieure porte celui de *tête de droit* ou *de plat*. On donne le nom de *plats* aux portions qui se rapprochent davantage d'un plan horizontal que d'un plan vertical, et l'on appelle *droits* les portions qui font un angle de plus de 45° avec un plan horizontal mené par leur pied. Cette règle n'est cependant pas générale, car, on désigne aussi sous le nom de droits, des portions inclinées de moins de 45° mais qui sont contigues à une autre portion dont l'inclinaison est moindre encore; il en est de même de certains droits qui prennent le nom de plats par rapport à d'autres droits qu'ils précèdent ou suivent immédiatement.

On distingue entre eux les dressants d'une même couche, soit d'après leur nombre et le rang qu'ils occupent dans la série représentée par la ligne de coupe, soit d'après leur position par rapport aux plateures qui les réunissent; dans le premier cas, on dit : 1.er, 2.me, 3.me... dressant, et dans le second cas, *droit de nord, droit de midi, droit de tête, droit de pied.* Les plateures se distinguent d'une manière analogue; ainsi l'on dit : 1.re, 2.me, 3.me... plateure, *plat de nord*, *plat de midi*, etc.

La ligne suivant laquelle se fait la jonction d'un plat et d'un dressant, se nomme *crochon* ou *ennoyage;* la direction générale des crochons est de l'est à l'ouest; cependant, on en trouve qui dévient tantôt vers le nord, tantôt vers le sud; ils sont aussi plus ou moins inclinés, et on en rencontre rarement dans une position horizontale.

L'existence de tous ces plis (droits et plats) indique bien que les couches ont été tourmentées et soumises à des pressions venant de l'intérieur de la terre, pressions qui les ont comprimées et soulevées alors qu'elles étaient encore, ainsi que les terrains avec lesquels elles sont stratifiées, dans un état de mollesse tel qu'elles pouvaient être pliées assez facilement; il est cependant arrivé que ces mouvements n'ont pu avoir lieu sans déchirer le terrain, et l'on rencontre assez fréquemment des solutions de continuité ou des dérangements qui constituent les accidents connus sous les noms de *crans*, *failles ou brouillages*, *restreintes ou étreintes*, *renflements ou grandeures*, *etc.*, accidents qui rendent souvent très-difficile et quelquefois même impossible l'exploitation de certaines portions de couches.

Les *crans* sont des cassures qui affectent ordinairement tout l'ensemble du terrain et qui y occasionnent souvent des dénivellements plus ou moins considérables ; dans certains cas, les massifs des deux côtés de la cassure ne sont pas écartés dans le sens de la direction des bancs ou couches qui les composent; il y a eu seulement descente ou soulèvement de l'un d'eux, ce que l'on nomme *remontement* ou *renfoncement;* dans d'autres cas, il y a en même temps dénivellement et écartement des massifs, et les fentes sont remplies de débris de psammite, de schiste et de houille agrégés à la manière des brèches; c'est ce dernier accident que l'on désigne plus particulièrement sous le nom de cran. Lorsque les fissures ne sont pas très-larges, et que le dénivellement est peu important, il n'y a pas ordinairement interruption totale de la houille entre les deux parties de la couche fracturée, et, lorsqu'on arrive au cran en exploitant une de ces parties, on peut souvent retrouver avec facilité l'autre partie en suivant dans le cran la trace laissée par la houille. Mais il n'en est pas de même lorsque le dénivellement est considérable (10, 15, 25 et quelquefois plus de 50 mètres), et lorsque la fissure est très-grande; dans certains cas, l'on a beaucoup de peine à retrouver la couche au-delà du cran, et l'on doit exécuter de grands travaux avant d'avoir atteint ce but.

Les *failles* ou *brouillages* sont des portions de couche, quelquefois comprises entre des plans de fracture, dont le charbon est altéré par la présence d'une grande quantité de terre; ces brouillages s'étendent sur des distances plus ou moins grandes, quelquefois sur 50 m, 100 m et davantage; ils se reproduisent aussi dans plusieurs couches superposées, mais avec une importance et des caractères différents. Généralement, le charbon que l'on rencontre dans les failles ne peut être exploité parce qu'il est trop impur.

Les *étreintes* ou *restreintes* constituent une suppression partielle de la couche par suite du rapprochement de son toit et de son mur; très-souvent, il reste un peu de charbon qui sert de guide au mineur pour conduire les travaux de manière à aller retrouver la couche.

Les *renflements* ou *grandeures* se disent des portions de couches dont la puissance est beaucoup plus forte que celle des parties avoisinantes; cette augmentation de puissance ne se présente pas ordinairement sur une grande étendue; on la rencontre particulièrement dans les crochons, et elle est due, ainsi que les étreintes, probablement à l'action des forces qui ont agi pour plier les couches.

Tels sont les principaux accidents que l'on rencontre dans les couches de houille du bassin au Couchant de Mons.

Quant au gisement de ces couches, nous n'en dirons que quelques mots et d'une manière générale.

Le bassin de Mons qui comprend les charbonnages dits du *Couchant de Mons*, est recouvert, en grande partie, par des terrains appartenant à la formation crétacée et que l'on désigne, dans le Hainaut, sous le nom de *morts-terrains;* l'épaisseur de ces morts-terrains est variable ; tantôt elle n'est que de 5, 10 ou 20 mètres, d'autres fois elle atteint 80 et 100 mètres; divers sondages exécutés dans la partie nord du bassin, ont fait reconnaître qu'en certains endroits, l'épaisseur de ces terrains crétacés dépasse 180 mètres. Ces morts-terrains renferment ordinairement des amas d'eau considérables, connus sous le nom de *niveaux;* aussi le creusement des puits y est-il très-difficile et toujours très-coûteux.

C'est sous cette formation crétacée que se trouve le terrain houiller qui renferme un grand nombre de couches de houille dont plus de 150 sont aujourd'hui reconnues exploitables. Ce terrain houiller forme, dans son ensemble, une grande bande qui se dirige de l'est à l'ouest et qui se prolonge dans le nord de la France; cette bande paraît pliée en deux parties suivant une ligne, dite *naye*, parallèle à la direction des couches et passant vers le centre du bassin; on n'a pu jusqu'ici déterminer exactement la position ni la direction de la naye dans toute l'étendue du bassin, parce que les travaux d'exploitation n'ont pas encore été poussés jusqu'à une profondeur suffisante et n'ont été pratiqués que dans la moitié sud du bassin, la moitié nord se trouvant en grande partie recouverte par des morts-terrains d'une grande épaisseur récélant des amas d'eau considérables et, en certains points, des bancs de sables mouvants qui présentent de grands obstacles au creusement des puits; il n'y a qu'un seul charbonnage dont les exploitations soient pratiquées dans la moitié nord et vers la limite nord-ouest du bassin; mais il n'a pas encore été possible d'établir s'il existe une relation entre les couches exploitées dans cette mine et celles de la partie sud du bassin.

Immédiatement au midi de la naye, les couches sont relevées vers la surface et font un angle de 15 à 20° environ avec l'horizon; c'est ce que l'on nomme les *grands plats de midi;* ces grands plats ont une allure très-régulière; mais à une distance plus ou moins grande de cette naye, du moins pour les couches situées au-dessous des 18 ou 20 couches supérieures, l'allure est irrégulière et l'on rencontre des droits et des plats d'une étendue variable et dont le nombre augmente avec la profondeur à laquelle les couches se trouvent sous le sol. Les grands plats des 45 à 50 couches supérieures ont été reconnus par les travaux d'exploitation dont les plus profonds sont arrivés à 500 mètres sous le sol; les autres couches n'ont été recoupées qu'au midi de ces couches supérieures, et on les a trouvées avec une allure irrégulière en droits et plats assez nombreux et peu étendus; on ne sait pas positivement si ces couches présentent des grands plats semblables à ceux des couches supérieures; cependant, on a tout lieu de croire que ces plats existent, du moins vers le centre du bassin, mais bon nombre d'entr'eux ne seront atteints qu'à une très-grande profondeur.

Au nord de la naye, les couches paraissent aussi former des grandes plateures vers le centre du bassin, et des droits et des plats vers la limite nord ; c'est du moins ce que permettent de supposer les quelques exploitations et reconnaissances qui ont été faites dans cette partie du bassin.

L'ensemble des grands plats du midi et des dressants et plateures qui se présentent à leur suite, porte le nom de *comble du midi* ou *versant du midi ;* l'ensemble des grands plats et des plateures et dressants qui doivent se trouver au nord, se nomme *comble du nord* ou *versant du nord.*

Dans la portion formée de plats et droits (allure irrégulière), les couches présentent généralement beaucoup de dérangements, de cassures, de failles, etc., et donnent lieu, lors de leur exploitation, à un dégagement plus ou moins abondant de gaz hydrogène-carboné (grisou), ce qui n'existe pas toujours dans les parties où elles sont en allure régulière, c'est-à-dire en grandes plateures ; la qualité de charbon qu'elles fournissent varie même, quelquefois, d'un point à un autre, suivant qu'elles sont en allure régulière ou irrégulière.

Le bassin de Mons renferme les variétés de houille désignées sous les noms de : *maigre à longue flamme* ou *Flénu*, *grasse à longue flamme* ou *demi-grasse*, *grasse maréchale* ou *grasse*, et *sèche à courte flamme* ou *maigre;* on y trouve bien aussi de la *houille maigre brûlant presque sans flamme* ou *terre-houille*, mais on n'en exploite plus depuis longtemps; ce sont les couches inférieures du bassin et les affleurements des autres couches qui fournissent cette qualité de houille.

Le charbon Flénu a beaucoup d'analogie avec le cannel coal des Anglais; les couches qui le produisent sont les couches supérieures du bassin et celles dont l'allure est la plus régulière; viennent ensuite, en descendant, les couches qui donnent la houille demi-grasse, puis celles à houille grasse, et enfin les couches à houille maigre. Bien que jusqu'ici les couches qui produisent ces trois dernières qualités de charbon, aient été rencontrées en allure moins régulière que les couches qui fournissent le Flénu, on a cependant plusieurs raisons de croire qu'à mesure que l'on approfondira les puits et que l'on portera les travaux vers le centre du bassin, on trouvera ces couches avec une allure plus régulière et en grandes plateures.

En considérant le nombre de couches reconnues et la faible inclinaison que présentent les grandes plateures, ainsi que la profondeur à laquelle les travaux ont été portés dans le bassin de Mons, (la plus grande profondeur n'étant que de 500 mètres), on peut dire que l'on n'a enlevé, jusqu'à présent, qu'une assez faible tranche de ce bassin et qu'il reste encore une très-grande quantité de charbon à exploiter; on a, en effet, tout lieu de croire que les couches rencontrées en allure irrégulière forment aussi des grandes plateures qui se prolongent sous les couches supérieures, et que, vers le centre du bassin, la formation houillère atteint une grande épaisseur, peut-être de plus de 2,000 mètres. Il est vrai que les difficultés d'exploitation croissent avec la profondeur à laquelle on porte les travaux; mais les moyens d'extraction se perfectionnant de jour en jour et devant se perfectionner encore à mesure que le besoin se fera sentir, la grande profondeur ne peut donc être considérée comme étant un obstacle insurmontable. En considérant, en outre, que la plus grande partie de la moitié nord du bassin se trouve pour ainsi dire encore intacte, et que l'on arrivera bien certainement à vaincre les difficultés que les morts-terrains qui la recouvrent ont présentées jusqu'à ce jour au creusement des puits, on peut donc avancer qu'il sera bien longtemps encore avant que l'on ait épuisé les richesses que le bassin houiller de Mons renferme.

II.

Description des espèces de Houille et des couches exploitées dans le bassin au Couchant de Mons.

Comme nous l'avons dit dans la 2.me partie § 1, nous classons les houilles que l'on exploite dans le bassin de Mons, en cinq catégories qui, en suivant l'ordre de superposition et en commençant par les houilles que l'on rencontre dans la partie supérieure du bassin, se rangent comme suit :

1.° *Houille maigre à longue flamme, ou Flénu.*
2.° — *grasse à longue flamme ou demi-grasse.*
3.° — *grasse maréchale ou grasse.*
4.° — *sèche à courte flamme, ou maigre.*
5.° — *maigre brûlant presque sans flamme, ou terre-houille.*

Depuis bien des années, on n'exploite au Couchant de Mons que les couches qui fournissent les quatre premières qualités de charbon indiquées ci-dessus; il y a cependant des couches qui donnent du charbon maigre brûlant presque sans flamme, mais depuis longtemps, on n'a plus trouvé avantage à les exploiter; dans ce travail, nous ne nous occuperons donc de cette espèce de charbon que pour mémoire.

Nous adoptons la classification qui précède de préférence à

toutes celles qui ont été proposées, parce qu'elle est basée sur les applications que l'on peut faire de ces houilles dans l'industrie, et par suite, sur les circonstances qu'elles présentent lorsqu'on les soumet à l'action de la chaleur.

Nous répéterons ici, que ces divisions ne sont pas rigoureuses; il est impossible, en effet, d'arriver à un classement bien tranché, parce qu'il y a trop de variation dans la composition chimique et dans les propriétés physiques des houilles; pour certaines houilles, les caractères sont bien marqués et nous les prenons comme types dans la description des espèces; mais pour d'autres, il devient quelquefois assez difficile de dire positivement si elles doivent être rangées parmi les houilles de telle ou telle catégorie, parce qu'elles présentent des propriétés appartenant à deux catégories voisines sans cependant offrir des caractères bien tranchés; il arrive aussi qu'une même couche fournit quelquefois de la houille dont les caractères et les propriétés varient suivant les localités où on l'exploite, ou suivant la profondeur à laquelle elle se trouve sous le sol; dans ces diverses circonstances, nous nous sommes basés, pour faire la classification, sur les usages auxquels ces houilles sont le plus généralement employées, et sur la quantité exploitée dans le cas où la même couche fournit des produits de qualité différente.

Nous devons faire remarquer que, par suite de la base que nous avons adoptée pour notre classification (applications dans l'industrie), il peut arriver qu'une couche de houille qui se trouve aujourd'hui dans l'une des cinq catégories que nous avons établies, doive, plus tard, figurer dans une autre catégorie; cela est assez facile à comprendre, car les appareils dont on se sert aujourd'hui dans l'industrie, peuvent recevoir des modifications profondes soit dans leurs formes, soit dans leurs dispositions, modifications qui permettront alors d'appliquer certaines houilles à des usages auxquels elles ne peuvent convenir actuellement; pour ne citer qu'un exemple, nous dirons que certaines couches dont la houille présente plusieurs des caractères ou propriétés des houilles propres à être converties en coke, ne figurent pas dans nos tableaux parmi les couches qui fournissent cette espèce de produits, parce que, traitées dans les fours employés dans la plupart des cas, elles ne donnent pas des résultats assez avantageux pour les industriels; cependant, il peut très-bien arriver que le charbon de ces mêmes couches, carbonisé dans des fours particuliers et mieux disposés que ceux employés généralement, donne du coke très-marchand et de bonne qualité; c'est, ce que nous avons pu constater avec certains charbons qui ne figurent pas dans la catégorie des houilles grasses parce que, traités dans les fours ordinaires, ils ne donnent que du coke en petits morceaux, et, cependant, ces charbons carbonisés dans les fours du système Fromont, par exemple, ont fourni du coke assez beau et se présentant en morceaux de grosseur moyenne.

Cette observation s'applique principalement aux houilles qui forment, pour ainsi dire, le passage d'une catégorie à l'autre, et dont les caractères ne sont pas très-bien tranchés.

Immédiatement après la description générale des propriétés des houilles de chaque catégorie, nous donnons un tableau indiquant les concessions et les charbonnages où ces houilles sont exploitées, ainsi que le nom des couches qui les fournissent. Toutes les concessions ne sont pas comprises dans cette nomenclature; nous n'avons pas fait figurer celles qui n'ont pas été en exploitation depuis plusieurs années. Quant aux couches, nous les avons placées, autant que possible, suivant le rang qu'elles occupent dans le bassin, en allant en descendant; nous leur avons donné un numéro d'ordre afin qu'il soit plus facile de recourir aux détails qui les concernent et qui se trouvent à la suite des tableaux.

Il est une observation essentielle à faire ici: les couches qui figurent vis-à-vis de chaque nom de charbonnage, ne sont pas, à très-peu d'exceptions près, toutes les couches qui composent l'avoir de ces charbonnages; dans presque tous les cas, il y a encore d'autres couches plus ou moins exploitables et qui pourraient être déhouillées avec bénéfice, mais qui sont restées pour ainsi dire en réserve soit parce que la qualité du charbon qu'elles peuvent produire n'est pas celle demandée par la majeure partie des clients du charbonnage, soit parce que les travaux déjà exécutés, ou les travaux préparatoires établis, ne sont pas disposés de manière à les enlever, pour le moment, avec avantage; nous n'avons considéré que les couches qui ont été en exploitation depuis l'année 1840.

Cette observation s'applique également aux numéros qui sont inscrits vis-à-vis de ces couches; ces numéros indiquent bien l'ordre de superposition des couches qui figurent dans chaque catégorie, mais ne donnent pas le rang qu'elles occupent dans le bassin houiller; ainsi, par exemple, une couche portant dans une série le n.° 15, est la quinzième, en descendant, parmi les couches inscrites dans notre tableau, mais elle pourrait être la 18.me ou la 20.me, etc., du bassin, si l'on considérait les couches intercalaires qui ne sont pas actuellement en exploitation et qui peuvent fournir la même qualité de charbon.

Nous devons aussi faire observer qu'il y a quelques couches du bassin qui ne sont pas désignées sous le même nom dans tous les charbonnages où on les exploite; un même nom est souvent aussi donné à des couches différentes; ces cas se présentent principalement pour les couches à charbon gras et demi-gras; ces couches ayant été rencontrées en allure irrégulière et très-divisées par des crans et des failles, il a pu y avoir erreur dans leur dénomination, et cela d'autant plus facilement, que ces couches présentent souvent de grandes variations dans leur composition. Plusieurs considérations nous ont engagé à ne pas changer les noms qui ont été donnés par les exploitants aux couches recoupées dans leurs concessions. Nous ne garantissons donc pas l'exactitude de toutes les dénominations qui figurent dans nos tableaux.

Enfin, à la suite des tableaux dont nous venons de parler, nous donnons la composition détaillée de chaque couche telle qu'elle a été rencontrée dans les divers charbonnages, le prix de l'abattage par mètre carré, le coût du coupage des voies par mètre courant, la proportion, quand il y a lieu, en gaillettes, en gailleteries et autres grosseurs adoptées dans le commerce, etc., etc.

Nous avons pris pour chaque puits, la composition ordinaire de la couche; lorsqu'il se présente de grandes variations au même puits, nous les avons signalées; nous avons conservé les expressions employées dans chaque mine pour désigner les lits de charbon ainsi que les divers bancs de roche ou lits de terre qui accompagnent ou divisent les couches.

Le prix de l'abattage et la surface détachée par un ouvrier donnent une idée du plus ou du moins de facilité du travail de la couche.

Le coût du coupage des voies, peut indiquer le plus ou le moins de dureté des roches encaissantes; on coupe ordinairement les grandes voies horizontales (costresses) sur 1^{m}, 80 de haut et 1^{m}, 50 de large, et les autres (voies inclinées ou tiernes), sur 1^{m}, 20 à 1^{m}, 30 de haut et 1^{m}, 10 de large.

Les prix de main-d'œuvre et des objets de consommation se rapportent aux années antérieures à 1852; depuis cette époque, les salaires ont augmenté, et, aujourd'hui, ils se trouvent presque doublés.

La proportion en gaillettes et gailletteries que nous renseignons, est celle que l'on obtient généralement en employant, pour l'extraction, des vases (cuffats) dans lesquels on fait tomber le charbon à l'accrochage et que l'on verse lorsqu'ils sont arrivés à la surface pour opérer la séparation en grosseurs, ou pour charger le charbon dans les chariots qui le conduisent aux magasins; si l'on faisait usage des appareils d'extraction perfectionnés, qui permettent d'amener au jour les chariots tels qu'ils viennent des tailles, on aurait une plus forte proportion de houille en morceaux; avec ces appareils, on peut compter que l'on obtient 8 à 12 pour cent de plus de gaillettes et gailletteries qu'avec le mode ordinaire d'extraction. Il suffira donc d'augmenter, dans ces proportions, les chiffres que nous donnons, si l'on veut connaître approximativement la quantité de gaillettes et de gailletteries que l'on peut retirer en opérant l'extraction au moyen d'appareils perfectionnés.

Dans la description qui va suivre, nous ne nous étendrons pas beaucoup sur les caractères et les propriétés des houilles; nous renvoyons pour les développements à la 2.me partie de notre travail.

1.° Houille maigre à longue flamme ou Flénu.

Dans la province de Hainaut, on ne rencontre cette variété de houille que dans le bassin au Couchant de Mons, où elle est généralement connue sous le nom de Flénu; les charbonnages dits du Centre et ceux de Charleroy fournissent bien des houilles qui se rapprochent de cette espèce, mais elles appartiennent plutôt à la classe des houilles grasses à longue flamme, qu'à celle des houilles maigres à longue flamme.

Certains auteurs, s'appuyant sur la composition chimique des houilles, ont classé la houille Flénu dans la catégorie des houilles grasses à longue flamme; nous n'avons pas cru devoir suivre cette marche, parce que notre classification étant basée sur la manière dont les houilles se comportent au feu, la houille Flénu, soumise à l'action de la chaleur en vases clos, présente tous les caractères d'une houille maigre; en effet, elle donne toujours un coke fritté, en petite quantité, et produit, à la distillation, beaucoup de gaz propres à l'éclairage, tandis que les houilles grasses fournissent du coke boursouflé et en grande proportion et ne donnent, à la distillation en vases clos, que peu de gaz éclairant.

Mais parmi les couches qui produisent le charbon Flénu, il en est plusieurs, dans la partie inférieure de la série, qui donnent du charbon présentant des caractères un peu distincts de ceux du charbon des couches supérieures et qui se rapproche de la houille demi-grasse sans cependant être d'une nature suffisamment collante pour prendre place dans cette dernière catégorie; nous avons cru convenable d'établir une distinction entre les couches supérieures et celles à charbon un peu plus gras, et de désigner le premier de ces groupes sous le nom de couches à *charbon Flénu proprement dit*, et le deuxième sous la dénomination de couches à *charbon Flénu gras*.

Charbon Flénu proprement dit.

Caractères généraux.

Le charbon Flénu proprement dit ou maigre à longue flamme, est brillant, à cassure fibreuse, à poussière brune comme la houille maréchale, très-sonore presque autant que le charbon de bois; il est plus dur que toutes les autres houilles; aussi, peut-on facilement le reconnaître, sans même le voir, en le foulant aux pieds, parce qu'il ne s'écrase pas aussi facilement que les houilles grasses et demi-grasses.

Généralement, cette houille est assez pure, sans l'être cependant autant que les qualités grasse et demi-grasse, renferme moins de pyrite que ces dernières, ne se réduit pas en poussière mais bien en petits fragments à surface lisse, et ne tâche presque pas les doigts au toucher ou du moins ne le fait guère autant que les autres variétés.

Mais ce qui distingue principalement cette houille de toutes les autres espèces, c'est qu'elle se présente ordinairement en morceaux bien taillés en rhomboèdres d'une régularité remarquable, dont les faces portent des stries caractéristiques auxquelles on a donné le nom de *maille du Flénu*, et que le menu est en très petits morceaux et non en poudre comme celui des autres variétés de charbon.

Cette houille a beaucoup d'analogie avec le *cannel-coal* des anglais; sa densité varie de 1,254 à 1,300.

Les couches qui fournissent cette espèce de houille ont généralement un clivage très-prononcé, dont les faces sont parallèles à la direction des couches ou font avec cette direction un angle de quelques degrés; très-souvent, les faces de clivage sont séparées par des lames de chaux carbonatée dont l'épaisseur atteint rarement un millimètre.

Vue en tas et à l'état de gaillettes ou de gailletteries, cette houille se distingue facilement des autres variétés ; elle paraît plus propre, présente un aspect plus luisant et une couleur moins foncée que les houilles grasses et demi-grasses.

Exposée à l'air et en gros morceaux, elle ne se conserve pas aussi longtemps que les autres variétés sans perdre de ses qualités ; les gaillettes, après 5 ou 6 mois, de luisantes qu'elles étaient, sont devenues ternes, plus foncées en couleur et se réduisent en petits morceaux lorsqu'on les soumet à des chocs un peu vifs ; aussi, dans cet état, lorsqu'on les charge dans des bateaux, doit-on avoir soin de ne pas les faire tomber d'une grande hauteur, autrement on ne retrouverait que du menu mélangé d'une forte proportion de gaillettin. Souvent, les morceaux qui sont restés pendant quelque temps exposés à la pluie et au soleil, prennent une teinte rougeâtre, ou bien présentent, à leur surface, des couleurs azurées.

Lorsque cette houille se trouve à l'état de menu, qu'elle contient une certaine quantité de sulfure de fer et qu'on en forme des tas volumineux, ces tas ne tardent pas à se couvrir d'une petite couche de matière blanche qui est une efflorescence due à la décomposition de la pyrite ; cette réaction chimique produit quelquefois une chaleur assez forte pour embraser le charbon, surtout lorsqu'il se trouve placé sous des hangards et qu'on n'a pas eu soin de ménager, dans les tas, des ouvertures ou conduits pour laisser arriver de l'air au centre de la masse ; on a vu des tas considérables s'enflammer après 5 ou 6 mois d'exposition à l'air ; cette circonstance ne se présente pas avec les autres variétés de houille.

Les couches de charbon Flénu proprement dit, occupent la partie supérieure du bassin houiller ; leur allure est en général très-régulière ; elles se présentent presque toutes en grandes plateures dont l'exploitation est très-avantageuse. Bien que jusqu'ici on n'y ait pour ainsi dire jamais rencontré de gaz hydrogène-carboné (grisou), nous devons cependant dire que depuis quelques années, on a reconnu que plusieurs de ces couches, déjà très-éloignées des couches à houille demi-grasse, donnent du grisou lorsqu'on les exploite à une grande profondeur ; il y en a plusieurs dans lesquelles on a travaillé jusqu'à la profondeur de 350 à 400 mètres environ, avec des lampes à flamme découverte, sans jamais avoir eu d'indice de la présence du gaz hydrogène-carboné; lorsque l'exploitation y a été portée à une plus grande profondeur, ce gaz s'est alors montré, en faible quantité à la vérité, mais cependant son apparition a donné lieu à plusieurs accidents peu graves et l'on a été obligé d'employer des lampes de sûreté. Ces faits qui se sont présentés plusieurs fois, indiquent donc que, en s'enfonçant sous le sol, ces couches changent un peu de nature et qu'elles deviennent des couches à grisou à la profondeur de 400 ou de 500 mètres et au-delà.

L'allure régulière de ces couches et les conditions de gisement favorables à l'exploitation, ont permis d'établir des travaux développés et pouvant fournir de 2000 à 5000 et même 6000 hectolitres de charbon par jour et par un seul puits; aussi, dans les charbonnages où l'on exploite ces couches, produit-on une quantité de charbon beaucoup plus grande que dans les mines à houille grasse ou demi-grasse.

Manière dont cette houille se comporte au feu au contact de l'air.

Au contact de l'air, le charbon Flénu proprement dit est éminemment facile à embraser, brûle avec une flamme longue, vive et claire mais de peu de durée, se consume rapidement, donne beaucoup de flamme et de fumée, produit une chaleur moins intense que les houilles grasses à longue flamme, répand en général une odeur désagréable pendant sa combustion, ne colle que peu ou point et laisse, pour résidu solide, des cendres blanches légères et du mâchefer quelquefois en assez grande quantité.

Brûlée sur grilles, cette houille colle assez pour s'agglutiner et pour empêcher que le menu ne passe à travers les barreaux; mais elle ne colle pas assez pour faire voûte; elle donne un faible brasier de coke en ignition et ne ronge pas les grilles des foyers qu'elle alimente.

Brûlée dans les foyers domestiques, elle fournit beaucoup de lumière, produit un feu très-gai, mais laisse, comme nous l'avons dit, après sa combustion, une grande quantité de cendres blanches très-légères que le moindre vent fait voltiger dans les appartements; elle ne présente pas comme les houilles grasses à longue flamme et maréchales, l'inconvénient de se boursouffler et de sortir du foyer.

Manière dont elle se comporte au feu en vases clos.

Soumis à la distillation en vases clos, le charbon Flénu proprement dit donne une grande quantité de gaz propres à l'éclairage; mais il ne laisse que peu de coke, en petits morceaux, dont on ne peut souvent tirer aucun parti.

Cette houille est celle qui donne le gaz le moins odorant; ordinairement, on retire 270 litres de gaz par kilogramme de charbon, et un bec d'éclairage consomme 5 ½ pieds cubes de gaz par heure; on a été jusqu'à obtenir 320 à 350 litres de gaz par kilogramme de charbon.

Carbonisé dans des fours, ce charbon laisse un coke métalloïde très-léger, beaucoup moins serré, moins dur et moins solide que celui des houilles grasses maréchales et grasses à longue flamme; souvent même, les fragments ne contractent qu'une adhérence très-faible; ce coke exposé à l'air ne tarde pas à se réduire en petits fragments. En général, carbonisé dans des fours, il rend toujours moins de 55 de coke pour cent de charbon.

Usages.

Le charbon Flénu proprement dit est très-recherché pour le chauffage des chaudières à vapeur, parce qu'il développe beaucoup de flamme en brûlant et ne détériore pas les grilles, et parce que la conduite du feu est très-facile, car le chauffeur n'a pour ainsi dire jamais besoin de nettoyer les grilles. En général, il est très-bon pour les foyers servant à évaporer les liquides, pour les appareils dans lesquels la matière à chauffer n'est pas en contact immédiat avec le combustible, comme les fours à faïence, à porcelaine et les fours à réverbère, surtout lorsqu'il contient peu de matières stériles. Quand on doit donner un coup de feu vif et instantané, comme dans l'opération du puddlage, ou que l'on veut chauffer des grandes surfaces à un degré donné, il est encore d'un usage très-avantageux.

Cette houille est aussi employée pour la fabrication du gaz destiné à l'éclairage, parce qu'elle donne beaucoup de gaz d'un grand pouvoir éclairant ; cependant, comme elle ne laisse pour résidu solide que du coke en faible quantité et en petits morceaux, on lui préfère, pour cet usage, la houille fournie par les couches Flénu gras, surtout dans les localités où l'on peut trouver un placement avantageux du coke.

Enfin, on s'en sert aussi pour le chauffage domestique ; mais comme elle se consume très-vite et qu'elle donne beaucoup de cendres blanches et légères que le moindre vent fait sortir du foyer et qui se répandent dans les appartements, il est préférable de faire usage de la houille grasse à longue flamme ; employée concurremment avec la houille grasse qui est dure à s'enflammer, elle donne de bons résultats parce qu'elle empêche cette houille de s'agglutiner et qu'elle en facilite l'inflammation ; généralement, pour le chauffage des appartements, surtout lorsque l'on se sert de foyers découverts, on préfère la houille grasse à longue flamme qui a un pouvoir rayonnant plus grand et laisse, pour résidu, des cendres plus pesantes.

Le charbon Flénu proprement dit est cependant très-estimé pour le service des foyers de cuisine parce qu'il s'allume très-facilement, et surtout, parce qu'il ne détériore pas les appareils dans lesquels on le brûle.

Charbon Flénu-gras.

Les caractères et les propriétés de la houille que nous désignons sous le nom de *Flénu-gras*, sont à peu près les mêmes que ceux du *Flénu proprement dit;* il n'y a de différence qu'en ce que le premier de ces charbons est plus collant que le deuxième.

Le charbon Flénu-gras est plus tendre, donne une plus grande quantité de poussière, présente un aspect un peu plus terne et laisse, après la combustion, un peu moins de cendres que le Flénu proprement dit; exposé en morceaux à la pluie et au soleil, il prend plus souvent que l'autre qualité une couleur rougeâtre ou azurée.

Soumis à l'action de la chaleur, ce charbon colle mieux que le Flénu proprement dit et forme même voûte dans le foyer; il gonfle et se boursouffle un peu, ce que ne fait pas ce dernier.

A la distillation en vases clos, il donne une grande quantité de gaz propres à l'éclairage; et, ce qui le distingue surtout du Flénu proprement dit, c'est qu'il laisse, dans cette opération, du coke en morceaux assez gros qui convient très-bien pour le chauffage domestique et pour le service des petites forges.

Ainsi, de ce qu'il donne à la distillation une grande quantité de gaz éclairant et, en même temps, du coke en morceaux encore assez volumineux, ce charbon est donc celui qui présente le plus d'avantages pour la fabrication du gaz destiné à l'éclairage. Il est aussi très-bon pour le service des chaudières à vapeur et pour le chauffage domestique.

Enfin, les couches qui produisent le Flénu-gras présentent, à partir de leur affleurement et jusqu'à une certaine profondeur sous le sol, une série de petites droiteurs et plateures, à la suite desquelles on rencontre les grands plats; en outre, elles dégagent du gaz hydrogène-carboné (grisou).

Composition chimique de la Houille maigre à longue flamme ou Flénu.

Nous donnons ci-après, quelques analyses de houille maigre à longue flamme ou Flénu, faites par la Commission des procédés nouveaux et par MM. Regnault et Chevalier :

Analyses faites par la Commission des procédés nouveaux, à Bruxelles.

NOMS DES MINES.	NOMS DES COUCHES.	Densité.	Carbone.	MATIÈRES Volatil.	MATIÈRES Ter-reuses.	Pyrite.	Quantité de Cok. p. % de Houille.	Couleur des Cendres.
ESCOUFFIAUX	Veine à Forges.	»	67 446	26 477	5 806	0 271	73 45	Blanchâtres.
	Ferté	1 269	66 003	27 673	6 225	0 099	72 30	Fauves.
	Grands-Andrieux.	1 300	65 526	28 434	5 611	0 429	71 45	Id.
	Abbaye . . .	1 267	69 115	27 625	3 144	0 116	72 37	Id.
RIEU-DU-COEUR ET LA BOULE.	Dure-Veine. .	1 281	65 419	30 186	3 973	0 422	69 70	Id.
	Veine à la Pierre.	1 269	65 126	31 596	2 672	0 606	68 24	Id.
	Payé	1 265	66 425	29 023	4 193	0 359	70 87	Id.
	Maton. . . .	1 285	66 276	29 789	3 708	0 227	70 15	Id.
	MOYENNES. .	1 276	66 417	28 850	4 416	0 316	71 07	

Analyses faites par M.r Regnault.

	Densité.	Nature du Coke.	COMPOSITION Carbone	Hydro-gène.	Oxigène et Azote.	Cendres.	Hydrogène en excès.
CHARBON FLÉNU.	1 276	Boursoufflé	84 67	5 29	7 94	2 10	4 18
	1 292	Id.	85 87	5 42	7 03	3 68	4 44

Analyses faites par M.r Chevalier.

NOMS DES MINES.	NOMS DES COUCHES.	Pesanteur spécifique à 12° c.	Perte au feu en centièm.	Proportion des Cendres en cent.	Couleur des Cendres.
BOIS de BOUSSU	Grand Gaillet.	»	34 31	2 43	blanche.
	Gade . . .	1 265	36 40	2 15	id.
	Hanap . . .	1 269	33 70	1 70	id.
	V.e à l'aune .	1 281	37 00	2 05	fauves.
HORNU ET WASMES.	G.de Houbarde.	1 280	33 60	2 80	blanche.
	Franois . .	1 267	32 20	1 10	fauves.
	Cornaillette .	1 294	33 00	5 20	blanche.
	Carlier . . .	1 271	31 20	1 90	lég. fauv.
	MOYENNES.	1 275	33 93	2 41	

Analyse faite par M.r Chevalier.

	QUANTITÉS DISTILLÉES		PRODUCTION.		Consommation d'un bec de gaz; pieds 3 par heure	Nombre d'heures d'un bec correspondant au produit en gaz.
	en poids kilog.	en volume hect. ras	coke hect. combles.	gaz pieds cubes.		
CHARBON-FLÉNU	1000	12 1/2	16	8000	2 5/4	2 133

Mines où l'on exploite le Charbon Flénu proprement dit.

NOMS DES MINES ET SIÉGE DES SOCIÉTÉS.	COMMUNES sous lesquelles s'étendent les CONCESSIONS.	NOMS DES COUCHES.	N.os d'Ordre.
VINGT-ACTIONS ou CENTRE DU FLÉNU, à Jemmapes.	Quaregnon. Jemmapes.	Moulinet.	1
		Veine d'Amis. . . .	2
		Grand-Moulin . . .	3
		Cinq-Mille ou Veine à Gros .	4
		Veine à Forges . .	5
		Petite-Morette. . .	7
		Pucelette.	21
		Petite-Béchée . . .	24
		Grande-Béchée . .	25
HAUT-FLÉNU, à Jemmapes.	Jemmapes. Cuesmes. Quaregnon.	Grande-Morette . .	6
		Clayaux	8
		Horiau ou Horia . .	9
		Veine à Chiens . .	10
		Grand-Houspin . .	11
		Horpe	12
		Désirée	13
		Cochet	14
		Jausquette	15
		Fagneau.	16
		Grande-Veine . . .	17
		Jouguelleresse. . .	18
		Bonnet	19
		Veine à Mouches . .	20

NOMS DES MINES ET SIÉGE DES SOCIÉTÉS.	COMMUNES sous lesquelles s'étendent les CONCESSIONS.	NOMS DES COUCHES.	N.os d'Ordre.
FOSSE-DU-BOIS, à Quaregnon.	Quaregnon. Jemmapes.	Fagneau.	16
		Grande-Veine . . .	17
		Jouguelleresse. . .	18
TURLUPU ou PETITE-SORCIÈRE, à Jemmapes.	Jemmapes. Quaregnon.	Fagneau.	16
		Grande-Veine . . .	17
		Jouguelleresse. . .	18
		Bonnet	19
		Veine à Mouches . .	20
		Puceletto	21
CACHE-APRÈS ou LEVANT DU FLÉNU, à Cuesmes.	Cuesmes. Hyon. Mons. Mesvin. Ciply.	Jausquette	15
		Fagneau.	16
		Grande-Veine . . .	17
		Jouguelleresse. . .	18
		Bonnet	19
		Petite-Béchée . . .	24
		Grande-Houbarde. .	27
		Grand-Franois . . .	30
		Carlier	34
BONNET-DAMES ET VEINE A MOUCHES, à Quaregnon.	Quaregnon.	Bonnet	19
		Veine à Mouches . .	20
		Puceletto	21

NOMS DES MINES ET SIÉGE DES SOCIÉTÉS.	COMMUNES sous lesquelles s'étendent les CONCESSIONS.	NOMS DES COUCHES.	N.os d'Ordre.
COSSETTE, à Quaregnon. — La Société du Couchant du Flénu.	Quaregnon.	Petite-Cossette . . .	22
		Grande-Cossette . .	23
GRAND-HORNU, à Hornu.	Hornu. Wasmes. Wasmuël. St.-Ghislain. Quaregnon. Baudour.	Veine à Forges . .	5
		Horiau ou Horia . .	9
		Veine à Chiens. . .	10
		Grand-Houspin . .	11
		Horpe	12
		Cochet	14
		Jausquette	15
		Grande-Veine . . .	17
		Jouguelleresse. . .	18
		Bonnet	19
		Veine à Mouches . .	20
		Pucelette	21
		Petite-Cossette. . .	22
		Grande-Béchée . .	25
		Grande-Houbarde. .	27
		Grande Belle et Bonne.	29
		Grand-Franois. . .	30
		Petit-Franois . . .	31

NOMS DES MINES ET SIÉGE DES SOCIÉTÉS.	COMMUNES sous lesquelles s'étendent les CONCESSIONS.	NOMS DES COUCHES.	N.os d'Ordre.
(Suite). GRAND-HORNU, à Hornu.	Hornu. Wasmes. Wasmuël. St.-Ghislain. Quaregnon. Baudour.	Grand-Cours ou Veine à 2 laies.	32
		Braise	33
		Carlier	34
		Grand-Faux Cours ou Faux Corps.	35
		Grande-Veine à l'Aune	37
		Veine à terre . . .	39
		Gade	40
		Hanat	41
BELLE ET BONNE, à Jemmapes.	Jemmapes. Quaregnon.	Petite-Cossette . . .	22
		Grande-Cossette . .	23
		Petite-Béchée . . .	24
		Grande-Béchée . .	25
		Petite-Houbarde . .	26
		Grande-Houbarde .	27
		Petite Belle et Bonne.	28
		Grande Belle et Bonne.	29
PRODUITS, à Jemmapes.	Jemmapes. Quaregnon.	Grand Franois. . .	30
		Petit Franois . . .	31
		Braise	33
		Carlier	34
		Grand Faux Cours ou Faux Corps.	35
		Petit Faux Cours ou Faux Corps.	36

NOMS DES MINES ET SIÉGE DES SOCIÉTÉS.	COMMUNES sous lesquelles s'étendent les CONCESSIONS.	NOMS DES COUCHES.	N.os d'Ordre.
PRODUITS, à Jemmapes.	Jemmapes. Quaregnon.	Grande-Veine à l'Aune.	37
		Veine à Terre . . .	39
		Gade	40
HORNU ET WASMES, à Wasmes.	Wasmes. Hornu.	Horpe	12
		Grande-Veine . . .	17
		Jouguelleresse. . .	18
		Bonnet	19
		Veine à Mouches . .	20
		Pucelette	21
		Grande-Béchée . .	25
		Grande-Houbarde .	27
		Grande-Belle et Bonne	29
		Braise	33
		Carlier	34
		Grand Faux Cours ou Faux Corps	35
		Grande-Veine à l'Aune.	37
BOIS DE BOUSSU, à Boussu.	Boussu. Dour.	Grande-Veine . . .	17
		Jouguelleresse. . .	18
		Veine à Mouches . .	20
		Grande-Cossette . .	23
		Grande-Béchée . .	25
		Grande-Houbarde .	27

NOMS DES MINES ET SIÉGE DES SOCIÉTÉS.	COMMUNES sous lesquelles s'étendent les CONCESSIONS.	NOMS DES COUCHES.	N.os d'Ordre.
(Suite). BOIS DE BOUSSU, à Boussu.	Boussu. Dour.	Grande-Veine à l'Aune.	37
		Veine à terre . . .	39
		Gade	40
		Hanat	41
RIEU DU COEUR ET LA BOULE, à Quaregnon. — Société du Couchant du Flénu » des 24 Actions. » du Midi du Flénu. » de Sainte-Cécile. » des 16 Actions. » du Centre du Flénu.	Quaregnon. Pâturages.	Grand-Franois. . .	30
		Braise	33
		Carlier	34
		Petit Faux Cours ou Faux Corps.	36
		Grande-Veine à l'Aune.	37
		Petite-Veine à l'Aune.	38
		Gade	40
		Hanat	41

NOTA. — Nous rappelons que nos tableaux ne comprennent que les couches qui ont été *en exploitation* depuis l'année 1840.

Description des couches à charbon Flénu proprement dit.

1. MOULINET.

Composition en plat, au puits n.° 1 du Charbonnage des VINGT-ACTIONS ou CENTRE DU FLÉNU :

Laie de charbon au toit . . .	0m,42
Havrie	0m,05
Ouverture totale . .	0m,47

Le toit et le mur sont bons.

Charbon peu gailletteux, mais de bonne qualité.

Cette couche n'a plus été en exploitation depuis l'année 1838.

2. VEINE D'AMIS.

Composition en plat, au puits n.° 1 du Charbonnage des VINGT-ACTIONS :

Laie de charbon au toit . . .	0m,25
Havrie	0m,03
Laie de charbon	0m,20
Ouverture totale . .	0m,48

Le toit et le mur sont bons.

Charbon gailletteux, d'un aspect plus brillant que celui de la couche Moulinet.

Cette couche n'a plus été exploitée depuis l'année 1838.

3. GRAND-MOULIN.

Composition en plat, au puits n.° 3 ou S.t-Martin du Charbonnage des VINGT-ACTIONS :

Terre noire au toit	0m,10
Laie de charbon	0m,86 à 1m,00
Havrie	0m,06
Ouverture totale . .	1m,02 à 1m,16

Le banc de terre au toit tombe avec le charbon lors de l'abattage; au-dessus de ce banc, le terrain est bon.

On paie aux ouvriers à veine, fr. 0,70 par m²; un ouvrier peut détacher, en une journée, 4 m² de couche en faisant un avancement de 2 mètres.

Ce charbon est peu gailletteux, propre et de bonne qualité.

Rendement: 30 pour cent de gaillettes et gailletteries, 70 pour cent de fines.

4. CINQ-MILLE OU VEINE A GROS.

Composition en plat, au Charbonnage des VINGT-ACTIONS, puits n.° 3 ou S.t-Martin :

Laie de charbon	0m,45
Havrie au mur	0m,06
Ouverture totale . .	0m,51

Toit et mur bons.

Un ouvrier à veine peut détacher, en une journée, 4 m² de couche en faisant un avancement de 2 mètres.

Charbon de très-bonne qualité.

Rendement: 60 à 65 pour cent de gaillettes et gailletteries, 35 à 40 pour cent de fines.

5. VEINE A FORGES.

—A— Composition au Charbonnage des VINGT-ACTIONS, puits n.° 3 :

Laie de charbon au toit . . .	0m,40
Terre, bavage	0m,15
Laie de charbon	0m,10
Ouverture totale . .	0m,65

Toit et mur bons.

Un ouvrier à veine peut détacher, en une journée, 4 m² de couche en faisant un avancement de 2 mètres.

Charbon de bonne qualité, un peu plus collant que celui des autres couches exploitées à ce Charbonnage.

Rendement: 40 pour cent de gaillettes et gailletteries, 60 pour cent de fines.

—B— Composition en plat, au Grand-Hornu, puits n.° 10.

Havrie au toit	0m,01
Laie du toit (charbon)	0m,12
Havrie	0m,02
Laie de charbon	0m,17
Havrie	0m,02
Laie de charbon	0m,11
Havrie	0m,05
Laie du mur (charbon) . . .	0m,27
Ouverture totale . .	0m,77

Le toit est peu consistant; le mur est assez bon.

L'abattage coûte fr. 0,60 par m²; on pratique le havage au-dessus de la laie du mur.

Le coupage des voies coûte fr. 1,50 le mètre courant; on établit de 0m,90 en 0m,90, un boisage formé de deux étançons et d'un chapeau; les étançons coûtent environ fr. 0,52 pièce et le chapeau ou bêle fr. 0,15.

Cette couche est assez facile à exploiter; mais par suite du grand nombre de lits de havrie, elle fournit du menu qui est très-sale et que l'on est obligé de remblayer en grande partie.

Rendement : 7 ½ hectolitres de charbon par m² de surface.

6. GRANDE-MORETTE.

Composition en plat, au puits n.° 7 du Haut-Flénu :

Laie de charbon au toit . . .	0m,55
Havrie	0m,05
Ouverture totale . .	0m,60

Charbon assez friable, de bonne qualité.

Cette couche a été peu exploitée à ce Charbonnage.

7. PETITE-MORETTE.

Composition en plat, au Charbonnage des Vingt-Actions, puits n.° 3.

Terre au toit	0m,05
Laie de charbon	0m,55
Havrie	0m,10
Ouverture totale . .	0m,70

Toit et mur bons.

Un ouvrier à veine peut détacher, en une journée, 4 m² de couche en faisant un avancement de 2 mètres.

Rendement : 40 pour cent de gaillettes et gailletteries, 60 pour cent de fines.

8. CLAYAUX.

Composition en plat, au puits n.° 9 du Haut-Flénu :

Laie de charbon	0m,75
Havrie au mur	0m,10
Ouverture totale . .	0m,85

Toit passable, mur bon.

Un ouvrier à veine peut détacher, en une journée, 3,60 m² de couche en faisant un avancement de 1m,80.

Charbon de très-bonne qualité, assez gailletteux, plus collant que celui des autres couches de ce Charbonnage; il convient pour le chauffage des chaudières; il donne aussi une grande quantité de gaz propre à l'éclairage, mais il laisse dans la cornue du coke très-léger et en très-petits morceaux.

9. HORIAU OU HORIA.

—A— Composition en plat, au Haut-Flénu, puits n.os 2 et 9 :

Terre argileuse au toit	0m,02
Laie de charbon	0m,45
Charbon tendre	0m,10
Laie du mur	0m,30
Ouverture totale . .	0m,87

Le lit de terre au toit est quelquefois très-dur; il tombe avec le charbon lors de l'abattage. Le lit de charbon tendre est, en certains endroits, très-mélangé de terre.

Toit et mur bons.

Un ouvrier à veine peut détacher, en une journée, 4 m² de couche.

Charbon très-pur, très-tendre et pour ainsi dire nullement gailletteux; c'est peut-être celui de tout le bassin qui fournit le plus de gaz éclairant, mais le coke qui reste après la distillation, est en petite quantité et fritté; ce charbon convient fort bien pour le chauffage des chaudières à vapeur.

—B— Composition au puits n.° 12 du GRAND-HORNU, à la profondeur de 355 mètres :

Caillou au toit	0m,10
Laie de charbon	0m,45
Havrie au mur	0m,03
Ouverture totale . .	0m,58

Toit et mur bons.

Un ouvrier à veine peut détacher 4,50 m² de couche, en une journée.

Charbon gailletteux et de bonne qualité.

10. VEINE A CHIENS.

—A— Composition en plat, aux puits n.os 2 et 9 du HAUT-FLÉNU :

Laie de charbon	0m,50
Terre, faux-mur	0m,15
Ouverture totale . .	0m,65

Toit mauvais; il s'y trouve un banc de terre de 0m,05 à 0m,06 d'épaisseur, qui tombe souvent avec le charbon.

Un ouvrier à veine peut détacher 3,60 m² de couche en une journée.

Charbon très-gailletteux, bon pour chauffage des chaudières et pour la fabrication du gaz éclairant.

—B— Composition en plat, au puits n.° 12 du GRAND-HORNU :

Laie de charbon	0m,50 à 0m,55
Caillou au mur	0m,09 à 0m,11
Ouverture totale . .	0m,59 à 0m,66

Toit assez mauvais ; au mur, quérelle.

On trouve dans cette couche une assez grande quantité de rognons de fer carbonaté ou de pyrite; souvent, ces rognons adhèrent très-fortement au toit ou au mur ; c'est à leur présence que cette couche doit son nom de Veine à Chiens parce qu'elle est très-difficile à détacher.

Peu exploitée à ce Charbonnage.

Dans le toit, il y a une grande quantité d'empreintes de végétaux.

11. GRAND-HOUSPIN.

—A— Composition en plat, aux puits n.os 9 et 4 du HAUT-FLÉNU :

Lit de schiste au toit	0m,02
Laie de charbon	0m,20
Schiste	0m,02
Laie de charbon	0m,35
Charbon avec terre	0m,05
Ouverture totale . .	0m,64

Le schiste qui se trouve au toit est gras, argileux ; au-dessus, se présente un banc de grès ; le lit de schiste entre les deux laies ne se rencontre pas toujours dans la couche ; le lit de charbon avec terre est très-tendre et impur ; c'est dans ce lit que l'on pratique le havage.

Le toit est solide.

L'abattage est facile ; on paie aux ouvriers à veine de fr. 0,50 à 0,55 par m².

Cette couche donne du charbon assez gailletteux et très-pur.

Le banc de grès qui se trouve au-dessus de cette couche, et qui forme le toit, fournit beaucoup d'eau.

—B— Composition au GRAND-HORNU, puits n.° 12 :

Laie de charbon au toit . . .	0m,40
Caillou	0m,10
Charbon impur (bavrie) . . .	0m,05
Ouverture totale . .	0m,55

Le toit est très-bon ; il est formé d'un banc de grès (quérelle) de $0^m,20$ d'épaisseur. La laie de charbon adhère très-fortement au toit ; aussi est-on souvent obligé d'avoir recours à la poudre pour la détacher, ce qui augmente la dépense d'abattage de fr. 0,08 environ par m^2. On pratique le havage tantôt au-dessus du caillou, tantôt au-dessous.

Le coupage des voies est payé à raison de fr. 5,00 pour une toise ($1^m,76$) ; ces voies ont $1^m,45$ de largeur et $1^m,20$ de hauteur.

Cette couche fournit environ 10 pour cent de gaillettes, 20 pour cent de gailleteries et 70 pour cent de fines.

Charbon de très-bonne qualité, propre et peu pyriteux; les morceaux se présentent sous forme de rhomboèdres ; brûlé sur grilles, il se réduit quelquefois en petits fragments à la première impression du feu.

12. HORPE.

—A— Composition en plat, au puits n.° 2 du Charbonnage du HAUT-FLÉNU :

Terre au toit	$0^m,30$
1.re laie de charbon	$0^m,15$
1.er caillou	$0^m,02$
2.me laie de charbon	$0^m,20$
Terre	$0^m,10$
3.me laie de charbon	$0^m,45$
2.me caillou	$0^m,05$
Ouverture totale . .	$1^m,27$

Le havage est fait ordinairement dans le 2.e banc de terre qui est schisteuse et noirâtre, et quelquefois dans le banc de terre qui se trouve au toit ; après avoir fait le havage, on abat les deux premières laies, puis l'on détache la laie du mur, et il faut souvent, dans cette dernière opération, avoir recours à la poudre. Le deuxième caillou est très-dur et il adhère fortement à la troisième laie.

Le toit est mauvais, le mur assez bon.

Quelquefois, il y a au-dessus de la 3.me laie, une layette de 0^{m},10 de charbon très-dur qui a beaucoup d'analogie avec le jayet et qui remplace alors le banc de terre qui recouvre cette 3.me laie; le charbon de cette layette brûle facilement et en donnant beaucoup de flamme; mais lorsqu'il est disposé en morceaux dans un foyer, il décrépite avec force à la première impression de la chaleur et se réduit en petits fragments qui sont très-souvent lancés avec violence hors du foyer; sa composition uniforme et sa grande dûreté ainsi que le beau poli qu'il est susceptible d'acquérir, permettraient d'en faire des boîtes, des tabatières, etc., et même des objets tournés. Cette espèce de jayet est un des caractères qui distinguent la couche Horpe de toutes les autres couches reconnues à ce Charbonnage.

Le banc de terre qui est au toit, se mélangeant très-souvent avec le charbon lors de l'abattage, on doit le maintenir au moyen d'une grande quantité de bois; cette circonstance jointe à la présence des autres bancs de terre et de caillou, fait que ce charbon, qui est cependant de bonne qualité lorsqu'il est propre, ne peut être obtenu généralement que mélangé avec beaucoup de matières stériles, et il laisse alors beaucoup de cendres après sa combustion.

De toutes les couches exploitées par la Société du Haut-Flénu, la couche Horpe est la plus dure et la plus difficile à travailler; aussi paye-t-on aux ouvriers à veine de fr. 0,90 à fr. 1,40 par m^{2}; un ouvrier peut détacher, en une journée, 2 à 2,80 m^{2} de couche en faisant un avancement de 1^{m},00 à 1^{m},40.

Rendement : en moyenne 9 pour cent de gaillettes, 18 pour cent de gailletteries et 73 pour cent de fines. Les gaillettes et les gailletteries se présentent rarement sous forme de rhomboèdres réguliers comme cela se rencontre dans les houilles Flénu en général.

Usages : lorsqu'il est obtenu sans grand mélange de terre, ce charbon convient bien pour le chauffage des chaudières; il rend aussi beaucoup de gaz à la distillation; cependant on ne l'emploie pas souvent pour la fabrication du gaz éclairant, parceque n'étant pas collant, il ne laisse pour résidu que du coke en très-petits morceaux et en faible quantité.

—B— Composition au puits n.° 12 du GRAND-HORNU :

Terre, bezier au toit	0m,70
Charbon	0m,45
Havrie	0m,30
Ouverture totale . .	1m,45

Toit mauvais, mur passable ; quelquefois ils sont tellement mauvais qu'on ne peut exploiter la couche.

On pratique le havage pendant la nuit et l'on abat le charbon pendant le jour ; les haveurs peuvent préparer 4,50 à 5 m² de couche en une journée, et un ouvrier abatteur (faiseur de laies) peut détacher 16 à 17 m² de couche.

Charbon très-gailletteux, d'assez bonne qualité.

—C— Composition au charbonnage d'HORNU ET WASMES, puits n.° 4 :

Laie de charbon.	0m,52
Havrie ou mur	0m,03 à 0m,05
Ouverture totale. . .	0m,55 à 0m,57

Au toit, il y a un banc de schiste de 0m,85 que l'on abat pour faire la voie.

Il y a presque toujours une petite barre sulfureuse dans la laie.

Toit mauvais, mur bon.

Ouvriers à veine : fr. 0,85 par m² ; un ouvrier peut détacher 3 m² de couche en une journée en faisant un avancement de 1m,50.

Rendement : 16 pour cent de gaillettes, 18 pour cent de gailletteries, 61 pour cent de fines et 5 pour cent de chauffours.

On trouve des empreintes de végétaux dans le toit au-dessus du banc de schiste.

Cette couche ne se fait pas très-bien dans cette concession.

15. DÉSIRÉE.

Composition en plat, au puits n.° 9 du Haut-Flénu.

1.re laie de charbon	0m,25
Terre	0m,10
2.me laie de charbon	0m,30
Terre	0m,10
Layette	0m,10
Terre	0m,40
3.me laie de charbon	0m,27
Ouverture totale . .	1m,52

Pour exploiter cette couche, on pratique le havage dans le lit de terre de 0m,10 et la layette qui se trouvent sous la 2.e laie; on détache ensuite les deux laies supérieures, puis on enlève le banc de terre de 0m,40 et enfin la 3.e laie de charbon. Tout ce travail est fait par le même ouvrier. Un ouvrier à veine peut détacher, en une journée, 5 m² de couche, en faisant un avancement de 1m,50.

Le clivage est très-prononcé et le charbon de bonne qualité.

— Composition en plat, au puits n.° 2, du même Charbonnage.

Laie de charbon au toit . . .	0m,25
Havrie	0m,02
2.e laie de charbon	0m,30
Terre	0m,10
Layette	0m,10
Havrie	0m,12
Ouverture totale . .	0m,89

Le havage est fait quelquefois dans le banc de havrie au mur; généralement il a lieu dans le banc de terre.

Le charbon de la layette est souvent remblayé parceque, lors de l'abattage, il est sali par la terre et le havrie qui l'avoisinent.

Le toit est bon; le mur est mauvais quand on laisse en place le banc de havrie inférieur pour ne pas salir le charbon.

Le clivage dans cette couche est peu prononcé; les morceaux de houille affectent généralement la forme cubique.

Abattage facile; on paie aux ouvriers à veine fr. 0,60 par m². Un ouvrier à veine peut détacher, en une journée, 4 m² en faisant un avancement de 2 mètres.

Rendement : 25 pour cent de gaillettes, 21 pour cent de gailletteries de bonne qualité, et 54 pour cent de fines; sous ce rapport, c'est donc une couche avantageuse à exploiter au charbonnage du Haut-Flénu; les fines sont sales et par suite de 2.e qualité.

14. COCHET.

—A— Composition en plat, aux puits n.os 2 et 9 du Haut-Flénu :

Terre au toit	0m,15
Laie de charbon.	0m,35
Terre	0m,10
Ouverture totale. . .	0m,60

C'est la composition de la couche sous Cuesmes; sous Jemmapes, la laie de charbon à 0m,40 à 0m,45 de puissance.

On pratique le havage dans le banc de terre qui se trouve au mur et qui est assez dur.

Le toit est très-mauvais, le mur est bon.

Généralement, on ne remarque pas de clivage dans cette couche; quelquefois, il est très-prononcé et les morceaux ont alors la forme de rhomboèdres; le plus souvent, les gaillettes présentent la forme cubique.

Au puits n.o 9, on a exploité cette couche, en plusieurs endroits, en même temps que la laie inférieure de la *Désirée;* la distance entre les deux couches était alors de 0m,40 à 0m,70, tandis qu'au puits n.o 7 du même charbonnage, cette distance est de 10 mètres.

La qualité de ce charbon est la même que celle de la couche *Horpe.*

On paie fr. 0,65 à fr. 1,00 par m² aux ouvriers à veine; un ouvrier peut détacher, en une journée, 5 m² de couche en faisant un avancement de 0m,50.

Rendement : 10 pour cent de gaillettes très-belles et très-propres, 22 pour cent de gailletteries, et 68 pour cent de fines qui sont sales et par suite de 2.me qualité.

—B— Au Grand-Hornu, cette couche se présente en deux laies séparées par un lit de havrie de 0m,09 à 0m,10; au toit il y a un banc de terre (bezier) assez épais, qui se détache lors de l'abattage; les deux laies ont ensemble 0m,55 de puissance.

Le toit est très-mauvais.

Peu exploitée à ce charbonnage.

15. JAUSQUETTE.

—A— Composition en plat, aux puits n.os 4, 9 et 7 du Haut-Flénu :

Laie de charbon au toit . . .	0m,30
Laie de charbon	0m,15
Havrie	0m,06
Ouverture totale . .	0m,51

La laie du toit est composée de trois layons de 0m,10 chacun, séparés par de très-petits filets de schiste; la laie de 0m,15 est divisée par des petits lits plus ou moins étendus de fer sulfuré, que l'on nomme *barres sulfureuses*.

Toit bon; mur mauvais.

On pratique le havage dans le banc de havrie qui est au mur; ouvriers à veine: fr. 0,70 par m²; un ouvrier peut détacher, en une journée, 3,60 m² de couche en faisant un avancement de 1m,80.

Rendement : 10 à 11 pour cent de petites gaillettes, 20 à 22 pour cent de gailletteries et le reste en fines; charbon de bonne qualité et bon marchand.

—B— Composition au puits n.° 19 de Cache-Après :

Quatre layettes de charbon séparées les unes des autres par un lit de schiste tendre de quelques millimètres d'épaisseur ;

Ces quatre layettes ont ensemble.	0m,55
Havrie au mur.	0m,03
Ouverture totale . .	0m,58

Toit et mur bons.

Abattage facile; ouvriers à veine fr. 0,50 à fr. 0,60 par m².

Clivage très-prononcé.

Rendement : 12 pour cent de gaillettes, 22 à 25 pour cent de gailletteries et 63 à 66 pour cent de fines.

—C— Composition en plat, au GRAND-HORNU, puits n.° 9 :

Laie de charbon au toit . . .	0m,13
Havrie	0m,03
Laie de charbon	0m,32
Ouverture totale. . .	0m,48

Cette couche augmente de puissance au sud du puits, où on l'a rencontrée formée de :

Gaillet au toit.	0m,06
Laie de charbon.	0m,20
Havrie	0m,05
Laie du mur	0m,40
Ouverture totale. . .	0m,71

On pratique le havage entre la laie du mur et la laie du toit; cette dernière tombe alors facilement, et lorsqu'elle est enlevée, on détache la laie du mur au moyen de leviers ou de havriaux (outils servant à faire le havage); quelquefois, mais cependant c'est très-rare, on doit avoir recours à la poudre pour détacher la laie du mur; dans ce cas, on pratique un trou de mine de 0m,50 de profondeur, à 0m,18 ou 0m,20 au-dessus du sol et incliné de manière qu'il atteigne le mur.

Au-dessus de la laie du toit, il y a un banc de schiste de 0m,20 d'épaisseur que l'on abat; on trouve alors un bon toit. Au mur, il y a un banc de schiste tendre, onctueux, à texture feuilletée, puis une layette de charbon de 0m,06 à 0m,08; on enlève ce banc et cette layette pour couper la voie, et l'on rencontre alors un mur très-solide, contenant une grande quantité de noyaux de grès de la grosseur d'une amande.

On paie aux ouvriers à veine fr. 0,70 par m²; un ouvrier peut détacher 4 m² de couche en une journée.

Le coupage des voies coûte fr. 2,50 par mètre courant.

Cette couche produit 9,5 hectolitres de charbon par m² de surface.

— Composition à 155 m. à l'ouest du puits n.° 12 du même Charbonnage :

Laie de charbon.	0m,20
Havrie	0m,10
Laie du mur	0m,25 à 0m,35
Ouverture totale. . .	0m,55 à 0m,65

16. FAGNEAU.

—A— Composition en plat, au puits n.° 7 du HAUT-FLÉNU :

Mauvais charbon au toit . . .	0m,15
Laie de charbon	0m,25
Ouverture totale. . .	0,m40

Vu sa faible puissance en charbon, cette couche n'est pas exploitée seule, mais bien en même temps que la *Grande-Veine* lorsque le banc de terre qui sépare ces deux couches n'est pas trop épais. (Voir n.° 17 Grande-Veine).

—B— Composition en plat, au puits n.° 19 de la FOSSE DU BOIS :

Laie de charbon au toit. . . .	0m,09
Terre	0m,02
Laie de charbon.	0m,18
Sillon terreux gris	0m,06
Laie de charbon.	0m,09
Ouverture totale. . .	0m,44

Toit et mur bons.

Cette couche a été peu exploitée par ce puits.

— Composition au puits n.° 28 du même Charbonnage :

Laie de charbon au toit . . .	0^m,05
Terre	0^m,02
Laie de charbon.	0^m,28
Ouverture totale. . .	0^m,35

Le mur est assez tendre parce qu'il n'y a que 0^m,50 de schiste entre cette couche et la couche *Grande-Veine* qui lui est inférieure; on l'exploite en même temps que cette dernière.

Au puits n.° 19, ces deux couches sont distantes de 0^m,40.

Le charbon de Fagneau est très-tendre, ne donne par conséquent que peu de gaillettes et de gailletteries et est peu marchand; la laie du toit fournit du charbon qui brûle en laissant beaucoup de poussières blanches et légères; on dit, dans ce cas, que le charbon *brûle blanc*.

—C— Au puits n.° 1 du charbonnage de Turlupu, cette couche se présente, près de la naye, en une laie de 0^m,50 d'épaisseur, divisée par deux petits lits de terre; mais en allant vers le nord, à partir de la naye, la puissance diminue, et lorsqu'elle devient moindre que 0^m,25, on ne l'exploite plus. Presque toujours, il y a au toit un havrie de 0^m,08 à 0^m,10 qui tombe avec la couche lors de l'abattage, et qui salit le charbon.

Toit et mur très-bons.

Cette couche fournit du charbon un peu terne et d'assez bonne qualité, du moins les gaillettes et gailletteries; mais les fines sont quelquefois très-impures à cause du lit de havrie qui se détache avec la couche.

Rendement : 21 pour cent de gaillettes, 24 pour cent de gailletteries et 55 pour cent de fines.

—D— Composition en plat, au Charbonnage de Cache-Après :

Mojet (mauvais charbon) au toit.	0^m,06
Laie de charbon.	0^m,38 à 0^m,45
Havrie	0^m,02
Ouverture totale. . .	0^m,46 à 0^m,53

Dans la partie couchant de la concession, cette couche est séparée de la couche *Grande-Veine* qui la suit, par un banc de terre de 2 à 5 m. de puissance, et plus l'on se porte vers Quaregnon, plus on trouve que ce banc augmente d'épaisseur; dans cette dernière localité, les deux couches sont séparées par 10 à 12 m. de terre; dans ces circonstances, la couche Fagneau doit être exploitée séparément; le coupage des voies a lieu, alors, au mur, dans le banc de terre qui sépare les deux couches ; aussi, est-il facile à effectuer et ne paye-t-on aux coupeurs des voies que fr. 1,00 par mètre courant.

Mais dans la partie du levant de la concession, Fagneau n'est séparée de la Grande-Veine que par $0^m,70$ à $0^m,80$ de terre ; on exploite alors les deux couches en même temps. (Voir ci-après n.° 17 Grande-Veine).

Cette couche a une allure assez régulière.

Rendement : 10 pour cent de gaillettes, 15 à 17 pour cent de gailletteries et 73 à 75 pour cent de fines.

17. GRANDE-VEINE.

—A— Composition en plat, au puits n.° 7 du HAUT-FLÉNU :

Laie de charbon au toit . . .	$0^m,35$
Terre noire	$0^m,05$
Laie de charbon	$0^m,40$
Terre	$0^m,03$
Ouverture totale . .	$0^m,83$

Quelquefois, le lit de terre au mur disparait.

On exploite presque toujours cette couche en même temps que *Fagneau* qui lui est supérieure; les deux couches sont séparées par un banc de terre, quelquefois très-noire et assez tendre, quelquefois très-dure, dont l'épaisseur minimum est de $0^m,50$; lorsque la puissance de ce banc dépasse $1^m,10$ à $1^m,20$, on ne prend que la Grande-Veine.

Quand on enlève les deux couches, il y a des ouvriers qui pratiquent le havage et placent les terres pendant la nuit, et d'autres ouvriers qui détachent le charbon et boisent les tailles pendant le jour. Les ouvriers de nuit préparent chacun 5 m² de couche en faisant un avancement de 1m,50 ; ceux de jour détachent chacun 11,5 m² de couche; il y a deux de ces derniers ouvriers pour une taille de 14 m. de front.

Le charbon fourni par ces couches est assez gailletteux et de bonne qualité.

—B— Au puits n.° 28 de la Fosse du Bois, cette couche se présente en une laie de 0m,65 d'épaisseur en charbon ; il n'y a pas de havrie.

Le mur est bon.

On exploite cette couche en même temps que *Fagneau* qui lui est supérieure et qui n'en est séparée que par un banc de terre de 0m,50; le havage est pratiqué entre les deux couches; pour détacher la laie de Grande-Veine, on est souvent obligé d'employer la poudre. Le havage seul coûte fr. 0,70 par m² ; on paye fr. 0,25 par m² pour faire les laies, c'est-à-dire pour abattre le charbon des deux couches.

On ne fait pas de coupage de voies.

Ces deux couches rendent environ 17 pour cent de gaillettes, 22 pour cent de gailletteries et 61 pour cent de fines.

Charbon de bonne qualité.

— Au puits n.° 19 du même Charbonnage, les deux couches étant distantes de 9m,40 l'une de l'autre, la Grande-Veine est exploitée séparément. Elle est en une laie de charbon de 0m,75 de puissance; c'est dans le comble du midi; dans le comble du nord, la laie a 0m,70; au mur, il y a un havrie de 0m,05; le toit et le mur sont très-solides.

Les ouvriers à veine reçoivent pour havage et abattage fr. 0,85 par m².

Le coupage des voies coûte fr. 2,40 pour les voies tiernes, et fr. 2,60 pour les voies de niveau (costresses); on donne à ces voies, lors du coupage, 1m,76 de hauteur sur 1m,76 de largeur; lorsque, après que l'affaissement du terrain a eu lieu, l'on recoupe les voies pour le passage des chevaux employés au transport, on leur donne 1^m,80 de hauteur; ce recoupage coûte fr. 5,00 par mètre courant, et les coupeurs doivent en outre ramener les terres qu'ils détachent.

Cette couche est la meilleure de ce charbonnage, et parmi les couches qui donnent du charbon Flénu, c'est l'une des plus avantageuses à exploiter.

Au puits n.° 19, elle fournit jusqu'à 27 pour cent de gaillettes et 18 pour cent de gailletteries; il arrive quelquefois qu'elle rend jusqu'à 55 et même 60 pour cent de mélange. Elle renferme un lit de reffle qui entre pour une proportion de 8 pour cent, et que l'on sépare du charbon par le triage.

Le rendement par m^2 est de 12,5 hectolitres de charbon, et par m^3 en ferme, il est de 17 hectolitres.

En général, le charbon que cette couche donne est plus dur au puits n.° 19 qu'au puits n.° 28.

Charbon convenant parfaitement pour le chauffage des chaudières.

—C— Composition en plat, au puits n.° 1 de Turlupu, dans le comble du midi :

Laie de charbon au toit . . .	0^m,75
Havrie	0^m,10
Ouverture totale . .	0^m,85

Toit et mur bons.

Rendement: 40 à 45 pour cent de gaillettes et gailletteries, et 55 à 60 pour cent de fines.

Charbon brillant et de bonne qualité.

—D— Au charbonnage de Cache-Après, cette couche est composée d'une laie de charbon de 0^m,60 d'épaisseur; elle repose directement sur le mur qui est très-dur.

Au levant des puits de cette concession, cette couche, ainsi que nous l'avons dit précédemment, n'est séparée de la couche *Fagneau* que par un banc de terre de 0^m,70 à 0^m,80 d'épaisseur;

on exploite alors les deux couches en même temps; on pratique le havage au toit de la Grande-Veine dans le banc de terre; on paye pour ce travail, fr. 0,60 à 0,80 par m²; pour abattre le charbon, opération exécutée par les faiseurs de laies qui doivent en outre pousser (bouter) le charbon détaché jusqu'à l'endroit où se trouvent les chargeurs, on paie fr. 3,00 par m²; il n'y a pas, dans ce cas, de coupage de voies.

L'exploitation simultanée des deux couches nécessite l'emploi d'une assez grande quantité de bois pour le soutènement du toit.

Rendement: la Grande-Veine fournit 15 à 18 pour cent de gaillettes, 25 à 24 pour cent de gailletteries et le reste en fines.

—E— Composition au puits n.° 9 du Grand-Hornu:

Laie de charbon au toit . . .	0m,47
2.me laie de charbon	0m,23
Havrie	0m,02
Laie du mur	0m,17
Ouverture totale . .	0m,89

— Composition au couchant du puits n.° 8 du même Charbonnage:

Laie de charbon au toit . . .	0m,34
2.me laie de charbon	0m,19
Havrie	0m,02
Laie du mur	0m,09
Ouverture totale . .	0m,64

Au levant du puits n.° 8, la puissance totale varie de 0m,70 à 0m,80.

Généralement, le toit est formé d'un banc de roche de 0m,60 d'épaisseur; il est alors consistant; mais l'on trouve quelquefois entre ce banc et la couche, un banc de schiste de 1m d'épaisseur recouvert d'un lit de terre très-tendre; la couche est alors très-difficile à exploiter parce que ce banc se détache lors de l'abattage et salit le charbon.

Le havage est pratiqué dans le lit de havrie.

Ouvriers à veine fr. 0,80 par m².

Coupage de voies fr. 5,25 par mètre courant.

Cette couche fournit environ 8,7 hectolitres de charbon par mètre carré de surface.

— Composition au puits n.° 12 du même Charbonnage :

Laie de charbon	0m,34
2.me laie	0m,22
Havrie au mur	0m,05
Ouverture totale . .	0m,61

A 1m,50 ou 2m au-dessus de cette couche, se trouve la couche *Fagneau;* l'intervalle entre les deux couches est occupé par des schistes et des bancs de terre qui forment un très-mauvais toit.

Un ouvrier à veine peut détacher 5,50 m² de couche en une journée.

Charbon de bonne qualité et très-propre.

—F— Composition au puits n.° 4 d'Hornu et Wasmes, étage 543 mètres.

Laie de charbon	0m,35
Laie	0m,47
Havrie au mur	0m,10
Ouverture totale . .	0m,92

Toit bon, mur mauvais.

On paie aux ouvriers à veine fr. 1,00 à fr. 1,10 par m².

Rendement : 20 pour cent de gaillettes, 20 pour cent de gailletteries et 60 pour cent de fines ; on a souvent obtenu un rendement plus fort en gaillettes et gailletteries.

Charbon de bonne qualité.

— Au puits n.° 5 du même Charbonnage, les deux laies ont ensemble une épaisseur de 0m,62 ; au toit, il y a un banc de terre de 0m,66 de puissance, qui est peu consistant et que l'on ne peut tenir que très-difficilement ; de plus cette couche se présente à ce puits avec une grande quantité de failles, aussi y est-elle à peu près inexploitable.

—G— Composition en plat, au puits Vedette du Bois de Boussu :

Laie de charbon au toit . . .	0m,35
Havrie et charbon sale	0m,10
Laie du mur	0m,15 à 0m,20
Ouverture totale . .	0m,60 à 0m,65

C'est une des meilleures couches de ce Charbonnage.

Toit et mur solides.

Allure régulière.

On l'a exploitée il y a plusieurs années ; on payait aux ouvriers à veine fr. 0,55 à 0,60 par m².

Elle se trouve à peu de distance de la couche *Fagneau* qui est inexploitable à ce puits.

—H— Composition au Charbonnage du Rieu du Coeur, puits n.° 4 du Couchant du Flénu :

Laie du toit	0m,88
Havrie au mur	0m,12
Ouverture totale . .	1m,00

18. JOUGUELLERESSE.

—A— Composition en plat, au puits n.° 7 du Haut-Flénu :

Laie de charbon au toit . . .	0m,30
Mauvais charbon	0m,10
Laie de charbon	0m,40
Ouverture totale . .	0m,80

Toit mauvais, mur assez bon.

Le havage est pratiqué dans le lit de mauvais charbon qui donne de la houille très-mélangée de terre.

Ouvriers à veine : fr. 0,70 par m²; un ouvrier peut détacher, en une journée, 3,40 m² de couche en faisant un avancement de 1m,70.

Le charbon fourni par cette couche a un aspect un peu terne, une couleur grisâtre, tandis que le charbon des autres couches exploitées à ce charbonnage, est d'un aspect brillant; il est cependant de bonne qualité.

Rendement : 12 pour cent de gaillettes, 20 pour cent de gailletteries et 68 pour cent de fines, assez propres.

—B— Composition au puits n.° 19 de la Fosse du Bois :

Terre au toit	$0^m,02$
Layette de charbon	$0^m,08$
Sillon de terre	$0^m,01$
Layette	$0^m,10$
Terre	$0^m,03$
Layette	$0^m,15$
Havrie	$0^m,20$
Caillou ou terres grises . . .	$0^m,30$
Laie de charbon (laie du mur) .	$0^m,45$
Havrie au mur	$0^m,06$
Ouverture totale . .	$1^m,40$

Cette composition est prise à 1200 m. à l'ouest du puits, étage de 184 mètres.

Le caillou atteint quelquefois une puissance de $0^m,45$, et la laie du mur une épaisseur de $0^m,50$.

Toit passable, mur ordinairement assez bon.

La laie du mur donne du charbon de bonne qualité, tandis que les trois layettes supérieures fournissent du charbon peu gailletteux et sale; aussi n'exploite-t-on ordinairement que la laie du mur.

Ouvriers à veine : fr. 0,90 par mètre carré.

Coupage des voies : voies tiernes fr. 1,80, voies costresses fr. 2,00 le mètre courant.

La laie du mur peut fournir jusqu'à cinquante pour cent de mélange (gaillettes et gailletteries); en général, on en obtient de 35 à 40 pour cent.

Lorsqu'on exploite cette couche sur toute sa puissance, on pratique le havage au-dessus du caillou, on détache les trois layettes, on enlève ensuite le caillou, puis l'on prend la laie de 0m,45; mais on préfère n'exploiter que la laie du mur parce que les layettes donnent, ainsi que nous venons de le dire, du charbon de mauvaise qualité que l'on ne peut mélanger avec celui de la laie du mur.

Cette couche se trouve distante de la *Grande-Veine* de 12m,50 à 14 mètres.

— Au puits n.° 28 du même Charbonnage, cette couche qui n'est éloignée de la *Grande-Veine* que de 7 mètres, se compose comme suit :

Layette	0m,10
Layette	0m,10
Sillon de terre, havrie	0m,10
Laie de charbon	0m,35
Ouverture totale . .	0m,65

Toit bon, mur très-solide.

Ouvriers à veine: fr. 0,70 par m².

Coupage des voies : voies tiernes fr. 2,50, voies costresses fr. 2,50 le mètre courant.

Cette couche rend en moyenne à ce puits 30 pour cent de mélange et 70 pour cent de fines.

Le charbon n'est pas aussi beau ni aussi dur qu'au puits n.° 19; il est cependant considéré comme étant très-bon pour le chauffage des chaudières; il est aussi employé pour les usages domestiques.

—C— Composition en plat, au puits n.° 1 de Turlupu :

Layon de charbon au toit . . .	0m,08
Terre	0m,01
Laie de charbon	0m,30 à 0,m46
Lits de schiste alternant avec du charbon	0m,06
Laie du mur	0m,36 à 0m,40
Ouverture totale . .	0m,81 à 1m,01

Toit mauvais, mur passable.

Cette couche donne, à ce puits, du charbon tendre, moins bon que celui de la couche Grande-Veine.

Rendement : 28 à 30 pour cent de mélange (gaillettes et gailletteries), et 70 à 72 pour cent de fines ; en moyenne, 13 à 14 hectolitres de charbon par m².

Placé en magasin, ce charbon de même que celui des autres couches de cette classe, éprouve après 2 ou 3 mois, une dépréciation assez notable, provenant de ce que les gaillettes et les gailletteries se réduisent en partie en fines ; on estime que cette dépréciation est de $^1/_5$ à $^1/_4$ de la quantité de gaillettes et gailletteries.

—D— Composition au puits n.° 19 de CACHE-APRÈS :

Laie de charbon au toit . . .	0m,23
Havrie	0m,06
Laie de charbon	0m,32
Ouverture totale . .	0m,63

Toit et mur bons.

Ouvriers à veine : fr. 0,60 par m².

Coupage des voies : fr. 1,80 le mètre courant.

Cette couche est une des plus dures de ce Charbonnage ; elle fournit 18 à 20 pour cent de gaillettes et 20 à 25 de gailletteries.

Un hectolitre ras de gaillettes pèse 73 kilogr., un hectolitre ras de gailletteries 72 kilogr., et un hectolitre de fines 87 kilogr. ; ces chiffres sont à peu près constants pour toutes les couches exploitées à ce Charbonnage, et en général, pour le charbon Flénu.

—E— Composition au GRAND-HORNU, puits n.° 9 :

Terre	0m,01
Laie du toit	0m,25 à 0m,30
Schiste, mauvais charbon, caillou et havrie	0m,40 à 0m,70
Laie du mur	0m,42 à 0m,50
Layette	0m,06
Havrie	0m,02
Ouverture totale . .	1m,16 à 1m,59

On n'enlève pas la layette parce que le havrie qui se trouve au-dessous se détache facilement et salit beaucoup le charbon. La laie du mur est souvent très-barreuse, c'est-à-dire, divisée par des lits de fer sulfuré.

Le havage est pratiqué entre les deux laies ; il est opéré pendant la nuit ; il coûte fr. 1,00 à 1,50 par m² ; l'abattage du charbon a lieu pendant le jour ; on paie 0,15 à 0,20 par m².

Coupage des voies : fr. 1,60 le mètre courant ; on emploie pour le boisage des voies et par mètre courant, un étançon à fr. 0,32, deux bois de parèle à fr. 0,18 soit fr. 0,36, trois bêles à fr. 0,15 soit fr. 0,45, en tout fr. 1,13 ; il est rare qu'on doive avoir recours à la poudre pour faire le coupage des voies.

Rendement : en moyenne, 7,4 hectolitres de charbon par m².

— Au puits n.° 12 du même Charbonnage, le banc de schiste, etc., qui sépare les deux laies, atteint une épaisseur plus grande qu'au puits n.° 9 ; dans ce cas, on n'enlève pas la laie du toit, et le havage est pratiqué dans la layette et le havrie.

Un ouvrier à veine peut détacher, à ce puits, 4 m² de couche en une journée.

— Composition au puits n.° 8 du même Charbonnage :

	A l'Est.	A l'Ouest.
Laie au toit	0m,21	0m,20
Schiste	0m,12	0m,09
Chauffour	0m,38	0m,36
Schiste	0m,35	0m,26
Laie du mur.	0m,42	0m,37
Havrie.	0m,07	0m,07
Ouverture totale. . .	1m,55	1m,35

—F— Composition au puits n.° 4 d'Hornu et Wasmes :

Laie de charbon	0m,40
Havrie au mur	0m,02 à 0m,04
Ouverture totale. . .	0m,42 à 0m,44

Il y a dans la laie, à $0^m,15$ environ au-dessus du mur, une barre sulfureuse de $0^m,01$ à $0^m,02$ d'épaisseur.

Le lit de havrie est très-dur.

Toit très-solide, mur qui se délite assez vite par l'action de l'air.

On paie aux ouvriers à veine fr. 0,90 à fr. 1,20 par m^2; un ouvrier peut détacher, en une journée, 2,60 m^2 de couche en faisant un avancement de $1^m,30$.

Coupage des voies : fr. 2,70 le mètre.

Rendement : 20 pour cent de gaillettes, 20 pour cent de gailletteries et 60 pour cent de fines.

On trouve une grande quantité d'empreintes de végétaux au toit.

—G— Composition au Charbonnage du Bois de Boussu :

Laie de charbon au toit. . . .	$0^m,45$ à $0^m,48$
Havrie	$0^m,07$
Ouverture totale. . .	$0^m,52$ à $0^m,55$

Quelquefois, il n'y a pas de havrie.

Toit et mur bons.

Au couchant du puits Vedette ou n.° 7 de ce Charbonnage, et à la profondeur de 277 mètres, on a rencontré cette couche composée d'une laie de $0^m,45$ de puissance; mais à 100 mètres au levant de ce puits, elle est inexploitable parce qu'elle n'a plus que $0^m,25$ à $0^m,30$ d'épaisseur, sans havrie, et qu'elle est comprise entre deux bancs de quérelle.

Lorsqu'on l'exploite au puits n.° 7, on paie aux ouvriers à veine fr. 1,00 par m^2 lorsqu'elle a moins de $0^m,40$ d'ouverture, sans havrie, et fr. 0,60 lorsqu'elle a $0^m,45$ avec havrie; la tâche journalière d'un ouvrier consiste à déhouiller un front de 2 m. de large, sur 1 m. d'avancement; lorsque la puissance est de $0^m,45$ à $0^m,48$ en charbon avec havrie, un ouvrier fait alors 2 m. d'avancement sur 2 m. de front; lorsqu'il n'y a pas de havrie, on doit se servir du marteau à pointe pour pratiquer le havage; c'est pour ce motif que l'on paie fr. 1,00 par m^2 aux ouvriers à veine. Presque toujours l'abattage du charbon doit être fait à la poudre.

Le coupage des voies coûte de fr. 2,50 à fr. 5,00 le mètre courant, suivant l'épaisseur de la couche; ordinairement, on donne aux voies 1m,50 de hauteur sur 1m,80 de largeur; mais après quelques jours, l'affaissement du terrain a eu lieu et la hauteur des galeries se trouve réduite à 1m,10 ou 1m,15.

On consomme très-peu de bois pour l'exploitation.

Le charbon de cette couche est de bonne qualité, très-propre et peu pyriteux; on obtient une assez forte proportion de gaillettes et de gailletteries; le clivage est assez bien prononcé.

En général, le charbon que l'on obtient à ce charbonnage, est un peu plus collant que celui fourni par les autres mines qui exploitent le charbon Flénu; les couches sont beaucoup moins régulières et ne se présentent en belles plateures qu'à une assez grande profondeur sous le sol; de plus, elles donnent lieu au dégagement du gaz hydrogène carboné.

—H— Composition au Charbonnage du Rieu-du-Coeur, puits n.° 4 du *Couchant du Flénu* :

Laie du toit	0m,45
Terre	0,m35
Laie de charbon	0m,60
Ouverture totale. . . .	1m,40

— Au puits n.° 6 du même Charbonnage (*Couchant du Flénu*), on l'a recoupée avec la composition suivante :

Laie de charbon au toit. . . .	0m,45
Terre	0m,35
Laie de charbon	0m,55
Ouverture totale. . .	1m,35

19. BONNET.

—A— Composition au Haut-Flénu :

1.re laie de charbon au toit. . .	0m,25
2.e laie de charbon	0m,25
1.er lit de havrie	0m,10
3.e laie de charbon (du mur) . .	0m,35
2.e lit de havrie	0m,04
Ouverture totale. . .	0m,99

La 1.re laie donne du charbon très-mélangé de terre et qui brûle en laissant une grande quantité de cendres blanches et légères; lors de l'abattage, ce charbon est mis à part et placé dans les remblais; quelquefois, on ne détache pas cette laie quand elle est assez dure, et, alors, on peut obtenir le charbon des autres laies dans un état de propreté convenable.

Le havage est pratiqué dans le 1.er lit de havrie. On paie aux ouvriers à veine fr. 0,70 à fr. 0,80 par m^2; un ouvrier peut détacher, en une journée, 4,40 m^2 de couche en faisant un avancement de $2^m,20$.

Ce charbon se présente en morceaux de forme rhomboédrique bien dessinée; on obtient, en général, des deux laies inférieures, 15 pour cent de gaillettes, 25 pour cent de gailletteries et 60 pour cent de fines.

C'est une des meilleures couches de ce charbonnage; sous Jemmapes, elle est plus tendre et d'une exploitation plus facile que sous Quaregnon.

—B— Composition au puits S.te-Barbe de TURLUPU, dans le comble du Nord:

Laie de charbon	$0^m,50$
Havrie au mur	$0^m,08$
Ouverture totale. . .	$0^m,58$

Toit excellent, mur bon.

On paye aux ouvriers à veine fr. 0,80 à fr. 1,20 par m^2; en une journée, ils abattent la veine chacun sur 2 mètres de largeur et $1^m,50$ de profondeur; ils doivent souvent avoir recours à la poudre pour opérer l'abattage; ils ont à leurs frais l'huile et la poudre qu'ils consomment, et de plus, ils doivent pousser (bouter) le charbon près des chargeurs.

Coupage des voies: fr. 5,00 le mètre courant.

Rendement: jusqu'à 30 pour cent de gaillettes et 22 pour cent de gailletteries; le reste en fines.

— Au puits n.° 1 du même Charbonnage, et toujours dans le

comble du nord, la laie de charbon atteint une puissance de $0^m,65$ et même de $0^m,75$; le banc de havric a alors, jusqu'à $0^m,20$ et $0^m,25$ d'épaisseur. En général, cette couche est plus puissante sous Jemmapes que sous Quaregnon.

Cette couche, exploitée sous Quaregnon, donne du charbon d'un aspect assez terne, et moins brillant que celui des couches *Pucelette* et *Veine à Mouches;* on dirait qu'il a été imprégné d'eau ; ses gaillettes se présentent sous forme rhomboédrique très-prononcée. Sous la commune de Jemmapes, elle fournit de la houille moins dure et d'un aspect plus brillant que sous la commune de Quaregnon. On ne rencontre pas dans ce charbon de la chaux carbonatée en lamelles comme cela se présente très-souvent dans les couches de charbon Flénu, mais on y trouve assez souvent de la pyrite.

—C— Composition au puits n.° 19 de Cache-Après :

Terre au toit	$0^m,04$
Mojet (mauvais charbon) . . .	$0^m,20$
Laie de charbon	$0^m,30$
Terre	$0^m,20$
Laie du mur	$0^m,25$
Terre	$0^m,06$
Ouverture totale . .	$1^m,05$

La couche se présente avec cette composition jusqu'à 500 mètres environ à l'est de ce puits.

Le mojet est assez friable et se détache facilement pendant l'abattage du charbon qu'il salit assez fortement; on est obligé d'opérer un triage au jour.

Toit et mur bons.

Ouvriers à veine: fr. 0,60 par m^2.

Coupage des voies: fr. 1,70 à fr. 1,80 le mètre courant.

Au fur et à mesure que l'on s'avance vers le levant en partant de ce puits, on trouve que la puissance du banc de terre qui sépare les deux laies, augmente assez sensiblement ; à 1000 mètres au levant du puits, elle est de 1m,45 et la couche se trouve alors composée comme suit :

Terre au toit	0m 34
Havrie	0m,003
Laie du toit	0m,34
Havrie	0m,03
Terre	1m,45
Laie du mur	0m,25
Terre	0m,007
Ouverture totale . .	2m,42

Dans ce cas, on n'exploite que la laie du toit et l'on abandonne la laie du mur parce qu'elle a une trop faible épaisseur.

Rendement : en moyenne 17 pour cent de gaillettes, 18 pour cent de gailletteries et 65 pour cent de fines. C'est une des bonnes couches de ce Charbonnage.

—D— Composition au puits S.t-Emile de Bonnet et Veine a Mouches :

Laie de charbon	0m,51
Havrie au mur	0m,07
Ouverture totale . .	0m,58

A ce puits, elle est exploitée dans le comble du midi.

Toit et mur bons.

Ouvriers à veine : fr. 0,90 par m² ; un ouvrier peut détacher 2m²,80 de couche en une journée.

Coupage des voies : fr. 2,10 par mètre courant.

Rendement : jusqu'à 58 pour cent de mélange (gaillettes et gailletteries). Charbon très-beau et de bonne qualité.

— Dans la partie nord-ouest de la même concession, cette couche se présente sans havrie ; elle est alors très-difficile à exploiter à cause de sa grande dureté ; généralement, elle est plus tendre sous Jemmapes que sous Quaregnon.

—E— Au Charbonnage du Grand-Hornu, puits n.os 1, 8, 9,

10 et 12, cette couche n'a été que très-peu exploitée parce qu'elle est trop dure ; elle a 0m,35 de puissance en charbon sans havrie, et adhère très-fortement au toit et au mur ; l'abattage est très-difficile.

—F— Au Charbonnage d'HORNU ET WASMES, cette couche se présente en une laie de 0m,50 de puissance comprise entre roches très-dures ; aussi est-elle inexploitable à cause de la grande dureté de ces roches.

20. VEINE A MOUCHES.

—A— Composition en plat, au puits n.° 5 du HAUT-FLÉNU :

Terre au toit	0m,25 à 0,m40
Laie de charbon	0m,15
Terre	0m,05
Laie du mur	0m,26 à 0m,30
Terre	0m,05
Ouverture totale . .	0m,76 à 0m,95

Le banc de terre qui se trouve au toit est très-friable et salit beaucoup le charbon si l'on n'a pas soin de le maintenir lors de l'abattage ; lorsqu'il est très-peu consistant, on pratique le havage dans le lit de terre qui se trouve au mur ; quand il est assez solide, pour se maintenir seul, on have entre les deux laies.

La laie du mur renferme quelquefois un lit de fer sulfuré de 0m,10 d'épaisseur, qui empêche que l'on puisse alors produire beaucoup de gaillettes.

Toit mauvais ; mur assez bon ; clivage peu prononcé.

Ouvriers à veine : fr. 0,55 à 0,60 par m^2 ; un ouvrier peut détacher 4 m^2 à 4,40 m^2 de couche en faisant un avancement de 2m à 2m,20.

Rendement : 6 pour cent de gaillettes, 20 pour cent de gailleteries et 74 pour cent de fines ; habituellement, on ne fait que des forges gailletteuses (trait tout venant).

Cette couche est une des moins avantageuses de ce Charbonnage, parce qu'on ne peut obtenir le charbon dans un état de propreté convenable qu'en apportant beaucoup de soins dans le travail d'abattage; ce charbon est cependant de bonne qualité; il est plus collant que celui des autres couches exploitées à cette mine; aussi convient-il mieux que ces derniers pour le chauffage des chaudières; il n'est cependant pas encore assez collant pour être employé avantageusement dans les usines à gaz.

—B— Composition au puits S.te-Barbe du Charbonnage de TURLUPU :

Laie de charbon	$0^m,60$ à $0^m,65$
Havrie au mur	$0^m,10$
Ouverture totale. . .	$0^m,70$ à $0^m,75$

Cette couche se trouve, à ce puits, à 35 m. sous *Bonnet*, et elle n'est séparée de la couche *Pucelette* qui se trouve au-dessous que par $0^m,40$ à $1^m,50$ de terre; tant que la puissance de ce banc de terre ne dépasse pas $0^m,80$, on exploite les deux couches en même temps.

Le charbon de Veine-à-Mouches est de bonne qualité et se présente en morceaux qui ont la forme de coins, tandis que les gaillettes de la Pucelette présentent la forme de lozanges.

Lorsqu'on prend ces deux couches en même temps, on obtient 24 pour cent de gaillettes, 26 pour cent de gailletteries et 50 pour cent de fines; exploitée seule, Veine-à-Mouches fournit 26 pour cent de gaillettes, 28 à 30 pour cent de gailletteries et 44 à 46 de fines. Peu exploitée à ce puits.

—C— Composition au Charbonnage de BONNET ET VEINE A MOUCHES :

VEINE A MOUCHES.	Laie de charbon . . .	$0^m,60$
	Havrie	$0^m,03$
	Banc de schiste . . .	$0^m,42$
PUCELETTE.	Havrie	$0^m,02$
	Laie de charbon . . .	$0^m,75$
	Lit de terre	$0^m,20$
	Ouverture des deux couches . .	$2^m,02$

Au toit, il y a un roc tendre de $0^m,80$ de puissance.

Ordinairement, les deux couches sont exploitées simultanément; comme le banc de schiste se trouve entre deux lits de havrie, on l'enlève assez facilement, puis l'on détache les deux laies de charbon; l'enlèvement du banc de schiste coûte fr. 0,75 par m^2 et l'on paie fr. 0,45 par m^2 pour détacher les deux laies.

Rendement : on obtient jusqu'à 60 pour cent de mélange, (gaillettes et gailletteries) et 40 pour cent de fines; la dureté de ces couches est plus grande sous la commune de Quaregnon que sous Jemmapes.

Le charbon fourni par Veine à Mouches est d'excellente qualité; celui de Pucelette est très-gailletteux, de belle apparence, mais il brûle en donnant une assez grande quantité de cendres blanches et légères, (il brûle blanc). Le mélange de ces deux charbons donne un produit qui se débite bien dans le commerce, tandis que le charbon de Pucelette seul se vendrait assez difficilement.

—D— Composition au GRAND-HORNU puits n.os 9 et 12 :

VEINE A MOUCHES	Caillou au toit, ou couche de charbon tendre et sale	$0^m,15$
	1.re laie de charbon	$0^m,25$
	Havrie	$0^m,02$
	2.e laie de charbon, très-barreuse .	$0^m,26$
	3.e Laie	$0^m,13$
	Caillou	$0^m,35$ à $0^m,60$
PUCELETTE	Laie de charbon	$0^m,10$
	Havrie	$0^m,10$
	Laie de charbon	$0^m,53$
	Ouverture des deux couches . .	$1^m,89$ à $2^m,14$

Généralement, on exploite ces deux couches simultanément.

Le caillou du toit se détache facilement; il est surmonté d'un banc de bon roc de 4 m. de puissance, au-dessus duquel se trouve une couche de terre renfermant de l'eau.

Lorsque l'on exploite les deux couches simultanément, on pratique le havage sous le caillou qui les sépare; on détache ce caillou et l'on enlève ensuite le charbon. Le havage est fait pendant la nuit ; un ouvrier peut préparer 4 m² de couche ; l'abattage du charbon est opéré pendant le jour ; un faiseur de laies peut détacher 15 à 17 m² de couche en une journée.

On obtient environ 15 hectolitres de charbon par m² de surface.

Comme l'ouverture de ces deux couches réunies est assez grande, il n'est pas nécessaire de couper les voies ; on se borne à boiser les galeries, et l'on paye, de ce chef, pour main-d'œuvre, fr. 0,70 par mètre courant.

Plus l'on se porte vers le levant de cette concession, plus on trouve que le caillou qui sépare ces deux couches devient puissant ; au Flénu, il a une épaisseur telle que les deux couches doivent être exploitées séparément ; au Charbonnage de Turlupu, sa puissance est de 8 à 9 mètres.

— Composition au puits n.° 8 du même Charbonnage :

Charbon tendre	0m,02
1.re laie	0m,22
2.me laie	0m,37
3.me laie	0m,08
Caillou	0m,33
Layette	0m,11
Havrie, beziers	0m,14
Laie ou PUCELETTE	0m,53
Ouverture totale	1m,80

On pratique le havage sous le caillou, pendant la nuit, et l'on détache les laies pendant le jour.

On paie aux haveurs fr. 0,45 par m², et aux faiseurs de laies fr. 0,22 par m².

—E— Composition en plat, au puits Vedette du Charbonnage DU BOIS DE BOUSSU, étage de 297 mètres.

Laie de charbon au toit	0m,42
Havrie	0m,04
Layon au mur	0m,08
Ouverture totale	0m,54

Mur et toit bons ; ce dernier renferme des empreintes de végétaux dont une grande partie appartient à l'espèce sigillaria.

Le havage est pratiqué dans le lit de havrie ; on enlève ensuite le layon, puis l'on fait tomber la laie au moyen de leviers; très-souvent, on doit avoir recours à la poudre pour opérer cet abattage.

Ouvriers à veine : fr. 0,50 à 0,60 par m²; un ouvrier fait, en une journée, 1m,80 à 2m,50 d'avancement sur 2 m. de front.

Cette couche donne du charbon de bonne qualité; la laie se trouve quelquefois partagée en deux par un lit de terre de 0m,01 à 0m,05 d'épaisseur, et on obtient alors du charbon peu gailleteux; quand ce lit de terre ne se présente pas, on considère cette couche comme étant l'une des bonnes de ce charbonnage ; son charbon convient pour la fabrication du gaz éclairant, pour le chauffage des chaudières à vapeur et pour les foyers domestiques.

— Au puits la Sentinelle du même Charbonnage, cette couche est généralement inexploitable parce qu'elle a une puissance beaucoup moindre qu'au puits Vedette et parce qu'elle contient plusieurs lits de schiste qui rendent le charbon très-sale.

—F— Composition au puits n.° 4 d'Hornu et Wasmes :

Charbon en 3 laies (V.e a Mouches) . .	0m,60
Banc de terre	0m,90
Couche Pucelette	0m,75
Total	2m,25

Les trois laies formant la couche Veine à Mouches, sont séparées les unes des autres par de très-petits lits de terre.

C'est dans le banc de terre que l'on pratique le havage.

La couche Pucelette contient presque toujours un banc de schiste de 0m,05 à 0m,07 d'épaisseur.

Les deux couches sont exploitées simultanément.

Toit et mur bons.

Ouvriers à veine : fr. 1,00 par m²; un ouvrier détache, en une journée, 2m,25 de couche; l'avancement est de 1 mètre.

Il n'y a pas de coupage de voies.

Rendement : 20 pour cent de gaillettes, 20 pour cent de gailletteries et 60 pour cent de fines.

— Au puits n.° 5 du même charbonnage, le banc de terre se présente avec une puissance plus grande ; on y a exploité la Veine à Mouches seule pendant quelque temps, mais on a du abandonner parce qu'elle se présentait avec une grande quantité de reffles (lits de schiste dur et pyriteux).

—G— Au puits S.te Barbe de Turlupu, on a recoupé cette couche à 55 m. en-dessous de la couche Bonnet ; elle s'est présentée en une laie de charbon de 0m,60 à 0m,65, accompagnée d'un lit de havrie de 0m,10 au mur ; le charbon paraissait être très-beau et était très-brillant ; on n'a que peu exploité cette couche à ce puits.

—H— Cette couche recoupée au charbonnage du Rieu-du-Coeur, puits n.° 4 du Couchant du Flénu, a présenté la composition suivante :

VEINE A MOUCHES.	Laie de charbon . .	0m,70
	Havrie	0m,24
	Mojet	0m,36
PUCELETTE.	Laie de charbon . .	0m,40
	Les deux couches ensemble. . .	1m,70

21. PUCELETTE.

—A— Composition au puits n.° 19 du Charbonnage des Vingt-Actions.

Terre au toit	0m,10 à 0m,12
Laie de charbon	0m,38
Ouverture totale . .	0m,48 à 0m,50

Au toit, il y a un banc de voie de 0m,60 d'épaisseur qui est assez solide ; mur très-bon.

On paie aux ouvriers à veine fr. 0,77 par m² dans les tailles des voies inclinées, et fr. 0,82 par m² dans les tailles aux extrémités des costresses (coupures) ; la tâche d'un ouvrier, par jour de travail, est de 1m,80 d'avancement sur 2 m. de front.

Coupage des voies : — Voies tiernes : fr. 2,80 par mètre courant; on donne à ces voies 1m,10 de hauteur et 1m,50 de largeur; — plans inclinés et costresses : fr. 3,20 par mètre courant; ces galeries ont 1m,50 de hauteur sur 1m,50 de largeur. On consomme 2 kilogr. de poudre pour couper 10 mètres de costresse ou de plan incliné, et 1 kil. pour 10 mètres de voie tierne.

Cette couche est distante, à ce puits, de 5m,00 à 5m,50 de la Veine à Mouches, tandis qu'au puits S.t-Emile de *Bonnet et Veine à Mouches*, elle se trouve à 0m,55 ou 0m,60 seulement de la Veine à Mouches; dans ce dernier cas, les deux couches sont exploitées simultanément.

Au charbonnage des Vingt-Actions, le charbon de la couche Pucelette est tantôt très-dur, tantôt assez tendre; on obtient en moyenne 10 à 12 pour cent de gaillettes et 20 pour cent de gailletteries.

—B— Composition au puits S.te-Barbe du Charbonnage de TURLUPU.

Laie de charbon	0m,80
Havrie	0m,04 à 0m,05
Ouverture totale. . .	0m,84 à 0m,85

Mur très-bon.

Cette couche n'est séparée de Veine à Mouches qui est au-dessus, que par 0m,40 à 1m,50 de terre (voir n.° 20, VEINE A MOUCHES ci-dessus —B—).

Quand on exploite Pucelette seule, on obtient 20 pour cent de gaillettes, 24 pour cent de gailletteries et 56 pour cent de fines.

Charbon d'assez mauvaise qualité, brûlant blanc; les morceaux ont la forme de lozanges.

— Au puits n.° 1 du même charbonnage, sous Jemmapes, cette couche se présente comme suit :

Layon au toit	0m,09
Laie de charbon	0m,39
Havrie	0m,12
Ouverture totale . .	0m,60

On trouve que la puissance de cette couche augmente à mesure que l'on se porte vers Quaregnon où elle atteint une épaisseur de 0m,80 en charbon.

—C— Au Charbonnage de BONNET ET VEINE A MOUCHES, cette couche est exploitée en même temps que la Veine à Mouches, comme il est dit plus haut (voir n.° 20 VEINE A MOUCHES —C—).

—D— Composition au GRAND-HORNU :

Laie de charbon	0m,10
Havrie	0m,10
Laie ou PUCELETTE proprement dite	0m,53
Ouverture totale. . .	0m,73

Cette dernière laie donne du charbon de bonne qualité et très-pur.

On exploite généralement cette couche en même temps que la Veine à Mouches comme il a été dit précédemment. (Voir n.° 20, VEINE A MOUCHES —D—).

—E— Au Charbonnage d'HORNU ET WASMES, puits n.° 4, cette couche présente une puissance de 0m,75 (voir le n.° 20, VEINE A MOUCHES —F—).

—F— Au Charbonnage du RIEU DU COEUR, puits n.° 4 du Couchant du Flénu, cette couche se présente en une laie de 0m,40 comme il est dit précédemment. (Voir n.° 20, VEINE A MOUCHES —H—).

22. PETITE-COSSETTE.

—A— Composition au puits n.° 10 ou S.t-Léon de la COSSETTE, étage de 174 mètres :

PETITE-COSSETTE :	Laie de charbon . . .	0m,40 à 0m,45
	Banc de terre	0m,50 à 3m,00
GRANDE-COSSETTE :	Layette	0m,15
	Terre	0m,05
	Charbon	0m,50
	Havrie	0m,03
	Total pour les deux . .	1m,63 à 4m,18

Quand le banc de terre à moins de $0^m,60$ à $0^m,70$, on exploite les deux couches simultanément; pour cela, on enlève d'abord le banc de terre, on détache ensuite la couche supérieure, et enfin la Grande-Cossette.

Ouvriers à veine : fr. 0,85 par m^2; un ouvrier peut abattre, en une journée, 3 m^2 de couche.

Il n'y a pas de coupage de voies.

Lorsque le banc de terre a plus de 0^m70, on exploite les couches séparément.

La Petite-Cossette donne du charbon d'excellente qualité, beaucoup de gaillettes et de gailletteries, quelquefois 75 pour cent de mélange; ce charbon est très-dur, léger, très-propre, et se présente en morceaux de forme rhomboïdale et dont les faces sont unies.

L'hectolitre comble pèse 80 kil.

Pour abattre cette couche, l'on est presque toujours obligé d'employer la poudre; le charbon est quelquefois si dur, que toute la portion havée dans une taille se détache du toit et tombe sans se diviser en morceaux; il est déjà arrivé qu'une tranche de 15 mètres de largeur sur 2 m. de profondeur, s'est affaissée toute d'une pièce, et qu'il a fallu se servir de la poudre pour la diviser en morceaux de dimensions convenables pour être transportés facilement dans les chariots qui circulent sur les voies.

La Grande-Cossette fournit du charbon moins pur que la Petite-Cossette; elle est partagée en deux parties égales par un lit de fer sulfureux (barre) de $0^m,01$ à $0^m,03$ d'épaisseur, qui forme ce que l'on nomme des *reffles*, et que l'on doit détacher au marteau parce qu'il adhère fortement au charbon. Pour abattre cette couche, il faut souvent avoir recours à la poudre. La houille de la Grande-Cossette se présente en morceaux de forme rhomboédrique et à faces striées.

Rendement moyen des deux couches : 60 pour cent de gaillettes et gailletteries (mélange), et 40 pour cent de fines.

Ces couches sont traversées par des failles en assez grand nombre.

Lorsque le banc de terre atteint une puissance de 2m,00 à 2m,50 comme cela se présente à 500 m. au couchant du puits n.° 10, voici de quelle manière on exploite les deux couches : on laisse intact le banc de terre et l'on s'arrange de manière que le front de taille dans la Grande-Cossette soit toujours de 2 mètres en avant de celui dans la Petite-Cossette ; c'est l'avancement d'une journée de travail ; il convient de ne pas laisser une distance de plus de 2 mètres entre les fronts de taille des deux couches, parce que si cette distance est portée à 4 mètres (2 journées d'avancement) ou davantage, le tassement qui s'opère à la suite de l'exploitation rend le travail difficile et dangereux dans la Petite-Cossette ; avec un avancement de 2 mètres, le mouvement du terrain se fait beaucoup moins sentir dans les tailles de la Petite-Cossette, et, alors, loin d'être nuisible, il facilite l'abattage du charbon dans cette dernière couche. On ne fait les voies que dans la couche inférieure ; le charbon de la couche supérieure est amené dans ces voies par des cheminées verticales que l'on pratique, de distance en distance, dans le banc de terre.

— Au puits n.° 4 du même Charbonnage, comble du midi, ces couches se présentent comme suit :

PETITE-COSSETTE :	Charbon	0m,40
	Caillou ou schiste . . .	0m,20
	Layette	0m,06
	Banc de schiste	0m,35 à 0m,40
GRANDE-COSSETTE :	Charbon	0m,35
	Ouverture totale. . .	1m,36 à 1m,41

Toit et mur bons.

Il arrive quelquefois que l'on n'exploite pas à ce puits la Grande-Cossette parce qu'elle donne du charbon mal propre ; on n'enlève alors que la Petite-Cossette qui fournit encore des fines assez sales que l'on passe à la grille pour en retirer du gailletin que l'on débite avec avantage parce qu'il est de bonne qualité.

Les gaillettes et les gailleteries sont belles et assez abondantes.

Lorsqu'on n'exploite que la Petite-Cossette, on paie aux ouvriers à veine fr. 0,75 par m².

— Dans le comble du nord, et au même puits n.° 4, à l'étage de 234 mètres, les deux couches se présentent comme suit :

PETITE-COSSETTE :	Laie de charbon. . . .	0m,30
	Caillou	0m,08
	1.re layette	0m,05
	Havrie	0m,09
	Banc de schiste	0m,18
	Jayet assez dur	0m,08
	2.e layette.	0m,08
	Banc d'argile	0m,10
GRANDE-COSSETTE :	Charbon	0m,31
	Total . .	1m,27

On exploite les deux couches simultanément.

On pratique le havage sous le banc de schiste dans le jayet et la 2.e layette, parce que l'argile qui se trouve au-dessus de la Grande-Cossette est grasse et pour ainsi dire plastique; mais cette opération est quelquefois dangereuse pour les ouvriers parce que le banc de schiste qui est assez dur, se détache en morceaux lorsqu'il est mis à découvert sur une certaine étendue, et tombe sur les mains des travailleurs; on cite beaucoup de cas ou les haveurs ont eu le pouce de la main emporté de cette manière; aussi, les ouvriers de la localité ont-ils donné à ce banc de schiste le nom de *coupeur de pouces*.

—B— Composition au puits n.° 6 du GRAND-HORNU :

Banc de terre au toit	0m,06
1.re laie de charbon	0m,45
Caillou	0m,12
2.e laie de charbon	0m,09
Caillou	0m,13
Havrie	0m,03
Ouverture totale . .	0m,88

Quelquefois il n'y a qu'un seul caillou. La 2.e laie est parfois sulfureuse et n'est pas souvent exploitée à ce puits.

Mur bon, toit excellent; il est rare que l'on boise dans les tailles et même dans les voies.

On pratique le havage au pied de la 1.re laie; on détache alors le charbon au moyen du havriau (outil qui a servi à faire le havage); souvent l'on doit avoir recours à la poudre.

Ouvriers à veine: fr. 0,80 par m². Pour abattre le charbon à la coupure (extrémité de la costresse), on doit employer la poudre; on fait une mine de 0m,60 à 0m,70 de profondeur que l'on place à 0m,50 ou 0m,55 de l'extrémité de la taille.

Le coupage des voies coûte fr. 1,50 le mètre courant; il est fait dans un banc de schiste très-dur qui se trouve au toit.

Cette couche donne environ 6,4 hectolitres de charbon par mètre carré.

— Au puits n.° 12 du même Charbonnage, cette couche se présente comme suit:

Terre au toit	0m,06
Laie	0m,45 à 0m,50
Caillou	0m,12
Havrie	0m,03 à 0m,04
Ouverture totale. . .	0m,66 à 0m,72

Toit et mur bons.

On pratique le havage dans le havrie au mur et l'on enlève, dans cette opération, une grande partie du caillou.

Un ouvrier à veine peut détacher 3 à 3,50 m² de couche en une journée.

— Composition au puits n.° 8 du même Charbonnage:

Faux banc au toit	0m,04
Layette	0m,03
Laie	0m,38
Caillou	0m,08
Layette	0m,08
Havrie	0m,03
Ouverture totale . ..	0m,64

Toit excellent.

— Composition au puits n.° 11 du même Charbonnage :

Faux-banc au toit	$0^m,06$
Laie.	$0^m,44$
Caillou	$0^m,17$
Layette	$0^m,07$
Havrie	$0^m,08$
Ouverture totale . .	$0^m,82$

— Dans certaines parties de la concession du Grand-Hornu, la Petite-Cossette est traversée par un si grand nombre de failles que l'on a du renoncer à l'exploiter.

—C— Composition au puits n.° 21 de Belle et Bonne, plat de nord de 12 à 15° d'inclinaison, à la profondeur de 272 mètres:

PETITE-COSSETTE:	Laie de charbon		$0^m,40$
	Caillou très-dur		$0^m,10$ à $0^m,30$
	Layette		$0^m,10$
	Banc de terre		$0^m,60$ à $0^m,76$
GRANDE-COSSETTE:	Laie du toit	Layette . . .	$0^m,12$ à $0^m,15$
		Caillou noir . .	$0^m,03$
		Layette . . .	$0^m,12$ à $0^m,15$
	Laie du mur		$0^m,20$
Ouverture totale des deux couches . .			$1^m,67$ à $2^m,09$

Toit excellent.

Au puits n.° 21, on exploite ces deux couches simultanément ; on paie, dans ce cas, fr. 1,00 par m^2 aux ouvriers à veine.

Le charbon de la Petite-Cossette est de bonne qualité.

La laie du toit de la Grande-Cossette fournit du charbon de bonne qualité, mais, à cause du caillou qui la divise en deux parties et que l'on doit enlever avec soin, on ne peut obtenir que très-peu de gaillettes; le charbon étant cependant assez dur, on retire une grande proportion de gailleteries.

La laie du mur de la Grande-Cossette donne du mauvais charbon qui brûle blanc et ne peut être livré au commerce.

— Au puits n.° 24 du même charbonnage, la Petite-Cossette s'est présentée, à la profondeur de 264 mètres, en plat de nord de 14 à 15° d'inclinaison et avec la même composition qu'au puits n.° 21 ; mais elle se trouve distante de 2m,50 de la Grande Cossette et on l'exploite seule, parce que cette dernière se présente avec beaucoup de failles ; dans ce cas, on paie aux ouvriers à veine fr. 0,55 par m².

— (Nota). En général, sous le territoire dit Bas-Flénu, ces deux couches (P.te et G.de Cossette) sont assez rapprochées, se font bien et sont exploitées en même temps ; sous le territoire dit le Haut-Flénu, l'épaisseur des terres entre les deux couches augmente, la Grande-Cossette n'est pas exploitable et l'on n'enlève que la Petite-Cossette.

23. GRANDE-COSSETTE.

—A— Au Charbonnage de la Cossette, puits n.° 10 ou S.t-Léon, la couche Grande-Cossette n'est séparée de la Petite-Cossette que par un banc de terre de 0m,50 à 5m,50 d'épaisseur, et ces deux couches sont exploitées simultanément (voir ci-dessus n.° 22, Petite Cossette —A—).

—B— Composition au Grand-Hornu, puits n.° 9 :

Laie de charbon au toit. . . .	0m,08
2.e laie	0m,10
Havrie	0m,07
3.e laie	0m,15
Terres ou gaillet.	0m,03
4.e laie	0m,15
Laie terreuse	0m,15
Ouverture totale . .	0m,73

Cette couche est séparée de la *Petite-Cossette* par un banc de schiste de 0m,50 à 2m,70 de puissance ; mais comme elle ne donne à ce puits que du charbon de mauvaise qualité, on ne l'a que très-peu exploitée.

—C— Au puits n.° 21 du Charbonnage de BELLE ET BONNE, cette couche est exploitée en même temps que la *Petite-Cossette*; (Voir ci-dessus n.° 22, PETITE-COSSETTE —C—).

—D— Composition aux puits Vedette et Sentinelle du Charbonnage du BOIS DE BOUSSU :

Schiste bitumineux au toit. . .	0m,02
Laie de charbon	0m,14
Laie de charbon	0m,13
Havrie	0m,09
Layon au mur	0m,13
Ouverture totale. . .	0m,51

Toit et mur bons ; le toit contient beaucoup d'empreintes de fougères, tandis que le mur renferme beaucoup d'empreintes de sigillaires.

Ouvriers à veine : fr 0,45 à 0,50 par m².

Coupage des voies : fr. 1,80 le mètre courant.

Cette couche donne peu de gaillettes, mais elle fournit beaucoup de petites forges gailletteuses; c'est cependant une des bonnes couches de ce Charbonnage; son exploitation en plat est assez facile et exige peu de boisage.

24. PETITE-BECHÉE

—A— Composition au Charbonnage des VINGT-ACTIONS :

PETITE-BECHÉE :	Laie de charbon	0m,45
	Havrie	0m,05
	Terre	0m,35 à 0m,40
	Mojet	0m,10
GRANDE-BECHÉE —	Charbon au mur.	0m,65
	Ensemble . .	1m,60 à 1m,65

Ces deux couches sont exploitées simultanément.

Le toit est bon, le mur de Grande-Bechée est mauvais.

Vers le couchant de la concession, le banc de terre qui sépare ces deux couches, acquiert quelquefois une puissance de 1m,20;

dans ce cas, il est très-difficile à abattre parce qu'il est traversé, dans le milieu, par un banc de quérelle de $0^m,10$ à $0^m,12$ d'épaisseur; voici dans ce cas, comment on exploite les deux couches : on have au mur de la Grande-Bechée, on détache ensuite cette couche, et l'on enlève alors la Petite-Bechée en laissant en place le banc de terre. Le coupage de voies est fait dans le mur de la Grande-Bechée, de sorte que toute la voie se trouve sous le banc de terre; on conçoit qu'il serait très-difficile de remblayer dans la Petite-Bechée, car il faudrait transporter les remblais au-dessus du banc de terre qui sépare les deux couches; il faut alors, pour tenir le toit dans la Petite-Bechée, laisser intactes, de distance en distance, des portions de la couche qui forment ainsi des piliers. Pour amener dans les voies le charbon de la couche supérieure, on pratique, de 5 mètres en 5 mètres et quelquefois de 6 mètres en 6 mètres, des ouvertures ou cheminées dans le banc de terre, et le charbon de la Petite-Bechée est jetté par ces cheminées dans les voies de la Grande-Bechée.

On paie aux ouvriers à veine fr. 0,55 par m^2 dans la Grande-Bechée et 0,75 par m^2 dans la Petite-Bechée.

Lorsque les deux couches sont séparées par moins de $0^m,60$ de terre, on enlève d'abord la Grande-Bechée, puis on fait tomber le banc de terre au moyen de la poudre, et l'on détache ensuite la Petite-Bechée.

Ces deux couches rendent ordinairement 45 à 50 pour cent de mélange (gaillettes et gailletteries) et 50 à 55 pour cent de fines.

—B— Composition au puits n.º 15 de CACHE-APRÈS, à la profondeur de 248 mètres :

Laie de charbon au toit . . .	$0^m,53$
Lit de pierre	$0^m,09$
Lit d'argile.	$0^m,15$
Laie de charbon	$0^m,32$
Ouverture totale. . .	$1,^m09$

— Composition au puits n.° 17 du même Charbonnage :

Havrie au toit	0m,12
Laie de charbon	0m,50
Ouverture totale . .	0m,62

Toit et mur bons.

Ouvriers à veine : fr. 0,45 à 0,50 par m².

Coupage des voies : fr. 1,80 le mètre.

Au-dessus de cette couche, il y a une layette de charbon de 0m,33 de puissance qui, à 400 mètres au levant du puits n.° 17, se rapproche de la couche et n'en est séparée que par 0m,80 de terre ; plus l'on se porte vers le levant, plus on trouve cette layette rapprochée de la Petite-Bechée ; à 600 mètres du puits, il n'y a que 0m,30 de terre ; plus loin, à 1100 mètres du puits, (à l'étage de 336 mètres), cette layette finit par se confondre avec la couche. Lorsque l'épaisseur des terres ne dépasse pas 0m,80, la layette et la couche sont exploitées simultanément ; le travail, dans ce cas, est le même que celui exécuté dans les couches Fagneau et Grande-Veine lorsqu'elles sont exploitées ensemble (voir n.° 17, GRANDE-VEINE —D—) ; il faut alors beaucoup de bois parce que le toit est très-mauvais.

Rendement : 20 pour cent de gaillettes, 18 pour cent de gailleteries et 62 pour cent de fines. C'est la couche qui, à ce Charbonnage, donne le charbon le plus dur.

—C— Au Charbonnage de BELLE ET BONNE, cette couche a été exploitée par les puits n.os 8, 18, 19, 23 et 24.

Au puits n.° 8, on l'a rencontrée en plat de nord de 8 à 10° d'inclinaison ; elle était composée comme suit :

Laie de charbon au toit	0m,50 à 0m,60
Havrie	0m,08 à 0m,10
Ouverture totale . .	0m,58 à 0m,70

Toit et mur bons.

Coût du havage et abattage : fr. 0,70 par m².

Coupage des voies : fr. 2,20 le mètre courant.

Cette couche se trouve, à ce puits, à 10 mètres de distance de la Grande-Bechée.

— Au puits n.° 18, à l'étage de 204 m., on l'a recoupée en plat de nord de 10 à 12° d'inclinaison, avec la composition suivante :

	Laie au toit	$0^m,25$ à $0^m,30$
	Terre dure.	$0^m,80$
	Layette.	$0^m,20$
	Caillou noir	$0^m,02$
	Layette.	$0^m,20$
	Caillou noir très-dur . . .	$0^m,03$
	Layette.	$0^m,20$
	Schiste.	$0^m,60$
PETITE-BECHÉE proprement dite :	Laie de charbon	$0^m,50$
	Layette au mur	$0^m,20$
	Ouverture totale. . .	$3^m,00$ à $3^m,05$

Le charbon de la laie au toit et des trois layettes supérieures est de mauvaise qualité ; celui de la layette au mur est aussi de mauvaise qualité et brûle blanc.

Pour exploiter cette couche, on commence par enlever la laie et la layette constituant la Petite-Bechée, et l'on sépare, au jour, les gaillettes et les gailletteries provenant de la layette au mur d'avec celles fournies par la laie ; cette séparation est assez facile à exécuter, parce que le charbon de la layette est plus pesant et plus strié que celui de la laie ; on enlève ensuite séparément les trois layettes supérieures et l'on s'arrête au banc de terre de $0^m,80$ d'épaisseur.

Pour faire ce travail, on paye, par m^2, fr. 1,00 pour havage et fr. 0,55 pour abattage du charbon.

L'ouverture pratiquée étant alors de $1^m,95$ de hauteur, il n'y a pas à faire de coupage de voies ; mais il faut beaucoup de bois d'un diamètre assez fort, pour soutenir le toit, de sorte que, sous ce rapport, l'exploitation de cette couche est assez coûteuse.

Le mur est bon.

Le charbon fourni par la laie de la Petite-Bechée, est assez gailletteux ; on peut obtenir jusqu'à 60 pour cent de mélange ; mais il laisse, en général, après sa combustion, une assez grande quantité de cendres blanches.

Cette couche se trouve, à ce puits, à 10 mètres au-dessus de la Grande-Bechée.

— Au puits n.° 19, cette couche, exploitée à la profondeur de 238 mètres, en plat de nord de 15°, a présenté, jusqu'à la distance de 400 ou 500 mètres au levant de ce puits, la même composition qu'au puits n.° 8; mais à mesure que l'on s'éloigne du puits en allant dans la même direction, on trouve qu'elle se modifie et qu'elle finit par se présenter comme on l'a rencontrée au puits n.° 18.

La distance entre cette couche et la Grande-Bechée est de 5m,60 au puits ; cette distance augmente à mesure que l'on s'éloigne vers le levant ; à 400 mètres du puits, par exemple, les deux couches sont séparées par 12 mètres de terre.

— Au puits n.° 23, la Petite-Bechée exploitée à 258 mètres de profondeur en plat de nord de 50°, a la même composition qu'au puits n.° 8; la laie de charbon a 0m,60 d'épaisseur. Cette couche n'est distante de la Grande-Bechée que 0m,50 à 1 mètre.

— Enfin, au puits n.° 25, elle a été exploitée jusqu'à la profondeur de 270 mètres environ ; on l'a rencontrée en plat de nord de 14 à 16° et composée comme au puits n.° 8; sa distance de la Grande-Bechée est de 5 à 6 mètres.

—D— Cette couche, recoupée au Charbonnage du RIEU DU COEUR, puits n.° 4 du Couchant du Flénu, s'est présentée comme suit :

Laie au toit	0m,15
Noireux	0m,06
2.e laie	0m,15
Noireux	0m,04
3.e laie	0m,15
Havric	0m,35
4.e laie	0m,35
Laie du mur	0m,25
Ouverture totale . .	1m,50

25. GRANDE-BECHÉE.

—A— Au Charbonnage des VINGT-ACTIONS, cette couche qui est en une laie de charbon de 0m,65 de puissance, est exploitée en même temps que la couche *Petite-Bechée* (Voir n.° 24, PETITE-BECHÉE —A—).

—B— Composition au GRAND-HORNU, puits n.os 8 et 9 :

Laie du toit	0m,20
Havrie	0m,03
2.e laie	0m,13
3.e laie	0m,22
Laie du mur	0m,74
Havrie	0m,05
Ouverture totale . . .	1m,37

Au-dessus de la laie du toit, il y a ordinairement un caillou de 0m,11 d'épaisseur qui tombe lors de l'abattage.

Les 2.e, 3.e laies et la laie du mur sont quelquefois séparées les unes des autres par un lit de havrie ou de caillou ou bien par une barre sulfureuse.

On pratique le havage au mur.

Toit assez mauvais, mur excellent.

Ouvriers à veine : fr. 1,00 par m²; les joints de clivage (plats de laies) sont assez communs dans cette couche et se trouvent espacés de 0m,50 à 0m,60. Un ouvrier peut détacher 2,50 à 3 m² de couche en une journée.

Coupage des voies : fr. 2,00 le mètre courant.

Cette couche est une des plus belles sinon la meilleure des couches qui produisent le charbon Flénu ; elle rend 15,7 hectolitres de charbon par m².

—C— Composition aux puits n.os 8, 19 et 24 du Charbonnage de BELLE ET BONNE, plat de nord de 8 à 15° d'inclinaison :

Laie de charbon	0m,23 à 0m,25
Caillou noir	0m,01
Laie de charbon	0m,15
Havrie au mur	0m,10
Ouverture totale . .	0m,49 à 0m,51

Quelquefois, il y a au toit un faux banc de 0m,10 de schiste qui tombe lorsque l'on abat le charbon.

Toit et mur bons.

Ouvriers à veine : fr. 0,50 par m²; coupage de voies fr. 2,20 le mètre.

Le charbon que donne cette couche est de dureté assez variable, et de moins bonne qualité que celui de la Petite-Bechée.

— Au puits n.° 18, elle est inexploitable au-delà d'un cran qui se trouve à 450 mètres environ au couchant de ce puits.

— Au puits n.° 23, sa puissance totale est de 0m,60.

—D— Composition au puits n.° 4 du Charbonnage d'HORNU ET WASMES :

Mojet au toit	0m,15
Laie de charbon	0m,30
Layette	0m,05
2.e laie	0m,30
Terre	0m,03
Laie du mur	0m,50 à 0m,70
Ouverture totale . .	1m,33 à 1m,53

Toit très-dur, mais cassant vite; mur bon.

Ouvriers à veine : fr. 1,00 à 1,20 par m²; un ouvrier à veine peut détacher, en une journée, 2,40 m² de couche en faisant un avancement de 1m,20.

Rendement : 25 pour cent de gaillettes, 25 pour cent de gailletteries et 50 pour cent de fines.

Charbon brûlant avec une longue flamme, très-vive ; convient pour les chaudières à vapeur ; on l'emploie aussi pour fabriquer le gaz éclairant.

— Au puits n.° 3 du même Charbonnage, cette couche se présente comme suit :

Mojet au toit	0m,15
Quatre laies de charbon, ensemble	1m,20
Ouverture totale. . .	1m,35

On pratique le havage dans le mojet.

Rendement : 22 pour cent de gaillettes, 25 pour cent de gailletteries et 55 pour cent de fines.

—E— Composition en plat, aux puits Vedette et Sentinelle du Bois de Boussu :

Schiste bitumineux ou havrie. .	0m,09
Laie de charbon	0m,41
Schiste gris	0m,06
Layon	0m,07
Jayet.	0m,05
Havrie au mur.	0m,07
Ouverture totale . .	0m,75

Toit quelquefois très-mauvais ; mur peu solide.

Ouvriers à veine : fr. 0,55 à 0,65 par m².

Coupage des voies : fr. 2,00 à 2,50 le mètre courant.

Cette couche est inexploitable à la distance de 220 mètres au couchant du puits Vedette, parce que le charbon disparait et est remplacé par du schiste bitumineux friable.

Lorsqu'elle est exploitable, c'est une des bonnes couches de ce Charbonnage.

Dans les roches du mur, on rencontre quelques fougères et des sigillaria ; la stigmaria est de l'espèce qui se montre le plus souvent.

—F— Cette couche, recoupée au Charbonnage du Rieu du Coeur, puits n.° 5 du Couchant du Flénu, a présenté la composition suivante :

1.re laie de charbon	0m,15
Terre	0m,03
2.e laie	0m,18
Terre	0m,04
3.e laie	0m,10
Terre	0m,42
4.e laie	0m,68
Ouverture totale . .	1m,60

26. PETITE-HOUBARDE.

Au puits n.° 18 du Charbonnage de BELLE ET BONNE, étage de 204 mètres, cette couche, qui se trouve en plateure de 10 à 18° d'inclinaison, est contigue à la *Grande-Houbarde;* ces deux couches se présentent comme suit:

PETITE-HOUBARDE:	Laie de charbon	0m,37
GRANDE-HOUBARDE:	Laie de charbon	0m,58
	Gaillet	0m,04
	Terre ou faux-mur	0m,25 à 0m,30
	Layette.	0m,10
	Ensemble . .	1m,34 à 1m,39

Toit et mur bons.

On exploite les deux couches simultanément; on n'enlève pas la layette.

Ouvriers à veine: fr. 0,70 par m².

Coupage des voies: fr. 2,20 en costresse et 1,70 en voie tierne, par mètre courant; on donne aux voies 1m,80 de largeur et 1m,55 de hauteur.

Rendement: 25 pour cent de gaillettes, 25 à 30 pour cent de gailletteries et 45 à 50 pour cent de fines.

Le charbon fourni par ces deux couches est excellent; on le considère comme étant un des meilleurs de la qualité dite Flénu; il est assez dur et contient peu de substances stériles; il est recherché particulièrement pour le service des fours de faïencerie et convient aussi très-bien pour le chauffage des chaudières à vapeur.

— Au puits n.° 19 du même Charbonnage, cette couche se trouve à 9m,90 de distance de la *Grande-Houbarde*, et on l'exploite seule; elle présente à ce puits la composition suivante:

Terre au toit	0m,01 à 0m,05
Laie de charbon	0m,40
Havrie au mur	0m,10
Ouverture totale . .	0m,51 à 0m,55

Toit et mur bons.

Ouvriers à veine : fr. 0,65 par m².

Coupage des voies : fr. 2,80 pour voies costresses et fr. 2,50 pour voies tiernes, par mètre courant.

— Aux puits n.os 17, 21, 22 et 23 du même Charbonnage, cette couche a la même composition qu'au puits n.o 19 ; elle se trouve distante de la *Grande-Houbarde*, de 9 m. au puits n.o 17, de 8m,50 au puits n.o 21, de 3m,50 au puits n.o 22 et de 6m,50 au puits n.o 23.

27. GRANDE-HOUBARDE.

—A— Composition au puits n.o 15 du Charbonnage de CACHE-APRÈS :

Laie de charbon	0m,60
Havrie au mur	0m,10
Ouverture totale . .	0m,70

Toit et mur bons.

Ouvriers à veine: fr. 0m,55 à 0m,60 par m².

Coupage des voies : fr. 2,00 le mètre courant.

C'est la meilleure couche de ce Charbonnage ; on obtient 20 pour cent de gaillettes, 20 pour cent de gailletteries et 60 pour cent de fines.

Charbon dur, estimé pour la fabrication du gaz éclairant.

—B— Composition au GRAND-HORNU, puits n.os 6, 8 et 9 :

Gaillet au toit	0m,02 à 0m,04
Laie	0m,20 à 0m,26
Havrie	0m,14 à 0m,18
Laie du mur	0m,42
Ouverture totale . .	0m,78 à 0m,90

Toit très-dur ; mur assez bon.

On pratique le havage entre les deux laies.

Ouvriers à veine : fr. 0,60 par m² ; un ouvrier peut détacher 4 m² de couche en une journée, en faisant un avancement de 1m,80.

Coupage des voies : fr. 1,40 par mètre courant ; on enlève, pour faire ce coupage, un banc de $0^m,53$ au toit et un banc de $0^m,25$ au mur ; mais le plus souvent on n'entaille que le mur lorsque le toit est très-dur ; pour couper la voie sur $2^m,25$ de longueur, on fait deux mines de ½ de kilogr. de poudre chacune ; les cartouches, pour l'abattage du charbon près des voies, sont de 12 à 13 au kilogr.

Dans les tailles on consomme peu de bois.

Rendement : 8,1 hectolitres par m^2. En général, ce charbon est très-pur.

—C— Composition au Charbonnage de BELLE ET BONNE, puits n.° 18.

Laie de charbon	$0^m,58$
Gaillet	$0^m,04$
Terre ou faux-mur	$0^m,25$ à $0^m,30$
Layette au mur	$0^m,10$
Ouverture totale. . .	$0^m,97$ à $1^m,02$

Toit et mur bons.

On n'exploite pas la layette.

Cette couche est exploitée à ce puits en même temps que la *Petite-Houbarbe* ; (voir n.° 26, PETITE-HOUBARDE).

— Composition au puits n.° 19 du même Charbonnage :

Terre au toit	$0^m,10$ à $0^m,15$
Laie de charbon	$0^m,60$ à $0^m,65$
Havrie au mur	$0^m,05$
Ouverture totale. . .	$0^m,75$ à $0^m,85$

Toit bon ; mur assez tendre.

Ouvriers à veine : fr. 0,65 par m^2.

Coupage des voies : fr. 2,20 par m. pour voies tiernes et fr. 2,50 pour voies costresses.

— Aux puits n.os 17, 21, 22 et 23 du même Charbonnage, la composition de cette couche est la même qu'au puits n.° 19.

—D— Composition aux puits n.os 3 et 4 du Charbonnage d'Hornu et Wasmes :

Terre au toit	0m,03
Laie de charbon	0m,30
Terre	0m,20 à 0m,25
Laie de charbon	0m,40
Ouverture totale. . .	0m,93 à 0m,98

Toit excellent; mur très-dur.

Ouvriers à veine: fr. 0,70 par m²; travail d'une journée pour un ouvrier: 4 m²; avancement 2 mètres.

Coupage des voies: fr. 2,20 le mètre.

Rendement : 20 pour cent de gaillettes, 22 pour cent de gailletteries et 56 pour cent de fines.

Charbon un peu plus gras que celui de la *Grande-Bechée;* convient pour le service des chaudières à vapeur et la fabrication du gaz éclairant.

—E— Composition en plat, aux puits S.t-Antoine, Sentinelle et d'En-Bas du Charbonnage du Bois de Boussu :

Layon mélangé de schiste charbonneux.	0m,32
Laie de charbon	0m,40
Havrie en charbon tendre . . .	0m,10
Layon au mur.	0m,17
Ouverture totale. . . .	0m,99

Il y a un faux-mur de 0m,20 d'épaisseur.

On exploite cette couche en plat et en droit.

Toit et mur bons lorsque la couche est en allure régulière; mais lorsqu'elle est divisée par des brouillages, ce qui est très-fréquent à ce charbonnage, le toit devient mauvais.

Dans cette concession, la couche Grande-Houbarde se présente en droits et en plats, et on y rencontre beaucoup de brouillages.

Au puits Sentinelle, on l'a exploitée en plat ; on y a trouvé beaucoup d'empreintes de sigillaires au toit.

En plat, on paie aux ouvriers à veine fr. 0,45 à 0,60 par m², et en droit fr. 0,80 à 2,00 par m² à cause des dérangements nombreux et parce que la couche se présente souvent sans havrie surtout dans les environs des brouillages. En droit, on doit souvent avoir recours à la poudre pour opérer l'abattage du charbon, ce qui n'a pas lieu en plat parce que la couche y est plus tendre.

Coupage des voies : fr. 1,70 à 2,00 par mètre courant.

Dans les dressants, il faut beaucoup de bois pour tenir le terrain.

Malgré les irrégularités qui viennent d'être signalées, cette couche est considérée comme étant l'une des meilleures de ce Charbonnage; son charbon est un peu plus collant que le charbon Flénu proprement dit, et il pourrait être classé dans les charbons Flénu gras; employé pour la fabrication du coke, il donne des résultats beaucoup meilleurs que le charbon Flénu; pendant assez longtemps, on s'en est servi, converti en coke, aux fonderies de Boussu. Ce charbon convient aussi pour la fabrication du gaz éclairant.

Cette couche dégage du gaz hydrogène carboné (grisou).

— Composition en plat, à la profondeur de 317 mètres, au puits Vedette du même Charbonnage :

Laie du toit	0m,40
Laie du mur	0m,70
Ouverture totale . .	1m,10

Il n'y a pour ainsi dire pas de terre ou de havrie entre les deux laies.

Dans les environs de ce puits, les roches encaissantes contiennent peu d'empreintes de végétaux.

— Composition au puits Sentinelle du même Charbonnage :

Quatre à cinq layons, ensemble .	0m,35
Havrie	0m,04
Layon	0m,25
Laie du mur	0m,45
Ouverture totale . .	1m,09

On pratique le havage au toit ; on enlève toute la couche.

On paie aux ouvriers à veine fr. 0,70 à fr. 1,00 par m² ; un ouvrier peut détacher, en une journée, 4 m² en faisant un avancement de 2^m,30 à 2^m,40.

On retire 15 hectolitres de charbon par m² de couche.

—F— Cette couche, recoupée au Charbonnage du RIEU-DU-COEUR, puits n.° 5 du Couchant du Flénu, a présenté la composition suivante :

Laie du toit	0^m,15
Havrie	0^m,15
Laie du mur	0^m,60
Ouverture totale . .	0^m,90

28. PETITE BELLE ET BONNE.

—A— Composition au puits n.° 18 du Charbonnage de BELLE ET BONNE, plat de nord de 12 à 28° d'inclinaison, étage de 204 m. :

En une laie de charbon de 0^m,40.

Sans havrie ou terre au toit ni au mur ; on doit pratiquer le havage en charbon.

Cette couche se trouve à la distance de 5 à 15 mètres au-dessus de la *Grande Belle et Bonne.*

Toit et mur fort bons.

Ouvriers à veine : fr. 0,90 par m².

Charbon très-dur, et de bonne qualité ; la plupart du temps, on n'exploite pas cette couche à ce puits, parce que son ouverture est trop faible et que le coupage des voies coûte beaucoup à cause de la dureté du terrain.

— Au puits n.° 22 du même Charbonnage, étage de 277 mètres, cette couche se présenté en plat de nord de 12 à 20° d'inclinaison et n'est séparée de la couche *Grande Belle et Bonne* que par un banc de terre de 1^m à 3^m de puissance ; ces deux couches se présentent à ce puits comme suit :

PETITE BELLE ET BONNE :	Charbon	$0^m,40$
	Terre	$1^m,00$ à $3^m,00$
GRANDE BELLE ET BONNE :	Laie de charbon . . .	$0^m,30$
	Terre	$0^m,10$
	Laie du mur	$0^m,20$
	Ensemble . .	$2^m,00$ à $4^m,00$

On exploite ces deux couches en même temps.

Le charbon que l'on obtient de ces couches, au puits n.° 22, est assez tendre ; cependant, il est considéré comme étant le meilleur de ce Charbonnage.

—B— Cette couche recoupée au Charbonnage du RIEU-DU-COEUR, par le puits n.° 5 du Couchant du Flénu, a présenté la composition suivante :

1.re laie de charbon, au toit . .	$0^m,20$
Gaillet	$0^m,03$
Terre	$0^m,20$
Gaillet	$0^m,02$
2.e laie de charbon	$0^m,18$
Havrie	$0^m,18$
Terre	$0^m,18$
3.e laie de charbon	$0^m,34$
Ouverture totale . .	$1^m,33$

—C— Au puits n.° 3 d'HORNU ET WASMES, on a trouvé une grande quantité d'empreintes de végétaux dans le toit de cette couche.

29. GRANDE BELLE ET BONNE.

—A— Composition au puits n.° 8 du GRAND-HORNU, à la profondeur de 250 mètres environ :

Terre au toit	$0^m,10$ à $0^m,12$
Laie de charbon	$0^m,35$
Terre	$0^m,35$
Laie du mur	$0^m,42$
Ouverture totale . .	$1^m,22$ à $1^m,24$

Le toit est bon, le mur également.

La laie du mur est généralement très-sulfureuse, donne du charbon sale, laissant après la combustion une grande quantité de cendres blanches; la laie du toit, au contraire, fournit du charbon d'excellente qualité; aussi n'exploite-t-on pas ces deux laies en même temps; celle du toit est détachée pendant le poste du jour, et la laie du mur est enlevée pendant le poste de nuit.

— Composition au même puits, à l'étage de 355 mètres :

Terre au toit	0^m,06
Laie de charbon	0^m,40
Schiste	0^m,40 à 0^m,60
Laie du mur	0^m,30
Ouverture totale. . .	1^m,16 à 1^m,36

Le charbon de la laie du mur étant généralement mauvais à ce puits, on n'exploite que la laie du toit; on coupe la voie dans la laie du mur.

Un ouvrier à veine peut détacher 3,90 m^2 de couche en faisant un avancement de 1^m,80.

—B— Composition au puits n.° 18 du Charbonnage de Belle et Bonne, en plat de 12 à 20°, à l'étage de 204 mètres :

Laie de charbon	0^m.30
Layette de charbon	0^m,20
Layette de charbon	0^m,10
Havrie	0^m,10
Banc de terre	0^m,35
Layette au mur	0^m,30
Ouverture totale . .	1^m,35

On n'enlève pas la layette du mur parce que le charbon qu'elle fournit est de mauvaise qualité.

Ouvriers à veine : fr. 0,65 par m^2.

Cette couche se trouve distante de 5 à 15 mètres de la Petite Belle et Bonne.

— Au puits n.° 22 du même Charbonnage, cette couche n'est distante de la *Petite Belle et Bonne* que de 1^m à 3^m, et est exploitée en même temps que cette dernière. (Voir n.° 28, PETITE BELLE ET BONNE —A—).

—C— Composition au puits n.° 3 du Charbonnage d'HORNU ET WASMES :

Laie de charbon	0^m,35 à 0^m,40
Terre	0^m,30
Laie du mur	0^m,40
Ouverture totale. . .	1^m,05 à 1^m,10

On pratique le havage dans le banc de terre.

La laie du mur est généralement barreuse, c'est-à-dire divisée par un lit de schiste très-chargé de pyrite.

Toit et mur bons.

Le havage et l'enlèvement du banc de terre coûtent fr. 0,45 par m^2 ; l'abattage des deux laies coûte fr. 0,50 par m^2.

On a quelquefois exploité, à ce puits, la laie du toit séparément; on enlevait ensuite la laie du mur ; ce dernier travail coûtait fr. 0,13 à 0,15 par m^2.

On rencontre au toit de cette couche une assez grande quantité d'empreintes de végétaux.

— Au puits n.° 4 du même Charbonnage, la laie du toit se présente en deux laies juxtaposées ayant ensemble une puissance de 0^m,50.

30. GRAND-FRANOIS.

—A— Composition aux puits n.ºs 14 et 15 de CACHE-APRÈS :

Laie de charbon	0^m,55
Havrie au mur	0^m,10
Ouverture totale . .	0^m,65

Toit et mur bons.

Ouvriers à veine : fr. 0,55 à 0,60 par m^2.

Coupage des voies : fr. 2,00 le mètre courant.

Après la couche *Houbarbe*, la couche Grand-Franois est la meilleure de ce Charbonnage.

Rendement : 14 pour cent de gaillettes, 20 à 24 pour cent de gailletteries et 62 à 66 pour cent de fines.

Charbon estimé pour la fabrication du gaz éclairant.

—B— Composition au puits n.° 6 du GRAND-HORNU, vers la limite sud de la concession :

Caillou au toit	$0^m,10$
Laie de charbon	$0^m,55$
Banc de terre	$0^m,06$
Ouverture totale . .	$0^m,71$

Sur le caillou, il y a un faux toit de $0^m,50$ d'épaisseur, que l'on abat pour faire la voie ; au-dessus de ce banc, se trouve un toit très-solide. Le mur est bon.

Le havage est pratiqué dans le banc de terre.

Ouvriers à veine : fr. 0,65 à 0,70 par m^2 ; à la coupure (extrémité de la costresse), il faut employer la poudre pour abattre le charbon.

Coupage des voies : fr. 1,50 à 1,80 par mètre courant ; on donne aux voies $1^m,55$ de hauteur et $1^m,80$ de largeur, et dans le coupage, on enlève le faux-toit et l'on entaille le mur sur une épaisseur de $0^m,20$.

Rendement : 18 pour cent de gaillettes, 22 pour cent de gailletteries et 60 pour cent de fines.

Ce charbon a une tendance à se diviser en morceaux de forme rhomboédrique.

Dans les autres parties de la concession, cette couche n'est ordinairement pas gailletteuse ; son mur est toujours bon, mais son toit est de dureté assez variable ; quelquefois le charbon est dur, et assez souvent il contient des barres sulfureuses.

En général, cette couche fournit du charbon très-pur.

Rendement moyen : 76 hectolitres par m^2.

—C— Composition au Charbonnage des PRODUITS, puits n.° 21.

Bezier au toit	0^m,03
1.re laie de charbon	0^m,40
2.e laie	0^m,15
Havrie	0^m,04
Ouverture totale . .	0^m,62

Toit et mur bons.

Ouvriers à veine : fr. 0,55 à 0,60 par m^2.

Coupage des voies : fr. 3,00 à 3,50 le mètre courant.

Rendement : 6,80 hectolitres de charbon par m^2 ; jusqu'à 45 pour cent de mélange (gaillettes et gailletteries).

Cette couche se fait généralement bien ; c'est une des plus avantageuses à exploiter à ce charbonnage.

Le charbon qu'elle fournit convient pour la fabrication du gaz éclairant ; il rend 19 à 20 m^3 et au maximum 25 m^3 de gaz par hectolitre ; il est employé, ainsi que le charbon des autres couches exploitées à ce charbonnage, dans l'usine à gaz de la ville de Mons.

—D— Composition au Charbonnage du RIEU-DU-CŒUR, puits n.° 5 du Couchant du Flénu :

Terre mélangée de charbon . .	0^m,15
Laie de charbon	0^m,72
Havrie	0^m,08
Banc de mur tendre	0^m,15
Ouverture totale . .	1^m,10

Toit et mur assez bons.

Ouvriers à veine : fr. 0,70 par m^2 ; un ouvrier peut abattre en une journée 3,50 à 4 m^2 de couche.

Coupage des voies : fr. 2,20 par mètre en costresses et fr. 2,00 en voies tiernes.

A l'extrémité de la costresse (coupure), on doit souvent se servir de la poudre pour détacher le charbon.

Le boisage des voies est assez coûteux ; les voies ont en général 1^m,50 de hauteur et 1^m,40 de largeur.

Rendement moyen : 18 pour cent de gaillettes, 22 pour cent de gailletteries et 60 pour cent de fines.

Ce charbon est assez propre; cependant le lit de terre qui se trouve au toit salit quelquefois les fines.

Cette couche est une des meilleures de ce charbonnage.

— Composition en droit, au même Charbonnage, puits n.° 1 des 24 Actions, à l'étage de 101 m. :

Laie de charbon	$0^m,60$
Terre au mur	$0^m,05$ à $0^m,15$
Ouverture totale . .	$0^m,65$ à $0^m,75$

Toit et mur de consistance variable.

Quelquefois, il y a au toit un faux-banc de $0^m,10$.

Un ouvrier à veine peut détacher, en une journée, 4 m^2 de couche en faisant un avancement de 2 m.

Rendement : 15 pour cent de mélange et 85 pour cent de fines.

Charbon de bonne qualité.

51. PETIT-FRANOIS.

—A—Composition au Charbonnage du GRAND-HORNU, puits n.° 6:

Terre au toit	$0^m,04$
Laie de charbon	$0^m,35$ à $0^m,40$
Havrie	$0^m,05$
Ouverture totale . .	$0^m,44$ à $0^m,49$

Toit et mur bons.

On pratique le havage au mur. Ouvriers à veine : fr. 0,50 à 0,55 par m^2; la dépense pour boisage des tailles est presque nulle.

Coupage des voies : fr. 2,50 en voie tierne et fr. 2,50 à 2,70 en costresse.

Le rendement par m^2 est de 5,6 hectolitres de beau et bon charbon, très-gailleteux; mais il arrive assez souvent, que la puissance de la couche est moindre que celle indiquée ci-dessus et que l'on ne peut alors l'exploiter avantageusement.

—B— Composition au Charbonnage des Produits, puits n.° 21:

Laie de charbon	$0^m,40$
Terre (bézier) au mur	$0^m,10$
Ouverture totale . . .	$0^m,50$

Toit et mur bons.

Ouvriers à veine fr. 0,70 à 0,80 par m².

Cette couche n'est que très-peu exploitée à ce charbonnage parce qu'elle a une trop faible puissance; elle rend en moyenne 5 hectolitres de charbon par m².

—C— Composition au Charbonnage du Rieu-du-Coeur, puits n.° 6 du Couchant du Flénu :

Laie de charbon	$0^m,30$
Terre	$0^m,47$
Layette au mur	$0^m,15$
Ouverture totale . .	$0^m,92$

Elle n'est pas exploitable à ce charbonnage.

32. GRAND COURS OU VEINE A DEUX LAIES.

— Composition au Grand-Hornu, puits n.° 12 :

Laie de charbon	$0^m,25$
Caillou	$0^m,15$ à $0^m,20$
Laie du mur	$0^m,30$ à $0^m,35$
Charbon tendre	$0^m,03$ à $0^m,04$
Ouverture totale . .	$0^m,73$ à $0^m,84$

Toit de dureté variable, mur assez bon.

Le havage est fait généralement au mur, et quelquefois entre le caillou et la laie du toit; dans ce dernier cas, le charbon est plus gailleteux et plus pur.

Un ouvrier à veine peut détacher 4 m² de couche en une journée.

Charbon de bonne qualité.

— Composition au puits n.° 6 du même Charbonnage :

Laie de charbon	0^m,17
Frion (schiste noir)	0^m,02
Terre	0^m,07
Layette	0^m,06
Terre	0^m,07
Layette	0^m,08
Frion	0^m,01
Layette	0^m,07
Laie du mur	0^m,24
Havrie	0^m,05
Ouverture totale . .	0^m,84

33. BRAISE.

—A— Composition au Charbonnage du GRAND-HORNU, puits n.° 6, étage 314 mètres :

Havrie au toit.	0^m,02
Laie de charbon	0^m,26
Gaillet	0^m,03 à 0^m,05
Laie du mur	0^m,38
Ouverture totale . .	0^m,69 à 0^m,71

Au-dessus du havrie, il y a un banc de schiste (faux-toit) de 0^m,08 à 0^m,13 d'épaisseur; au-dessus de ce banc, le toit est très-solide.

On pratique le havage dans le lit de havrie qui se trouve au toit.

Ouvriers à veine : fr. 0,75 par m^2; le mètre d'avancement de la taille de la coupure, à un endroit où elle avait 1^m,50 de largeur, était payé fr. 2,25.

Coupage des voies : fr. 2,50 le mètre courant.

Rendement : 8,5 hectolitres par m^2; charbon très-beau et de bonne qualité.

— Au puits n.° 7 du même Charbonnage, il existe au toit de cette couche un faux-banc de 0^m,10 à 0^m,15 d'épaisseur; au mur, mais rarement, il y a un faux-banc de 0^m,06 à 0^m,07 de puissance qui adhère très-fortement à la couche.

Lorsque le faux-banc existe au toit, on y pratique le havage; mais lorsqu'il ne se présente pas, on have au-dessus du gaillet ou au toit de la couche.

—B— Composition au nord-est du puits n.° 22 du Charbonnage des PRODUITS :

Havrie ou bezier au toit . . .	0m,04
Laie de charbon	0m,39
Gaillet	0m,04
Layette	0m,07
Gaillet mélangé de havrie . . .	0m,02
Ouverture totale . .	0m,56

Ouvriers à veine : fr. 0,90 à 1,20 par m².

Coupage des voies : fr. 3,50 le mètre.

C'est le charbon le plus dur de ce Charbonnage ; on peut obtenir de 55 à 60 pour cent de mélange (gaillettes et gailletteries).

— Composition au puits n.° 21 du même Charbonnage :

Laie au toit	0m,12
Gaillet	0m,04
Laie	0m,54
Havrie	0m,04
Ouverture totale . .	0m,74

A ce puits, le gaillet est assez difficile à détacher de la houille et rend le charbon très-sale ; il y a pour chaque taille de 14 m. de largeur, un homme uniquement occupé à séparer ce gaillet du charbon abattu.

Cette couche rend en moyenne 6,5 hectolitres par m².

—C— Composition au Charbonnage d'HORNU ET WASMES, puits n.° 3 :

Terre au toit	0m,03
Layette	0m,12
Gaillet	0m,05
Laie de charbon	0m,45 à 0m,55
Ouverture totale. . .	0m,65 à 0m,73

Toit solide, mur assez bon.

Le havage est pratiqué dans la layette.

Le prix pour havage et abattage est de fr. 0,90 ordinairement par m²; mais la dureté est quelquefois si grande que l'on doit payer fr. 1,50 par m² pour ce travail ; un ouvrier à veine peut détacher jusqu'à 5 m² de couche en une journée; avancement 1m,30 à 1m,50. Quand la couche est très-dure, on doit employer la poudre pour abattre le charbon.

Coupage des voies : fr. 2,50 par mètre en costresse et fr. 2,50 en voie tierne.

Les fines que cette couche donne sont, en général, assez sales, parce que le gaillet qui se trouve au-dessus de la laie se détache et se brise en morceaux lors de l'abattage du charbon.

On obtient environ 17 pour cent de gaillettes, 19 pour cent de gailletteries et 64 pour cent de fines.

Ce charbon est excellent pour la fabrication du gaz éclairant.

— Au puits n.° 5 du même Charbonnage, la laie du mur n'a que 0m,42 à 0m,45 d'épaisseur; le toit est mauvais et le mur bon.

On paie aux ouvriers à veine fr. 0,90 par m²; un ouvrier peut détacher, en une journée, 2,60 m² de couche en faisant un avancement de 1m,30.

—D— Composition en plat, au Charbonnage du RIEU-DU-COEUR, puits n.° 5 du Couchant du Flénu, étage 359 mètres :

Havrie au toit	0m,07
Charbon friable	0m,05
1.re laie de charbon.	0m,18
Gaillet	0m,05
2.e laie	0m,40
Ouverture totale . .	0m,75

Sous la 2.e laie, il y a un banc de schiste (faux-mur) de 0m,09 d'épaisseur, puis vient un bon mur ; le toit est solide.

On pratique le havage dans le lit de havrie (schiste sec) et dans le lit de charbon friable; mais il arrive quelquefois que ces deux lits sont remplacés par de l'argile grasse, liante, que les mineurs nomment *gallon;* dans ce cas, on doit haver dans la 1.re laie de charbon.

En général, cette couche est difficile à travailler ; on paie aux ouvriers à veine fr. 1,00 par m^2 ; un ouvrier peut détacher, en une journée, 2,50 à 3 m^2 de couche.

Coupage des voies : fr. 2,60 le mètre courant ; on donne aux galeries $1^m,50$ de haut sur $1^m,45$ de largeur.

Rendement : environ 20 pour cent de gaillettes, 22 pour cent de gailletteries et 58 pour cent de fines.

— Composition au puits n.° 1 de la même mine :

Laie de charbon	$0^m,09$
Gaillet	$0^m,06$
Laie du mur	$0^m,45$
Ouverture totale. . .	$0^m,60$

— Composition en droit, à la profondeur de 95 mètres, au puits n.° 1 des Vingt-quatre-Actions, même Charbonnage :

Laie de charbon au toit . . .	$0^m,30$
Gaillet ou caillou	$0^m,04$
Laie du mur	$0^m,15$
Ouverture totale. . .	$0^m,49$

Toit assez bon.

Un ouvrier à veine peut détacher, en une journée, 2,80 m^2 de couche en faisant un avancement de $1^m,40$.

— Composition en droit, au même puits, étage de 160 m. :

Laie de charbon	$0^m,47$
Gaillet, caillou	$0^m,04$
Terre au mur	$0^m,01$ à $0^m,07$
Ouverture totale . .	$0^m,52$ à $0^m,58$

Toit et mur bons.

Le gaillet adhère fortement au charbon, et on doit l'en détacher au marteau.

Le lit de terre au mur disparaît quelquefois entièrement; dans ce cas, la couche est très-difficile à abattre.

Quand il y a de la terre au mur, un ouvrier peut détacher 4 m² de couche en faisant un avancement de 1m,70; dans le cas contraire, il abat 2,80 m² avec un avancement de 1m,20.

Rendement: 10 pour cent de gaillettes, 10 pour cent de gailletteries et 80 pour cent de fines.

—E— Au Charbonnage de CACHE-APRÈS, cette couche est composée de 2 laies de charbon séparées par un lit de gaillet très-dur, présentant ensemble une ouverture de 0m,40; elle n'est pas exploitée à ce Charbonnage parce qu'elle est trop dure à haver, attendu qu'il n'y a pas de terre au toit ni au mur.

Toit et mur solides.

54. CARLIER.

—A— Composition au puits n.° 15 du Charbonnage de CACHE-APRÈS :

1.er lit de havrie au toit	0m,14
Laie de charbon	0m,42
Layette	0m,05
2.e lit de havrie	0m,10
Laie de charbon	0m,25
Ouverture totale. . .	0m,96

Ouvriers à veine: fr. 0,45 à 0,50 par m².

Coupage des voies: fr. 1,80 par mètre courant.

A mesure que l'on se porte au levant du puits n.° 15, le 2.e lit de havrie se présente avec une épaisseur de plus en plus grande; au puits n.° 14, il atteint une puissance de 0m,50.

Le charbon fourni par cette couche est tendre et un peu pyriteux; le clivage est peu prononcé; on n'obtient que 10 à 12 pour cent de gaillettes et de gailletteries; aussi ne fait-on généralement que des forges gailletteuses; c'est cependant une des bonnes couches de ce Charbonnage parce que son charbon est d'excellente qualité.

—B— Composition au GRAND-HORNU, puits n.os 6 et 7 :

Havrie au toit	0m,04
Laie de charbon	0m,26
Layette id.	0m,02
Laie du mur	0m,25
Havrie très-dur	0m,01
Ouverture totale . .	0m,58

Toit très-bon.

Sous le lit de havrie au mur, il y a un banc de schiste (faux-mur) de 0m,05 à 0m,10, puis vient le bon mur.

On rencontre dans cette couche peu de faces de clivage.

Ouvriers à veine : fr. 0,75 par m²; un ouvrier peut détacher, en une journée, 4 m² de couche.

Coupage des voies : fr. 1,50 à fr. 3,00 le mètre courant.

Rendement : 6,4 hectolitres par m².

Charbon tendre et léger, en général très-pur.

—C— Composition en plat, au Charbonnage des PRODUITS, puits n.° 21 :

Layette de charbon	0m,09
Havrie et terre	0m,09
Laie de charbon au mur . . .	0m,65
Ouverture totale . .	0m,83

Toit très-solide, mur assez bon.

Ouvriers à veine : fr. 0,55 à 0,60 par m².

Coupage des voies : fr. 2,80 le mètre.

Cette couche donne 8,8 hectolitres de charbon par m², dont 45 pour cent de mélange. C'est une des bonnes couches si pas la meilleure de ce Charbonnage, tant sous le rapport de son exploitation avantageuse et facile, que sous le rapport de ses qualités comme houille propre à la fabrication du gaz éclairant.

—D— Au puits n.° 3 du Charbonnage d'HORNU ET WASMES, cette couche se présente en une laie de charbon de 0m,60 de puissance.

Au toit, il y a un banc de schiste assez tendre de 0m,60. Le mur est bon.

—E— Composition en plat, au Charbonnage du Rieu-du-Coeur, puits n.os 4 et 6 du Couchant du Flénu :

Mojet au toit	0m,15
Laie de charbon	0m,26
Terre	0m,03
Laie du mur	0m,39
Havrie	0m,05
Ouverture totale. . .	0,m88

La laie du mur est divisée en deux parties par un lit de pierres (reffles) de 0m,04 d'épaisseur.

Le toit est assez bon; le mur est dur.

Ouvriers à veine : fr. 0,60 par m²; un ouvrier peut faire, en une journée, 4 m² de couche; pour détacher le charbon à la taille de la coupure, on doit employer la poudre.

Coupage des voies : fr. 1,80 le mètre courant, poudre comprise; on consomme pour le coupage, environ pour fr. 0,16 de poudre par mètre de voie. Faible dépense pour boisage des galeries.

Rendement : 18 pour cent de gaillettes, 26 pour cent de gailletteries et 56 pour cent de fines.

Charbon propre et d'excellente qualité.

— Au puits n.° 2 de ce Charbonnage (Couchant du Flénu), à 400 m. à l'ouest, les deux laies sont séparées par 4 à 5 m. de terre; on n'exploite pas alors la laie supérieure. Le toit y est très-bon.

— Composition au puits n.° 5 (Couchant du Flénu) étage 576 mètres :

Mojet au toit	0m,15
Laie de charbon	0m,26
Laie du mur	0m,39
Havrie	0m,05
Ouverture totale . .	0m,85

La couche présente cette composition dans les 50 premiers mètres à partir du puits et sur une hauteur tierne de 150 mètres; mais à la distance de 300 m. du puits, et sur une hauteur tierne de 600 mètres, le mojet au toit acquiert une épaisseur de $0^m,40$ et les laies de charbon n'ont plus ensemble qu'une puissance de $0^m,55$; en certains points cependant, cette puissance s'élève jusqu'à $0^m,80$ et même $0^m,90$; souvent aussi, les deux laies sont séparées par une barre sulfureuse.

En général, le toit est mauvais, le mur est bon.

Ouvriers à veine : fr. 0,70 à 0,85 par m^2; un ouvrier ne peut abattre que 3,50 m^2 de couche au plus en une journée, tandis qu'il peut en détacher plus de 4 m^2 au puits n.° 4; cela provient de ce que la couche est plus dure et de ce que le toit est moins bon à ce puits qu'au n.° 4; il arrive très-souvent que le toit à si peu de consistance, que les ouvriers à veine, après avoir pratiqué le havage au-dessus de la laie supérieure, doivent placer au toit des lambourdes (bois de ciel dans les tailles) avant d'abattre la couche. Souvent aussi, le lit de havrie disparaît; la laie inférieure adhère alors si fortement au mur, qu'on est obligé d'employer la poudre pour opérer l'abattage; dans ce cas, on place les trous de mine à la distance de $1^m,30$ à 2 m. les uns des autres.

Le coupage des voies coûte fr. 2,00 le m. en costresses et fr. 1,70 en voies tiernes; pour faire ces voies, on entaille les roches au toit sur une épaisseur de $0^m,50$.

— Composition en droit, à la profondeur de 101 m., au puits n.° 1 des Vingt-Quatre Actions, même Charbonnage.

Laie de charbon	$0^m,60$
Havrie au mur	$0^m,10$
Ouverture totale . .	$0^m,70$

Inclinaison 66°.

Toit et mur mauvais.

Un ouvrier à veine peut détacher, en une journée, 3 à 5 m^2 de couche en faisant un avancement de $1^m,30$ à $2^m,50$.

En général, cette couche est difficile à exploiter à ce puits.

La composition donnée ci-dessus est la plus ordinaire; mais on rencontre quelquefois la havrie au toit ou bien au milieu de la laie.

Rendement : 12 à 14 pour cent de mélange et le reste en fines.

Charbon propre, plus collant que celui des autres couches de cette mine.

A la profondeur de 160 m., la laie atteint ordinairement $0^m,70$ de puissance.

En plat, cette couche se fait généralement très-bien.

35. GRAND-FAUX-COURS ou GRAND-FAUX-CORPS, ou GRANDE-VEINE AU CAILLOU.

—A—Composition au Charbonnage du Grand-Hornu, puits n.° 6.

Laie de charbon au toit. . . .	$0^m,20$
Terre	$0^m,10$
2.e laie de charbon	$0^m,14$
Caillou (schiste pur).	$0^m,10$
3.e laie de charbon	$0^m,10$
4.e laie de charbon	$0^m,40$
Havrie au mur	$0^m,08$
Ouverture totale . .	$1^m,12$

Inclinaison 6 à 10° vers le couchant.

Le banc de terre qui se trouve sous la laie du toit, est du schiste terreux mélangé de charbon; plus on se porte vers le levant de la concession, plus l'épaisseur de ce banc augmente.

Rendement : en général 8 ½ hectolitres de charbon par m^2; la laie du mur ne donne pas autant de gaillettes que la laie du toit.

Ouvriers à veine : fr. 0,60 par m^2; un ouvrier peut détacher, en une journée, 4 à 4,50 m^2 de couche. Le coupage des voies est fait au toit; on enlève environ $0^m,30$ à $0^m,35$ de terrain et l'on paie aux coupeurs fr. 1,10 par mètre courant.

Le menu de cette couche est excessivement sale à cause des lits de terre et de schiste qui se trouvent entre les laies.

—B— Composition au puits n.° 21 du Charbonnage des Produits :

Laie de charbon	0m,38
Caillou	0m,29
Laie du mur	0m,31
Ouverture totale . .	0m,98

Cette couche est très-peu exploitée à ce charbonnage parce que le charbon qu'elle fournit est très-sec, mauvais, brûle très-blanc et se divise en morceaux grands et aplatis; c'est un charbon schisteux.

—C— Composition au Rieu-du-Coeur, puits n.° 6 du Couchant du Flénu :

Laie de charbon	0m,24
Terre	0m,80
Laie du mur	0m,15
Ouverture totale. . .	1m,19

— Composition au puits n.° 1 du même Charbonnage :

Laie de charbon	0m,40
Terre	0m,50 à 0m,60
Laie du mur	0m,35
Ouverture totale . .	1m,25 à 1m,35

— Composition au puits n.° 2 de la même mine :

Laie de charbon	0m,33
Terre	0m,58
Laie du mur	0m,36
Ouverture totale . .	1m,27

Cette couche n'est pas exploitée à ce charbonnage parce qu'elle donne du charbon très-sale et qui brûle blanc.

36. PETIT-FAUX-COURS ou PETIT-FAUX-CORPS, ou PETITE-VEINE AU CAILLOU.

—A— Composition au Charbonnage des PRODUITS, puits n.° 21 :

Laie de charbon	$0^m,27$
Layette mélangée de terre . . .	$0^m,10$
Laie du mur	$0^m,18$
Ouverture totale . .	$0^m,55$

Le toit est très-bon, c'est du grès (quérelle); le mur est une espèce de gaillet dans lequel on pratique le coupage des voies; il n'est pas très-consistant.

Ouvriers à veine : fr. 0,50 à 0,55 par m²; coupage des voies : fr. 2,50 le mètre courant.

Le charbon que cette couche fournit est moins bon et beaucoup plus maigre que celui des autres couches; il brûle très-blanc.

Rendement : 6,5 hectolitres par m².

—B— Composition au Charbonnage du RIEU-DU-COEUR, puits n.° 2 du Couchant du Flénu, plat de 12° d'inclinaison :

Laie de charbon au toit . . .	$0^m,36$
Terre	$0^m,10$
Layette	$0^m,07$
Ouverture totale . .	$0^m,53$

Toit et mur très-bons.

Ouvriers à veine : fr. 0,60 à 0,75 par m²; un ouvrier peut abattre, en une journée, 5 m² de couche.

Coupage des voies : fr. 3,00 en costresse et fr. 2,80 en voie tierne, par mètre courant; on pratique le coupage au mur parce que le toit est trop dur.

Rendement : 35 à 40 pour cent de gaillettes et 30 pour cent de gailletteries.

Le charbon de cette couche est de moyenne qualité, un peu moins facile à enflammer et contenant un peu plus de cendres que celui des couches Braise, Carlier et Franois.

Les roches encaissantes ne contiennent pas d'empreintes de végétaux.

57. GRANDE-VEINE A L'AUNE.

—A— Composition au puits n.° 6 du GRAND-HORNU :

Terre mélangée de houille. . .	$0^m,06$
Havrie	$0^m,03$
Laie de charbon	$0^m,55$ à $0^m,60$
Terre	$0^m,03$
Ouverture totale . .	$0^m,67$ à $0^m,72$

Le mur est bon, le toit également.

Le havage est pratiqué dans le charbon même, au-dessus du banc de terre qui se trouve au mur; le havrie contient souvent des lits de pyrite.

Ouvriers à veine: fr. 0,80 à 1,10 par m^2; un ouvrier peut détacher 3 m^2 de couche en une journée.

Le coupage des voies coûte fr. 1,40 à fr. 1,90 le mètre; pour le boisage des galeries, on emploie, pour une longueur de 1 mètre, un étançon à fr. 0,40, une bêle de $1^m,50$ coûtant fr. 0,15, deux lambourdes de $1^m,50$ valant chacune fr. 0,05; sur une distance de 1 mètre, on fait pour le coupage, une mine de 1 ½ cartouche; avec un kilogr. de poudre, on fabrique sept cartouches.

On remarque peu de faces de clivage dans cette couche; la houille, en place, paraît massive, mais, détachée, elle tend a se diviser en morceaux rhomboédriques.

Rendement : 8,5 hect. par m^2; charbon très-dur et de bonne qualité.

— Composition au puits n.° 9 du même Charbonnage :

Terre et houille au toit	$0^m,10$
Havrie	$0^m,13$
Layette	$0^m,10$
Laie de charbon	$0^m,32$
Laie du mur	$0^m,20$
Havrie	$0^m,05$
Layette	$0^m,07$
Ouverture totale . .	$0^m,97$

—B— Composition au puits n.° 21 des Produits :

Layette et bezier	$0^m,38$
Laie de charbon	$0^m,38$
Caillou	$0^m,28$
Laie du mur	$0^m,38$
Ouverture totale . .	$1^m,42$

Cette couche donne à ce Charbonnage du charbon très-sec, maigre, brûlant blanc et contenant beaucoup de matières stériles ; elle n'y a été que peu exploitée.

—C— Composition au puits n.° 3 d'Hornu et Wasmes :

Laie au toit	$0^m,36$
Terre	$0^m,25$
Layette	$0^m,15$
Ouverture totale . .	$0^m,76$

Toit bon. Au mur, il y a un banc de schiste de $0^m,15$, puis vient un terrain solide.

Ouvriers à veine : fr. 0,50 par m^2.

Rendement : 15 pour cent de gaillettes, 15 pour cent de gailletteries et 70 pour cent de fines.

— Composition au puits n.° 5 du même Charbonnage.

Laie de charbon	$0^m,35$ à $0^m,40$
Terre	$0^m,10$
Laie du mur	$0^m,25$
Ouverture totale . .	$0^m,70$ à $0^m,75$

Inclinaison de 15 à 18° au nord.

Tantôt la laie du mur est exploitée, tantôt on l'emporte avec le havage et on jette le charbon dans les remblais ; d'autres fois, on ne l'entame point.

Cette couche fournit du charbon qui se clive parfaitement bien en rhomboèdres.

—D— Composition en plat, au couchant du puits Vedette du Bois de Boussu :

Laie de charbon	0m,52
Layon au mur.	0m,10
Ouverture totale. . .	0m,62

Cette couche se présente, à ce puits, en plats et en droits; souvent elle est divisée par un grand nombre de brouillages; lorsqu'elle se trouve en allure régulière, elle constitue l'une des bonnes couches de ce Charbonnage.

Toit et mur bons.

Ouvriers à veine: fr. 0,60 par m^2; on doit souvent employer la poudre pour faire l'abattage.

Coupage des voies : fr. 2,20 à 2,50 par m. courant.

Quand la couche est en allure régulière, il ne faut presque pas de bois pour tenir le terrain; elle est plus régulière en plat qu'en droit.

Les terrains encaissants renferment peu d'empreintes de végétaux.

—E— Composition au Charbonnage du Rieu-du-Coeur, puits n.° 2 des 24-Actions :

Terre friable (mojet)	0m,30
1.re laie de charbon	0m,33
Havrie (bezier)	0m,25
2.e laie de charbon	0m,20
Terre	0m,19
Layette au mur	0m,11
Ouverture totale . .	1m,38

— Composition à 150 m. au nord du même puits, étage de 320 m. :

Terre (mojet)	0m,19
1.re laie de charbon	0m,37
Havrie	0m,20
2.e laie	0m,12
Terre	0m,18
Layette au mur	0m,07
Ouverture totale. . .	1m,13

On n'enlève que les deux laies de charbon et le lit de havrie qui les sépare.

Sous la layette, il y a un banc de schiste (faux-mur) de 1m,30 de puissance, puis vient le bon terrain.

Le toit est bon.

Ouvriers à veine : fr. 0,50 par m^2.

Coupage des voies : fr. 2,00 le mètre; les voies sont coupées sur 1m,50 de haut et 1m,65 de large.

Rendement : 12 pour cent de gaillettes, 18 pour cent de gailletteries et 70 pour cent de fines.

Le charbon de cette couche est assez propre; il convient bien pour le chauffage domestique.

— Composition au même Charbonnage, puits n.° 2 du Couchant du Flénu :

Terre friable	0m,16
Laie de charbon	0m,32
Terre	0m,08
Laie de charbon	0m,19
Havrie	0m,12
Layette au mur	0m,07
Ouverture totale . .	0m,94

Le charbon de la laie du toit est de bonne qualité, tandis que celui de la laie du mur est mauvais.

Toit et mur assez bons.

Ouvriers à veine : fr. 0,40 par m^2 ; un ouvrier peut faire, en une journée de travail, 6 à 7 m^2.

Rendement : 5 à 10 pour cent de gaillettes et 15 pour cent de gailletteries ; on a abandonné son exploitation à ce puits, parce que le rendement en gaillettes et gailletteries était trop faible et que le charbon n'était généralement pas de bonne qualité.

— Composition au même Charbonnage, puits n.° 1 du Couchant du Flénu :

Laie de charbon	0m,30
Mojet	0m,28
Laie du mur	0m,20
Ouverture totale . .	0m,78

Non exploitée par ce puits.

38. PETITE-VEINE A L'AUNE.

Composition au Charbonnage du Rieu-du-Coeur, puits n.° 2 du Couchant du Flénu :

Laie de charbon au toit. . . .	0m,40
Havrie	0m,18
Laie de charbon	0m,32
Terre	0m,40
Laie de charbon	0m,20
Terre	0m,20
Laie de charbon	0m,18
Terre	0m,03
Laie de charbon	0m,19
Ouverture totale . .	2m,10

Inclinaison 11°.

On n'exploite que les deux laies supérieures.

Toit dur, mur très-tendre parce qu'il est formé des trois petites laies de charbon, et parce que les lits de schiste qui les séparent les unes des autres ont peu de consistance.

Ouvriers à veine : fr, 0,68 par m² ; un ouvrier peut détacher, en une journée de travail, 5 m² de couche.

Coupage des voies : fr. 1,80 le mètre en costresse et fr. 1,70 en voie tierne ; il ne faut presque pas de bois dans les galeries.

Rendement : 12 à 15 pour cent de gaillettes, 15 à 17 pour cent de gailletteries et 68 à 75 pour cent de fines.

Charbon généralement assez propre ; c'est un des meilleurs pour la fabrication du gaz éclairant ; il rend de 20 à 26 m³ de gaz par hectolitre.

— Composition au même Charbonnage, puits n.° 2 des 24-Actions, au niveau de 288 mètres :

Mojet au toit	0m,07
Laie de charbon	0m,31
Havrie	0m,03
Laie du mur	0m,28
Ouverture totale . .	0m,69

— Composition au nord du même puits, niveau de 317m,50 :

Laie de charbon	0m,32
Havrie	0m,08
Laie du mur	0m,23
Ouverture totale . .	0m,63

Sous la laie du mur, il y a plusieurs lits de schiste et layettes de charbon présentant ensemble une puissance de 1m,80.

Ouvriers à veine : fr. 0,60 par m².

Coupage des voies : fr. 1,60 en costresse et fr. 1,55 en voie tierne.

Cette couche est un peu plus facile à travailler à ce charbonnage qu'à la mine du Couchant du Flénu.

39. VEINE A TERRE.

—A— Composition au puits n.° 6 du Grand-Hornu :

Caillou au toit.	0m,07
Charbon	0m,02
Laie	0m,23
Havrie	0m,12
Laie	0m,14
Charbon tendre	0m,01
2 laies, ensemble.	0m,29
Ouverture totale . .	0m,88

Bon toit, bon mur.

Les deux laies du mur sont un peu barreuses.

Un ouvrier à veine peut détacher 3 à 3,50 m² de couche en une journée.

Charbon d'assez bonne qualité.

— B — Composition en plat, au puits d'En-Bas du BOIS-DE-BOUSSU :

Laie au toit	0m,30
Schiste charbonneux	0m,15
Laie	0m,11
Laie	0m,20
Laie	0m,12
Laie	0m,20
Ouverture totale . .	1m,08

— Composition en plat, au puits S.t-Antoine du même Charbonnage :

1.re laie de charbon	0m,35
2.e laie	0m,22
Terre	0m,10
3.e Laie	0m,15
Terre	0m,40
Layette au mur	0m,10
Ouverture totale . .	1m,32

Cette couche se présente principalement en droit, avec la composition ci-dessus renversée.

Le toit en droit (mur en plat), est mauvais; il est surmonté d'un banc de 1m à 1m,20 de terre tendre que l'on doit enlever avant d'abattre le charbon; le mur est très-mauvais, écailleux, se détache facilement et se mélange avec le charbon lorsque celui-ci glisse dans les cheminées pour arriver au point de chargement.

Ouvriers à veine : fr. 0,60 à fr. 0,80 par m²; coupage des voies fr. 1,70 à 2,25 par mètre; ce prix assez élevé provient de ce que le boisage doit être bien soigné.

Le charbon que cette couche fournit à ce puits se clive très-bien et se présente en morceaux de forme cubique assez régulière.

On rencontre une grande quantité d'empreintes de végétaux dans les terrains encaissants, et c'est même de toutes les couches exploitées à ce charbonnage, celle qui en donne le plus. Au-dessus de la laie du toit (en droit), il y a un faux-toit de $1^m,20$ d'épaisseur, puis viennent des bancs qui renferment une masse d'empreintes de fougères, de grandes dimensions.

—C— Composition en plat, au puits n.° 21 du Charbonnage des PRODUITS :

Layette au toit	$0^m,06$
Caillou ou havrie	$0^m,06$
Laie de charbon	$0^m,43$
Bezier	$0^m,19$
Ouverture totale . .	$0^m,74$

Cette couche est peu exploitée à ce charbonnage, parce qu'elle ne fournit que du charbon de mauvaise qualité.

A ce puits n.° 21, elle donne lieu au dégagement d'une certaine quantité de gaz hydrogène carboné, tandis qu'aux autres puits, elle n'en présente aucune trace.

—D— Composition au Charbonnage du RIEU-DU-COEUR, puits n.° 2 des Vingt-quatre-Actions, à la profondeur de 300 mètres :

Laie de charbon	$0^m,30$
Terre	$0^m,04$
Laie de charbon	$0^m,19$
Terre	$0^m,26$
Reffles	$0^m,15$
Terre	$0^m,03$
Reffles	$0^m,09$
Ouverture totale. . .	$1^m,06$

— Composition en plat, au même Charbonnage, puits n.° 1 du Couchant du Flénu :

Laie friable	0m,16
Terre	0m,08
2.e laie de charbon	0m,19
Havrie	0m,12
Layette au mur	0m,07
Ouverture totale . .	0m,62

Non exploitée par ce puits.

— Composition au même Charbonnage, puits n.° 2 du Couchant du Flénu :

Laie au toit	0m,20
Layette	0m,12
Caillou ou reffles	0m,50
Laie mauvaise	0m,30
Ouverture totale . . .	1m,12

Non exploitée par ce puits.

40. GADE.

—A— Composition aux puits n.° 6 et 7 du Grand-Hornu :

Laie de charbon	0m,31
Havrie	0m,19
Laie du mur	0m,15
Ouverture totale . .	0m,65

Toit et mur bons.

Un ouvrier à veine peut détacher, en une journée, 4,50 m² de couche.

Charbon très-beau, très-pur et assez gailletteux.

—B— Composition au puits n.° 21 du Charbonnage des Produits, étage de 481 mètres :

Havrie au toit	0m,10
1.re laie de charbon	0m,45 à 0m,60
Schiste	0m,35
2.e laie de charbon	0m,30
Argile schisteuse.	0m,05
3.e laie de charbon	0m,15
Ouverture totale . .	1m,40 à 1m,55

On exploite les trois laies au couchant de ce puits ; au levant, on n'enlève que la laie supérieure parce que, à cet endroit, les deux autres laies ne fournissent pas du charbon assez propre.

Un ouvrier à veine détache en une journée 3,20 à 3,40 m^2 de couche ; l'avancement est de 1m,60 à 1m,70.

— Composition aux puits n.os 11, 13 et 14 du même Charbonnage :

Mojet (bezier) au toit.	0m,14
1.re laie de charbon	0m,43
Caillou et bezier	0m,39
2.e laie de charbon	0m,30
Bezier	0m,05
3.e laie de charbon	0m,14
Caillou	0m,07
4.e laie de charbon	0m,10
Caillou et bezier	0m,13
Ouverture totale . .	1m,75

Cette couche rend 11,5 hectolitres de charbon par m^2, mais elle donne une grande quantité de menu.

Elle dégage du gaz hydrogène carboné au puits n.° 21, tandis qu'aux autres puits n.os 11, 13 et 14, on n'en a pas vu de trace jusqu'à présent ; voici les profondeurs auxquelles elle a été exploitée en dernier lieu par ces puits : au n.° 21, à 480 m. ; au n.° 11, à 340 m. ; au n.° 13, à 522 m. ; et au n.° 14, à 506.

—C— Composition en plat, au puits Vedette du Bois de Boussu:

Laie du toit	$0^m,27$
Havrie	$0^m,03$
Laie du mur	$0^m,28$
Ouverture totale . .	$0^m,58$

Cette couche a été exploitée en plat et en droit à ce puits ; sa composition en droit est la même que ci-dessus, mais renversée.

Au-dessus de la laie du toit en droit, il y a un banc de schiste tendre de $0^m,90$ d'épaisseur, ce qui fait que le toit est alors très-mauvais ; aussi, arrive-t-il quelquefois qu'on ne peut l'exploiter avec avantage à ce puits.

En général, cette couche est assez gailletteuse.

— Au puits d'En-Bas du même Charbonnage, cette couche a été recoupée en plat avec une puissance de $0^m,60$ en charbon et avec un bon toit.

—D— Composition au Charbonnage du Rieu-du-Coeur, puits n.° 2 des Vingt-quatre-Actions :

Terre au toit ou mojet blanc . .	$0^m,16$
1.re laie de charbon	$0^m,35$
Havrie	$0^m,10$
Layette	$0^m,06$
Terre noire.	$0^m,05$
2.e laie de charbon	$0^m,24$
3.e laie (mauvaise)	$0^m,15$
Terre	$0^m,10$
Ouverture totale . .	$1^m,21$

La 3.e laie contient quelquefois un lit de schiste (reffles) avec des barres sulfureuses.

Toit assez dur, mur tendre.

Ouvriers à veine : fr. 0,45 par m^2 ; un ouvrier peut détacher, en une journée de travail, 5 m^2 de couche.

Coupage des voies : fr. 1,90 le m. en costresse et en voie tierne.

Le charbon de cette couche est assez propre; cependant, les bancs de terre qui se trouvent entre les deux premières laies le rendent quelquefois très-sale. Il est excellent pour la fabrication du gaz éclairant; il peut donner de 25 à 30 m³ de gaz par hectolitre; il est en outre très-estimé pour le chauffage domestique.

Rendement : en moyenne 9 pour cent de gaillettes, 20 pour cent de gailletteries et 71 pour cent de fines.

— Au même puits et à un étage inférieur au précédent, à 317m,50, cette couche s'est présentée comme suit :

Laie de charbon	0m,27
Havrie	0m,07
Laie du mur	0m,37
Mauvais charbon	0m,16
Ouverture totale . .	0m,87

— Composition au même Charbonnage, puits n.° 1 du Couchant du Flénu :

Laie de charbon	0m,18
Terre	0m,01
Laie de charbon	0m,08
Terre	0m,01
Laie de charbon	0m,15
Terre	0m,01
Laie de charbon	0m,09
Havrie et terre	0m,20
Laie de charbon	0m,09
Terre	0m,01
Laie du mur	0m,20
Ouverture totale. . .	1m,03

Toit et murs bons.

Le charbon que cette couche donne à ce puits est très-sale et par suite de très-mauvaise qualité; il n'y a que le charbon de la laie du toit qui ne brûle pas blanc.

Rendement : 25 pour cent de gaillettes et gailletteries (mélange), 35 pour cent de fines et 40 pour cent de reffles ; c'est probablement à cause de ce mauvais rendement qne cette couche n'a été que très-peu exploitée par ce puits.

41. HANAT.

—A— Composition au puits n.° 6 du Grand-Hornu :

Havrie au toit	0m,15
Laie de charbon	0m,35
Ouverture totale . .	0m,50

Toit très-solide, mur bon.

On pratique le havage dans le lit de havrie.

Un ouvrier à veine peut détacher 3,50 à 4 m² de couche en une journée.

Charbon très-beau et gailletteux.

—B— Composition en droit, au puits d'En-Bas du Charbonnage du Bois-de-Boussu :

1.re laie au toit	0m,21
2.e laie de charbon	0m,61
Havrie	0m,08
Ouverture totale . .	0m,90

La deuxième laie renferme un lit de schiste gris de 0m,05 d'épaisseur.

Le toit et le mur ne sont pas très-bons ; la couche est traversée assez souvent par des brouillages, et c'est surtout dans le voisinage de ces dérangements que le toit est mauvais parce que le banc de grès qui le surmonte donne un peu d'eau.

Ouvriers à veine : fr. 0,60 à 0,70 par m² ; souvent, cette couche se présente sans havrie ; son toit est alors assez mauvais et il faut plus de temps pour boiser les tailles ; c'est ce qui fait monter le prix d'abattage à fr. 0,70.

Coupage des voies : fr. 1,80 à 2,25 le mètre courant.

Cette couche donne, à ce puits, du charbon de très-bonne qualité et qui est assez gailletteux.

— Au puits S.t-Antoine du même charbonnage, cette couche présente, à la profondeur de 255 m., une puissance de 0m,50 à 0m,55 en charbon; elle est très-failleuse et son allure est irrégulière; le toit et le mur sont mauvais; le charbon qu'elle fournit est très-tendre et de mauvaise qualité.

—C— Composition en plat, au Charbonnage du Rieu-du-Coeur, puits n.° 2 du Couchant du Flénu :

Mojet au toit	0m,19
Laie de charbon	0m,25
Havrie	0m,09
Laie de charbon	0m,12
Ouverture totale . .	0m,65

Cette couche a été très-peu exploitée à ce puits prace qu'elle contient une trop grande quantité de reflles (schiste très-mélangé de charbon et de pyrite).

— Au puits n.° 1 du Couchant du Flénu, même charbonnage, cette couche est formée d'un mélange assez intime de charbon et de terre.

— Composition au même Charbonnage, puits n.° 2 des 24-Actions :

Laie de charbon au toit. . . .	0m,24
Caillou	0m,30
Layette barreuse	0m,08
Ouverture totale. . .	0m,62

Toit tendre, mur passable.
Cette couche a été très-peu exploitée par ce puits.

Mines où l'on exploite le Charbon Flénu-Gras.

NOMS DES MINES ET SIÉGE DES SOCIÉTÉS.	COMMUNES sous lesquelles s'étendent les CONCESSIONS.	NOMS DES COUCHES. (1)	N.os d'Ordre.
PRODUITS, à Jemmapes.	Quaregnon. Jemmapes.	Grand-Gaillet . . .	1
RIEU-DU-CŒUR ET LA BOULE, à Quaregnon. — Comprenant : Société du Couchant du Flénu » des 24-Actions. » du Midi du Flénu. » de Sainte-Cécile. » des 16 Actions. » du Centre du Flénu.	Quaregnon. Pâturages.	Grand-Gaillet . . . Plate Veine . . . . Soumillarde. . . . Grande-Cornaillette . Dure-Veine. . . . . George . . . . . Veine à la pierre . . Grand-Feuillet . . Payé . . . . . . Maton	1 2 3 4 6 7 8 9 10 11
HORNU ET WASMES, à Wasmes.	Wasmes. Hornu.	Plate-Veine. . . . Soumillarde . . . Grande-Cornaillette .	2 3 4
GRAND-BUISSON, à Hornu.	Wasmes. Hornu.	Maton	11
BOIS DE BOUSSU, à Boussu.	Boussu. Dour.	Grand-Gaillet . . . Plate-Veine. . . . Soumillarde . . . Famenne . . . . Dure-Veine. . . .	1 2 3 5 6

(1) Voir la note page 239.

Description des Couches à Charbon Flénu-Gras.

1. GRAND-GAILLET.

—A— Composition en plat, au Charbonnage des PRODUITS, puits n.° 11 :

Laie de charbon	0m,28 à 0m,30
Havrie	0m,12
Laie du mur	0m,18
Ouverture totale. . .	0m,58 à 0m,60

Toit très-bon.

Ouvriers à veine : fr. 0,50 par m².

Coupage des voies : fr. 2,40 par mètre courant.

Charbon très-propre et assez friable.

Rendement : 30 pour cent de gaillettes et gailletteries (mélange) et 70 pour cent de fines. Aux tailles, on obtient une assez grande proportion de gaillettes, mais arrivé au jour, le charbon n'est plus aussi gailletteux parce que les gros morceaux ont été brisés dans le transport et pendant les chargements et les déchargements qu'on leur a fait subir dans les travaux et à la surface.

Cette couche a été recoupée à 64 mètres plus bas que la couche *Gade*, et à cette profondeur, on n'y a pas rencontré du gaz hydrogène-carboné comme dans cette dernière.

La couche *Grand-Gaillet* est l'une des meilleures du Charbonnage des *Produits ;* son charbon est excellent pour la fabrication du gaz éclairant; à l'usine de Mons, on a obtenu jusqu'à 25 mètres cubes de gaz par hectolitre de charbon.

— Composition au puits n.° 14 du même Charbonnage :

Laie de charbon	0m,15
Havrie	0m,10
Laie	0m,30
Havrie au mur	0m,05
Ouverture totale . .	0m,60

Rendement : 6,75 hectolitres de charbon par m².

—B— Composition au Charbonnage du Rieu-du-Cœur, puits S.t-Florent, S.te-Cécile et S.t-Séraphin :

Laie de charbon	0m,24
Havrie	0m,15
Laie du mur	0m,23
Ouverture totale . .	0m,62

Toit assez solide, mur moins bon.

Ouvriers à veine : fr. 0,55 par m² ; pour abattre le charbon à la coupure, il faut employer la poudre.

Coupage des voies : fr. 2,50 le mètre en costresse, et fr. 2,20 en voie tierne.

Cette couche est une des meilleures de ce Charbonnage ; son charbon est très-propre, d'un noir brillant, se brise en fragments rhomboédriques à faces striées ; sa poussière est noire ; il tâche le papier en brun, ne se délite pas aussi rapidement que le charbon des couches qui produisent le charbon Flénu proprement dit.

Rendement : 20 pour cent de gaillettes, 30 pour cent de gailletteries et 50 pour cent de fines.

Dans la partie ouest de la concession, cette couche dégage du gaz hydrogène carboné.

— Composition au même Charbonnage, puits n.º 1 des Vingt-quatre-Actions, étage 368,50 mètres :

Laie de charbon	0m,41
Caillou	0m,33
Laie du mur	0m,30
Ouverture totale . .	1m,04

Le caillou n'a quelquefois que 0m,25.

— Composition au même Charbonnage, puits n.º 2 des Vingt-quatre-Actions, étage de 544 mètres :

Laie de charbon	0m,29
Caillou	0m,25
Laie du mur	0m,32
Ouverture totale . .	0m,86

— Composition au même puits, à l'étage de 567 mètres :

Laie de charbon	0m,36
Caillou	0m,29
Laie du mur	0m,43
Ouverture totale . .	1m,08

— Composition au même puits, à l'étage de 572 mètres :

Laie de charbon au toit . . .	0m,33
Caillou ou havrie	0m,42
Laie du mur	0m,28
Ouverture totale. . . .	1m,03

Inclinaison : 15° au nord.
Toit très-bon, mur solide.
On pratique le havage dans le caillou.
Ouvriers à veine : fr. 0,70 par m².

— Composition en plat, au même Charbonnage, puits n.° 1 du Couchant du Flénu :

Laie de charbon	0m,29
Banc de terre	0m,26
Laie de charbon	0m,28
Havrie au mur	0m,06
Ouverture totale. . .	0m,89

Sous le havrie, il y a un banc de schiste (faux-mur) de 0,15, puis vient le bon terrain.

Il y a un faux-toit de 0m,50 à 0m,60 au-dessus duquel on rencontre la roche solide ; dans ce faux-toit, on trouve beaucoup de cloches (masses de fer carbonaté) qui sont très-difficiles à soutenir et qui occasionnent souvent, dans leur chute, des blessures aux ouvriers occupés dans les tailles.

Le banc de terre qui sépare les deux laies, ne conserve pas toujours l'épaisseur de 0m,26 ; il est divisé par un caillou très-dur dont la puissance varie de 0m,15 à 0m,45 ; lorsqu'il atteint 0m,45, le travail est pénible pour l'ouvrier à veine ; on doit alors élever à fr. 0,60 ou 0,65 par m² le prix de l'abattage qui est de fr. 0,52 par m² lorsque le caillou n'a que 0m,15 à 0m,20 d'épaisseur; quand le caillou n'a que 0m,15, un ouvrier à veine peut détacher, en une journée, 5,50 m² de couche; mais lorsqu'il a 0m,45 d'épaisseur, l'ouvrier ne peut abattre que 4 à 4,50 m².

Coupage des voies: fr. 1,90 en costresse et 1,70 en voie tierne, par mètre courant.

Rendement: 35 à 40 pour cent de gaillettes et gailletteries, et 60 à 65 pour cent de fines.

Charbon de bonne qualité pour gaz éclairant.

—C— Composition en droit, au Charbonnage du Bois-de-Boussu, puits S.t-Antoine et Alliance:

Laie de charbon	0m,33
Havrie	0m,20
Laie du mur	0m,44
Ouverture totale . .	0m,97

C'est une des plus belles couches de ce Charbonnage, mais le toit et le mur sont mauvais; elle exige une grande quantité de bois pour le soutènement; au puits l'Alliance (ou n.o 4), lorsque l'exploitation n'était encore poussée qu'à la distance de 100 m. du puits, le boisage coûtait déjà fr. 0,10 par hectolitre de charbon extrait.

Ouvriers à veine: fr. 0,70 à fr. 1,00 par m².

Coupage des voies: fr. 1,70 à 2,25 par mètre courant.

Les roches encaissantes renferment une assez grande quantité d'empreintes de végétaux; l'espèce sigillaria est abondante au toit et c'est même un caractère particulier de cette couche à ce Charbonnage.

— Composition en plat, au puits d'En-Bas de la même Mine:

Laie du toit	0m,42
Schiste gris	1m,45
Laie du mur	0m,35
Ouverture totale. . .	2m,22

Le banc de schiste étant trop épais, on n'exploite, par ce puits que la laie du toit.

2. PLATE-VEINE.

—A— Composition en plat, au Charbonnage du Rieu-du-Coeur, puits n.° 1 du Couchant du Flénu :

Layette au toit	0m,07
Terre	0m,12
Laie de charbon	0m,45
Terre	0m,02
Layette	0m,07
Ouverture totale . .	0m,73

Le toit est bon ; au mur il y a un banc de schiste tendre (faux-mur) de 0m,09 d'épaisseur sous lequel se trouve un bon terrain.

Ouvriers à veine : fr. 0,52 par m² ; un ouvrier peut détacher, en une journée, 5,50 m² de couche.

C'est une des meilleures couches de ce Charbonnage ; elle rend en moyenne, 20 pour cent de gaillettes, 22 pour cent de gailletteries et 58 pour cent de fines.

Charbon excellent pour la fabrication du gaz éclairant.

— Cette couche a été exploitée en droit par le puits S.t-Séraphin du même Charbonnage, et elle a donné du gaz hydrogène carboné ; aux autres puits S.t-Florent, S.te-Cécile et n.° 1 du Couchant du Flénu, on n'a pas trouvé de grisou ; à ces derniers puits, elle était exploitée en plat.

— Composition en plat, au même Charbonnage, puits n.° 1 des Vingt-Quatre-Actions, à l'étage de 568 m. :

Terre au toit	0m,05
Laie de charbon	0m,10
Terre	0m,09
Laie	0m,48
Terre	0m,05
Charbon havrie	0m,05
Ouverture totale. . .	0m,82

— Composition au puits n.° 2 des VINGT-QUATRE-ACTIONS, étage de 354,50 m. :

Laie de charbon	0m,12
Caillou	0m,10
Laie de charbon	0m,21
Laie de charbon	0m,35
Terre	0m,04
Charbon	0m,06
Havrie	0m,09
Ouverture totale . .	0m,97

— Composition à 155 m. au nord du même puits, étage de 402 m. :

Laie de charbon au toit . . .	0m,15
Terre	0m,12
Charbon (deux laies)	0m,41
Faux-mur	0m,11
Ouverture totale . .	0m,79

Le toit et le mur sont bons.

Le havage est ordinairement pratiqué dans le lit de terre ; quelquefois, cependant, il a lieu dans le faux-mur lorsque ce dernier n'a pas une trop grande dureté. Dans tous les cas, on détache le faux-mur pour avoir des terres de remblayage et pour empêcher que le charbon ne se salisse.

Un ouvrier à veine peut détacher, en une journée, 4,50 m^2 de couche en faisant un avancement de 2m,25.

Le coupage des voies coûte fr. 2 le mètre; on consomme $\frac{1}{6}$ de kilogramme de poudre par mètre de voie.

Rendement : 15 pour cent de gaillettes, 20 pour cent de gailleteries et 65 pour cent de fines.

Charbon de bonne qualité.

— A 100 m. environ à l'ouest du même puits et au même niveau, la couche se présente comme suit :

Laie de charbon	0m,12
Caillou	0m,07
Laie de charbon	0m,20
Laie de charbon	0m,30
Terre havrie	0m,10
Ouverture totale . .	0m,79

— Composition en droit, au même Charbonnage, puits n.° 3 des 24-Actions, étage de 275 m. :

Laie de charbon	0m,38
Havrie au mur	0m,09
Ouverture totale . .	0m,47

—B— Composition au Charbonnage d'Hornu et Wasmes, puits n.° 5 :

Terre au toit	0m,15
Laie de charbon	0m,50 à 0m,55
Laie	0m,03
Ouverture totale . .	0m,68 à 0m,73

Toit et mur bons.

Ouvriers à veine : fr. 0,55 à 0,65 par m²; un ouvrier peut détacher 4 m² de couche par jour en faisant un avancement de 2 m.

Rendement : 18 pour cent de gaillettes, 20 pour cent de gailleteries et 62 pour cent de fines.

Charbon de très-bonne qualité; c'est une des meilleures couches du bassin pour charbon propre à la fabrication du gaz éclairant.

—C— Composition en plat, au Charbonnage du Bois de Boussu, puits l'Alliance :

PLATE-VEINE :	Laie du toit	0m,25
	Schiste gris	0m,45
	Laie	0m,20
	Banc de terre	0m,15
PETITE PLATE-VEINE :	Laie de charbon	0m,44
	Schiste charbonneux . .	0m,30
	Ouverture totale . .	1m,79

Ces couches se présentent en droit à ce puits, avec la composition précédente renversée, c'est-à-dire que la Petite-Plate-Veine se trouve au-dessus.

Le banc de terre a une puissance variable; il atteint quelquefois 3 à 4 mètres; dans ce cas, et même dès que l'épaisseur dépasse 1m,40, on n'exploite plus les deux couches en même temps; on abandonne la Petite-Plate-Veine parce qu'alors elle n'est pas exploitable attendu que le banc de terre n'a pas assez de consistance.

Au puits de l'Alliance ou n.° 4, et au puits d'En-Bas ou n.° 1 à l'étage de 191 m., les deux couches sont exploitées simultanément; elles constituent alors l'une des plus belles couches du charbonnage, et on obtient beaucoup de gros charbon; mais au même puits d'En-Bas, au-dessous du niveau de 191 m., les deux couches ne peuvent être exploitées simultanément parce que l'épaisseur du banc de terre est trop forte.

Quand on exploite les deux couches à la fois, on paie aux ouvriers à veine fr. 0,75 par m.²; le coupage des voies coûte, dans ce cas, fr. 1,80 à 2,00 le mètre.

On consomme une grande quantité de bois pour l'exploitation de ces couches, environ pour fr. 0,09 à 0,10 par hectolitre de charbon extrait.

3. SOUMILLARDE.

—A— Composition en plat, au Charbonnage du Rieu-du-Coeur, puits n.° 1 du Couchant du Flénu :

Layette au toit	0m,10
Havrie	0m,12
Laie de charbon	0m,35
Ouverture totale . .	0m,57

Au toit, il y a un banc de terre tendre (mojet) de 0m,10 à 0m,25 d'épaisseur; au-dessus, se trouve un bon terrain; le mur est tendre.

Ouvriers à veine : fr. 0,65 le m²; on emploie la poudre à la coupure; un ouvrier à veine peut abattre jusqu'à 6,50 m² de couche en une journée.

Coupage des voies : fr. 2,20 le mètre en costresse, et fr. 2,00 en voie tierne.

Le charbon est assez propre quand on a soin de bien maintenir les terres qui se trouvent au toit; on obtient 18 pour cent de gaillettes, 26 pour cent de gailletteries et 56 pour cent de fines.

On rencontre quelquefois dans cette couche beaucoup de pierres et surtout des rognons de fer carbonaté qui atteignent parfois la grosseur d'une tête d'homme; aussi, dans ces circonstances, le charbon est-il très-sale.

— Au même Charbonnage, puits S.te-Julie du Centre du Flénu, le havrie qui se trouve entre les deux laies atteint une épaisseur de 0m,30 et la layette du toit n'a plus que 0m,05 de puissance.

— Composition au même Charbonnage, puits n.° 2 des Vingt-Quatre-Actions, à l'étage de 347 mètres :

Laie de charbon	0m,11
Caillou havrie.	0m,15
Laie du mur	0m,48
Ouverture totale. . .	0m,74

— Composition au même puits, à l'étage de 372 mètres :

Laie de charbon	0m,12 à 0m,15
Caillou	0m,50 à 0m,80
Laie du mur	0m,40
Ouverture totale . .	1m,02 à 1m,35

Inclinaison : 13° au nord.

Toit et mur assez bons.

Ouvriers à veine : fr. 0,50 à 0,60 par m² pour havage seul, et fr. 0,20 par m² pour abattage du charbon.

— Composition à 120 mètres au nord du même puits, à l'étage de 402 mètres :

Laie de charbon	0m,11
Havrie	0m,04
Laie du mur	0m,43
Ouverture totale. . .	0m,58

Inclinaison 15 à 18°.

Toit très-dur, mur bon.

Un ouvrier à veine peut détacher 5 m² de couche en une journée, en faisant un avancement de 2m,50.

Le coupage des voies coûte fr. 2,50 le mètre ; on consomme environ 0k,25 de poudre par mètre de voie.

Rendement : 17 pour cent de gaillettes, 18 pour cent de gailletteries et 65 pour cent de fines.

Charbon de très-bonne qualité.

— Composition au même Charbonnage, puits n.° 1 des Vingt-Quatre-Actions, à l'étage de 369 mètres :

Laie de charbon au toit . . .	0m,16
Terre	0m,07
Laie de charbon	0m,48
Ouverture totale . .	0m,71

—B— Composition au Charbonnage d'HORNU ET WASMES, puits n.° 5 :

Layette au toit	0m,05
Laie de charbon	0m,50
Ouverture totale . .	0m,55

Au levant de ce puits, l'épaisseur de la laie descend jusqu'à 0m,42, tandis qu'au couchant, elle atteint 0m,65.

Bon toit, bon mur.

On pratique le havage dans la layette ; ouvriers à veine : fr. 0,80 à 0,90 par m^2; un ouvrier peut détacher, en une journée, 3 m^2 de couche en faisant un avancement de 1m,50.

Rendement : 16 pour cent de gaillettes, 18 pour cent de gailletteries et 66 pour cent de fines.

Charbon de bonne qualité.

—C— Composition en droit, au Charbonnage du BOIS DE BOUSSU, puits d'En-Bas :

Havrie au toit	0m,10
Laie de charbon	0m,55
Ouverture totale . .	0m,65

Toit très-dur, mur très-solide.

Ouvriers à veine : fr. 0,60 à 0,70 par m^2; on doit employer la poudre pour détacher le charbon.

Coupage des voies : fr. 2,00 à 2,50 le mètre courant; on consomme ordinairement pour ce travail, deux cartouches de poudre par mètre de voie; on fait sept cartouches avec un kilogr. de poudre.

Le charbon de cette couche est plus dur et plus gailletteux que celui de toutes les autres couches de ce Charbonnage ; mais au puits de l'Alliance, on ne le rencontre plus avec la même dureté et on obtient alors peu de gros charbon.

Les roches encaissantes contiennent une assez grande quantité d'empreintes de végétaux ; on y trouve principalement des sigillaires et l'on n'y rencontre pas de fougères.

4. GRANDE-CORNAILLETTE.

—A— Composition au Charbonnage du Rieu-du-Coeur, puits n.° 1 des 24-Actions :

Terre au toit	0m,02
Laie de charbon	0m,24
Havrie	0m,10
Laie de charbon	0m,22
Ouverture totale . .	0m,58

Toit très-mauvais, mur bon.

Ouvriers à veine : fr. 0,60 par m².

Coupage des voies : fr. 2,30 par mètre en costresse et fr. 2,10 en voie tierne.

Il faut beaucoup de bois pour soutenir le terrain.

Cette couche dégage du gaz hydrogène-carbonné.

Rendement : 15 pour cent de gaillettes, 26 pour cent de gailleteries et 61 pour cent de fines.

Ce charbon n'est pas très-propre; il convient cependant fort bien pour la fabrication du gaz éclairant.

— Composition en plat, au même Charbonnage, puits n.° 2 des 24-Actions, à l'étage de 402 m. :

Layette de charbon	0m,12
Terre	0m,12 à 0m,50
Laie	0m,18
Havrie	0m,02
Laie	0m,20
Terre	0m,02 à 0m,04
Layette au mur	0m,08
Ouverture totale . .	0m,74 à 1m,14

Le mur est bon.

On cherche, autant que possible, à laisser en place la layette du toit et le lit de terre de 0m,12 à 0m,50 ; mais quelquefois, on ne peut maintenir ce banc de terre et on exploite alors la layette.

Ordinairement, on pratique le havage dans le lit de havrie, et l'on prend les deux laies de charbon; quelquefois, on enlève la layette du mur; dans ce dernier cas, on have dans le lit de terre de 0m,02 à 0m,04.

Un ouvrier à veine peut détacher, en une journée, 4 m² de couche en faisant un avancement de 2 mètres.

Le coupage des voies coûte fr. 2,00 le mètre; il faut employer $^1/_8$ de kilogramme de poudre par mètre de voie.

Rendement: 10 pour cent de gaillettes, 18 pour cent de gailletteries et 72 pour cent de fines.

Charbon de très-bonne qualité; donne beaucoup de gaz à la distillation et est recherché pour cet usage.

— Composition en plat, au même Charbonnage, puits n.° 5 ou S.te-Caroline des Vingt-Quatre-Actions, à la profondeur de 296 m.:

Layette au toit	0m,09
Caillou	0m,24
Laie de charbon	0m,21
Terre noire	0m,10
Laie de charbon	0m,28
Ouverture totale. . .	0m,92

Inclinaison 17 à 18° au nord.

Le caillou atteint quelquefois une épaisseur de 0m,50 à 0m,55.

On pratique d'abord le havage entre la layette et le caillou; on enlève ensuite le caillou que l'on place dans les remblais, puis l'on détache les laies de charbon.

Toit et mur solides.

Ouvriers à veine: fr. 0,75 par m² en tailles tiernes, et fr. 0,85 en tailles costresses; les tailles ont 14 à 15 mètres de front, et l'avancement est de 2m,25 à 2m,50 par jour.

Coupage des voies: fr. 2,00 en costresse et fr. 1,90 en voie tierne.

— Composition au même Charbonnage, dans la section du Midi du Flénu :

Laie de charbon	0m,24
Havrie	0m,06
Laie du mur	0m,26
Ouverture totale . .	0m,56

—B— Composition au Charbonnage d'Hornu et Wasmes, puits n.° 5 :

Caillou au toit.	0m,07 à 0,m08
Laie de charbon	0m,30
Laie de charbon	0m,20
Layette	0m,03 à 0m,04
Ouverture totale . .	0m,60 à 0m,62

Toit et mur bons.

On pratique le havage soit dans le caillou, soit dans la layette.

Ouvriers à veine : fr. 0,80 à 0,90 par m²; travail journalier d'un ouvrier : 5 m² de couche en faisant un avancement de 1m,50.

Rendement : 16 pour cent de gaillettes, 18 pour cent de gailleteries et 66 pour cent de fines.

Charbon de bonne qualité.

—C— Composition en droit, au Bois de Boussu :

Schiste charbonneux	0m,06
Laie de charbon	0m,17
Laie	0m,15
Laie	0m,10
Schiste au mur	0m,21
Ouverture totale . .	0m,69

On n'exploite pas cette couche à ce Charbonnage à cause de sa faible puissance en charbon, et parce que le banc de schiste qui se trouve au mur est très-friable et par suite salit beaucoup le charbon.

5. FAMENNE.

— Composition en plat, au Charbonnage du Bois de Boussu :

Laie de charbon	$0^m,47$
Havrie au mur	$0^m,12$
Ouverture totale . .	$0^m,59$

En plat, toit bon, mur mauvais.

On paie aux ouvriers à veine : fr. 0,80 par m^2.

Coupage des voies : fr. 4,00 par mètre pour abattre le charbon et couper la voie.

En droit, la couche est renversée, le lit de havrie se trouve au toit; le mur est bon, le toit est mauvais, parce que, au-dessus du lit de havrie, il y a un banc de schiste de $0^m,80$ à 1 mètre, très-difficile à tenir. Le boisage est très-couteux; au couchant du puits de l'Alliance, à la profondeur de 265 m., on a trouvé le toit tellement mauvais que l'on a été obligé d'enlever, après l'abattage du charbon, le banc de schiste sur une épaisseur de $0^m,50$ à $0^m,40$ environ, afin d'établir un boisage convenable; la couche était inclinée de 45° au midi. A ce puits, on pratique le bavage au toit; les ouvriers à veine reçoivent fr. 0,60 à fr. 0,80 par $m.^2$ et leur tache journalière consiste à abattre la couche sur 2 m. de front et $1^m,80$ à 2 m. d'avancement.

Le coupage des voies coûte fr. 2,00 à fr. 2,20 le mètre; on pratique environ deux mines par mètre de voie; les cartouches contiennent $^1/_7$ de kilogr. de poudre.

Le charbon fourni par cette couche est, en général, assez gailletteux.

6. DURE-VEINE.

—A— Composition au Charbonnage du Rieu-du-Coeur, puits S.te-Placide :

1.re layette au toit.	$0^m,10$
Schiste	$0^m,43$
2.e layette de charbon	$0^m,10$
Schiste tendre.	$0^m,09$
Laie de charbon du mur . . .	$0^m,29$
Charbon sale	$0^m,12$
Ouverture totale . .	$1^m,13$

La laie de $0^m,29$ est traversée par un lit de reflles de $0^m,06$, ce qui rend le charbon sale et empêche la formation des gaillettes; on n'enlève que la 2.e layette et la laie du mur. Le toit est alors très-mauvais puisqu'il se trouve formé par le banc de schiste de $0^m,43$ de puissance; le mur est tendre.

Ouvriers à veine : fr. 0,70 par m^2.

Coupage des voies : fr. 2,10 par mètre en costresse et fr. 2,00 en voie tierne.

On est obligé d'employer une grande quantité de bois pour soutenir le terrain, et il faut souvent avoir recours à la poudre pour détacher le charbon.

Rendement : 9 pour cent de gaillettes, 18 pour cent de gailleteries et 73 pour cent de fines.

Cette couche dégage, à ce puits, du gaz hydrogène carboné.

— Composition au même Charbonnage, puits n.° 2 des Vingt-Quatre-Actions, étage de 420 mètres :

Layette au toit.	$0^m,11$
Terre havrie	$0^m,09$
Laie de charbon	$0^m,31$
Laie de charbon	$0^m,16$
Terre au mur	$0^m,12$
Layette	$0^m,09$
Ouverture totale. . .	$0,^m88$

Inclinaison 15 à 18°.

Toit mauvais, mur bon.

Les terres havries qui se trouvent au toit, augmentent quelquefois jusqu'à atteindre $0^m,50$ de puissance; dans ce cas, on pratique le havage dans le banc de terre au mur; si en même temps, le banc de terre au toit est consistant, on obtient alors du charbon propre.

Lorsque le lit de terre havrie n'a que $0^m,10$ environ, on y pratique le havage; on détache ensuite la layette du toit puis l'on prend les deux laies de charbon; les terres et la layette au mur restent alors en place.

Un ouvrier à veine peut détacher 4,50 m² de couche en faisant un avancement de 2^m,25.

Le coupage des voies coûte fr. 2,00 le mètre; on consomme environ $^1/_6$ de kilogr. de poudre par mètre de voie.

Rendement : 25 à 30 pour cent de mélange dont très-peu de gaillettes, et 70 à 75 pour cent de fines.

Charbon clair, léger, de bonne qualité et recherché pour la fabrication du gaz éclairant.

— Composition en plat, au même Charbonnage, puits n.° 5 des Vingt-Quatre-Actions, à l'étage de 288 mètres :

Laie de charbon au toit. . . .	0^m,11
Havrie	0^m,05 à 0^m,10
Laie de charbon	0^m,15
Laie de charbon	0^m,19
Terre	0^m,01
Laie de charbon	0^m,10
Terre	0^m,01
Laie de charbon	0^m,14
Laie de charbon	0^m,14
Ouverture totale . .	0^m,90 à 0^m,95

Toit assez tendre, mur bon.

Ouvriers à veine : fr. 0,76 par m² en tailles tiernes et fr. 0,85 en tailles costresses; un ouvrier peut détacher, en une journée, 3,50 m² de couche. On donne aux tailles 14 à 15 m. de front, et et l'avancement journalier est de 2 mètres.

Coupage des voies : fr. 2,10 par mètre en costresse et fr. 1,90 en voie tierne.

Rendement : en moyenne 15 à 20 pour cent de gaillettes, 20 pour cent de gailletteries et 60 à 65 pour cent de fines.

—B— Composition en droit, au couchant du puits n.° 14 du Charbonnage du Bois de Boussu :

Laie du toit ou Grande-Dure . .	0m,48
Schiste	0m,09
Layon	0m,05
Schiste	0m,40
Layon	0m,06
Laie du mur ou Petite-Dure. .	0m,25
Ouverture totale . .	1m,33

Au levant du même puits, on exploite cette couche également en droit, mais elle s'y présente comme suit :

Havrie au toit.	0m,11
Laie ou Grande-Dure	0m,39
Schiste charbonneux	0m,02
Ouverture totale . .	0m,52

L'autre laie (la Petite-Dure) se trouve séparée de la laie du toit (Grande-Dure) par un banc de schiste dont la puissance augmente à mesure que l'on se porte vers le levant de la concession ; ce banc de schiste atteint, en certains points, une puissance de 8 mètres ; lorsque son épaisseur dépasse 1m,20 à 1m,50, on ne peut plus exploiter les deux laies en même temps, et l'on abandonne la Petite-Dure.

Lorsque l'on exploite la laie du toit seule, ce qui est le cas le plus ordinaire, on paie aux ouvriers à veine fr. 0,60 à 0,70 par m²; on doit employer la poudre pour détacher le charbon.

Le coupage des voies coûte fr. 2,00 le mètre.

Charbon très-gailletteux.

7. GEORGE.

—A— Composition en plat, au puits S.t-Placide du Charbonnage du Rieu-du-Coeur :

Mojet au toit	0m,03
Laie de charbon	0m,28
Havrie	0m,18
Layette	0m,09
Ouverture totale . .	0m,58

Toit dur, mur assez tendre.

Ouvriers à veine : fr. 0,90 par m².

Coupage des voies : fr. 2,50 par mètre en costresse et fr. 2,18 en voie tierne.

Rendement : environ 20 pour cent de gaillettes, 26 pour cent de gailletteries et 54 pour cent de fines.

Cette couche n'est pas très-avantageuse à exploiter parce qu'elle a une trop faible puissance en charbon; cependant, le charbon qu'elle fournit paraît être l'un des meilleurs du bassin pour la fabrication du gaz éclairant; d'après les essais qui ont été faits à l'usine à gaz de Mons, un hectolitre pesant 89 kilogrammes a produit 620 pieds cubes (mesure française) de gaz éclairant et 1 ½ hectolitre de coke.

— Composition aux puits S.te-Cécile et S.t-Florent du même Charbonnage :

Mojet au toit	$0^m,02$ à $0^m,04$
Laie de charbon	$0^m,26$ à $0^m,28$
Havrie	$0^m,10$ à $0^m,30$
Layette	$0^m,10$ à $0^m,20$
Ouverture totale . .	$0^m,48$ à $0^m,82$

— Composition au même Charbonnage, puits n.° 5 des Vingt-Quatre-Actions, à l'étage de 330 mètres :

Laie de charbon au toit. . . .	$0^m,29$
Terre	$1^m,30$
Layette	$0^m,10$
Ouverture totale . .	$1^m,69$

Inclinaison 19°.

On n'exploite pas cette couche à ce puits, parce que le banc de terre a une trop grande épaisseur; le charbon de la laie est cependant assez gailletteux et de très-bonne qualité.

—B— Composition en droit, au Charbonnage du Bois de Boussu :

Laie du toit	0m,23
Schiste mélangé de charbon . .	0m,80
Laie du mur	0m,23
Ouverture totale . .	1m,26

On n'exploite pas cette couche à ce Charbonnage, à cause du banc de schiste qui empêche que le charbon soit obtenu suffisamment propre.

8. VEINE A LA PIERRE.

—A— Composition en plat, au Charbonnage du Rieu-du-Coeur, section du Midi du Flénu :

Terre au toit	0m,05
Laie de charbon	0m,21
Terre	0m,01
Laie	0m,20
Havrie	0m,10
Laie de charbon	0m,08
Ouverture totale. . .	0m,65

Toit dur, mur tendre.

Ouvriers à veine : fr. 0,55 par mètre carré.

Coupage des voies : fr. 2,20 par mètre courant en costresse, et fr. 2,00 en voie tierne.

Rendement : 17 pour cent de gaillettes, 24 pour cent de gailletteries et 59 pour cent de fines.

Charbon malpropre.

Couche dégageant du gaz hydrogène carboné.

— Composition au même Charbonnage, puits n.° 1 des Vingt-Quatre-Actions, à l'étage de 387 mètres :

Laie de charbon	0m,33
Terre	0m,18
Laie du mur	0m,18
Ouverture totale. . .	0m,69

— Composition au même Charbonnage, puits n.° 2 des Vingt-Quatre-Actions :

Laie de charbon au toit . . .	0^m,19
Havrie	0^m,03
Laie du mur	0^m,22
Terre	0^m,56
Layette	0^m,13
Ouverture totale . .	1^m,13

On laisse en place le banc de terre et la layette.

— Composition au puits n.° 5 des Vingt-Quatre-Actions, étage de 330 mètres :

Laie de charbon	0^m,20
Terre	0^m,01
Laie	0^m,17
Caillou	0^m,20 à 0^m,36
Layette au mur	0^m,11
Ouverture totale. . .	0^m,69 à 0^m,85

Inclinaison 19°.

Toit quelquefois mauvais, mur bon.

On pratique le havage dans la layette au mur ; on enlève ensuite le caillou ; ce travail est fait pendant la nuit, et un ouvrier peut préparer 2,60 m^2 de couche en faisant 1^m,50 d'avancement. Pendant le jour, on abat les deux laies ; un ouvrier, aidé d'un bouteur, peut détacher 15 m^2 de couche.

Quand le toit est très-mauvais, on ne peut exploiter cette couche avec avantage.

Quelquefois, on n'enlève que les deux laies, et on ne touche pas au caillou ni à la layette ; mais cette exploitation n'est pas souvent assez avantageuse parce que la puissance des deux laies est trop faible.

En général, cette couche est difficile à exploiter.

Rendement : quand on exploite le tout : 15 pour cent de gaillettes, 25 pour cent de gailletteries et 60 pour cent de fines; quand on n'exploite pas la layette: 10 pour cent de gaillettes, 20 pour cent de gailletteries et 70 pour cent de fines.

Charbon très-brillant, se présentant en morceaux ayant la forme de coins, à arêtes vives et nettes; se distingue, sous ce rapport, des autres charbons de cette mine.

Charbon de bonne qualité.

—B— Composition en droit, au Charbonnage du Bois de Boussu :

Layon et terre	0^m,11
Laie de charbon	0^m,17
Havrie	0^m,02
Laie	0^m,20
Layon et terre au mur	0^m,11
Ouverture totale . .	0^m,61

Cette couche n'est pas exploitée à ce Charbonnage parce qu'elle donne beaucoup de charbon sale.

9. GRAND-FEUILLET.

Composition en plat, au Charbonnage du Rieu-du-Coeur, puits n.° 1 des 24-Actions :

Layon friable et schiste. . . .	0^m,14
Laie de charbon	0^m,30
Schiste au mur.	0^m,08
Ouverture totale . .	0^m,52

Toit et mur bons.

Le schiste au toit salit assez le charbon lors de l'abattage.

Ouvriers à veine : fr. 0,60 par m^2.

Coupage des voies : fr. 2,20 en voie tierne, et fr. 2,40 en costresse; pour couper les voies, on dépense en moyenne un kilogr. de poudre pour 5 mètres de voie.

Rendement : 18 pour cent de gaillettes, 25 pour cent de gailletteries et 57 pour cent de fines.

Charbon convenant très-bien pour la fabrication du gaz éclairant; d'après les essais, on a trouvé que un hectolitre de ce charbon pesant 89 kilogr. rendait 500 pieds cubes (mesure française) de gaz et 1 ½ hectolitre de coke.

Couche dégageant du grisou, du moins lorsqu'on l'exploite au-dessous de 200 mètres à partir de la surface.

— Composition au même Charbonnage, puits n.° 5 des 24-Actions, à l'étage de 530 mètres :

Layette mauvais charbon . . .	0m,07
Layette	0m,08
Terre	0m,04
Laie de charbon	0m,34
Terre au mur	0m,05
Ouverture totale . .	0m,58

Toit assez souvent formé de quérelle, et quelquefois de schiste; dans ce dernier cas, il est mauvais. Mur bon.

On pratique ordinairement le havage dans les deux layettes et le lit de terre au toit; mais ce travail est quelquefois rendu difficile à cause des barres sulfureuses que renferment ces layettes; dans ce cas, on have au mur de la couche.

Un ouvrier à veine peut détacher 5 m² de couche en faisant un avancement de 2m,50.

Rendement : 12 pour cent de gaillettes, 14 pour cent de gailleteries et 74 pour cent de fines.

Charbon souvent malpropre à cause des layettes supérieures.

— Au puits S.te-Cécile du même charbonnage, à la profondeur de 465 mètres, cette couche se trouve en plat incliné de 8° au nord, et elle n'est séparée de la couche *Payé* que par un banc de schiste de 0m,80 d'épaisseur.

— Composition aux puits S.t-Placide et S.t-Charles du même Charbonnage :

Mojet au toit	0m,03
Laie de charbon	0m,16
Layette	0m,05
Laie	0m,15
Havrie	0m,04
Ouverture totale . .	0m,43

Il y a un faux-mur dont la puissance varie entre $0^m,06$ et $0^m,15$.

— Composition au puits S.t-Amand du même Charbonnage, à la profondeur de 56 mètres :

Laie de charbon au toit	$0^m,11$
Sillon noir	$0^m,01$
Laie de charbon	$0^m,29$
Havrie noire	$0^m,06$
Faux-mur	$0^m,10$
Ouverture totale . .	$0^m,57$

Inclinaison 12°.
Toit assez bon.

— Composition au puits S.t-Florent du même Charbonnage, section du Midi du Flénu, à la profondeur de 479 mètres:

Laie de charbon au toit . . .	$0^m,46$
Charbon tendre	$0^m,03$
Ouverture totale . .	$0^m,49$

Inclinaison 7 à 8° au sud.

Il n'y a pas de havrie. En certains endroits, il y a un faux-banc au toit de $0^m,10$ à $0^m,12$, qui tombe avec la laie lors de l'abattage.

Toit et mur bons.

Ouvriers à veine : fr. 0,75 à 0,85 par m^2; un ouvrier peut avancer de $2^m,40$ à $2^m,50$ par jour, et détacher 4,50 m^2 de couche; la laie est souvent très-dure à travailler et l'on doit alors employer la poudre pour faire l'abattage.

Coupage des voies : fr. 2,50 en costresse, par mètre courant, et fr. 2,25 en voies tiernes.

Rendement : 46 pour cent de gaillettes et gailletteries, et 54 pour cent de fines.

Charbon très-beau et de bonne qualité.

Au puits S.t-Florent, cette couche n'est distante que de $1^m,80$ de la couche *Payé* qui la suit; à partir du puits, et en allant vers le couchant, cette distance augmente; mais au levant du puits, les deux couches se rapprochent, elles ne sont plus distantes que de $0^m,90$ à $1^m,20$ et on les exploite en même temps par une seule voie; on pratique la voie dans le banc de roche qui sépare les deux couches et l'on paie pour ce travail fr. 3,40 par mètre.

A mesure que l'on s'éloigne du puits vers le levant et vers le couchant, le charbon de ces deux couches devient plus tendre.

10. PAYÉ.

—A— Composition en plat, au Charbonnage du RIEU-DU-COEUR, puits n.° 1 des 24-Actions, étage 397 m.:

Caillou au toit.	$0^m,05$
Laie de charbon	$0^m,15$
Laie	$0^m,08$
Laie du mur	$0^m,17$
Havrie	$0^m,07$
Ouverture totale . .	$0^m,52$

Au mur, il y a un banc de schiste tendre de $0^m,12$ d'épaisseur.

Toit et mur bons.

Ouvriers à veine : fr. 0,40 par m^2.

Coupage des voies : fr. 2,00 par m. en costresse, et fr. 1,80 en voie tierne; on dépense environ 1 kilogr. de poudre pour le coupage de 5 mètres de voies.

Cette couche donne du charbon assez propre mais moins gailletteux que celui du *Grand-Feuillet;* on retire ordinairement 7 pour cent de gaillettes, 18 pour cent de gailletteries et 75 pour cent de fines.

Charbon convenant très-bien pour la fabrication du gaz éclairant.

— Composition au même Charbonnage, puits n.° 5 des 24-Actions, étage de 350 m.:

Laie de charbon	$0^m,40$
Terre havrie au mur.	$0^m,05$
Ouverture totale . .	$0^m,45$

Inclinaison 19°.

Toit et mur bons.

Un ouvrier à veine peut détacher, en une journée, 5 m² de couche en faisant un avancement de 2m,50.

Rendement : 12 pour cent de gaillettes, 18 pour cent de gailletteries et 70 pour cent de fines.

Charbon très-propre et d'excellente qualité.

— Au puits S.t-Amand du même Charbonnage, on a exploité le premier plat de tête de cette couche à l'étage de 56 mètres; la composition était comme suit :

Laie de charbon	0m,40
Havrie au mur	0m,08
Ouverture totale. . .	0m,48

Cette couche était très-gailletteuse; on obtenait jusqu'à 55 à 60 pour cent de mélange et 40 à 45 pour cent de fines.

— Composition au puits S.t-Florent du même Charbonnage, section du MIDI DU FLÉNU, étage 479 m. :

Mojet au toit	0m,10
Laie de charbon	0m,39
Havrie	0m,03
Ouverture totale . .	0m,52

Toit et mur mauvais.

Ouvriers à veine : fr. 0,70 à 0,80 par m.² Un ouvrier peut détacher, en une journée, 4,50 m² de couche.

Coupage des voies : fr. 2,50 par mètre en costresse et fr. 2,25 en voies tiernes.

Beau charbon et de bonne qualité; assez gailletteux; les gaillettes sont plus petites que celles de la couche *Grand-Feuillet*, et le charbon est plus clair et plus brillant que celui de cette dernière couche.

Cette couche dégage du grisou lorsqu'on l'exploite sous le niveau de 200 m. environ.

Quand la couche *Grand-Feuillet* qui se trouve au-dessus n'est qu'à 1m,50 de distance de *Payé*, on exploite les deux couches en même temps; (voir n.° 9, GRAND-FEUILLET).

—B— Composition en droit, au Charbonnage du BOIS DE BOUSSU :

Havrie au toit	0m,08
Laie de charbon	0m,52
Ouverture totale . .	0m,60

11. MATON.

—A— Composition en droit, au puits S.t-Amand du Charbonnage du RIEU-DU-COEUR, étage 226 mètres :

Laie de charbon au toit . . .	0m,12
Gaillet	0m,05
Terre blanche très-dure . . .	0m,25
Laie de charbon	0m,20
Ouverture totale . .	0m,62

Inclinaison 52° au sud.

On pratique le havage sous le gaillet ; on enlève ensuite le banc de terre à la poudre, puis l'on détache le charbon. Cette couche est d'une exploitation assez difficile.

Ouvriers à veine : jusqu'à fr. 1,20 par m².

Coupage des voies : fr. 2,00 par m. courant.

Rendement : 25 pour cent de gaillettes, 55 pour cent de gailletteries et 40 pour cent de fines.

Charbon de bonne qualité.

On a du abandonner l'exploitation de cette couche à l'étage de 226 m., à cause de la grande dureté du charbon.

— A l'étage de 56 m., on a exploité, au même puits, le premier plat de tête de cette couche ; on l'a rencontrée avec la composition suivante :

Laie de charbon au toit. . . .	0^m,34
Havrie	0^m,08
Laie de charbon	0^m,18
Ouverture totale. . .	0^m,60

Le charbon était très-gailletteux ; on obtenait quelquefois 68 à 70 pour cent de mélange.

—B— Composition au puits n.° 1 du GRAND-BUISSON, étage de 324 mètres :

Laie de charbon au toit. . . .	0^m,30
Terre	0^m,20
Laie de charbon	0^m,30
Ouverture totale . .	0^m,80

Inclinaison : 60° au midi.

Au-dessus de la laie du toit, il y a un banc de schiste (faux-toit) de 0^m,90 d'épaisseur qui est assez consistant.

—C— Composition au puits S.te-Croix du BOIS DE BOUSSU :

Laie de charbon	0^m,75
Terre au mur	0^m,02
Ouverture totale . .	0^m,77

2.° Houille grasse à longue flamme, ou demi-grasse.

Caractères généraux.

La houille grasse à longue flamme nommée aussi *demi-grasse* ou *dure*, est noire, tachante, à poussière noir-brun et à structure schisteuse; elle est moins friable que la houille grasse-maréchale, mais ne possède pas une aussi grande fermeté que les houilles maigres; elle ne peut donc être obtenue a un état aussi gailletteux que la houille maigre à longue flamme.

Elle est, en général, peu sulfureuse; sa pureté est plus grande que celle du charbon Flénu, et moindre que celle de la houille maréchale.

Sa pesanteur spécifique varie de 1,262 à 1,287.

Cette houille renferme assez souvent du *charbon minéral* (houille daloïde) en taches ou bien en couches minces plus ou moins étendues; elle contient aussi quelquefois de l'anthracite en petits feuillets, substance qui se distingue de la masse principale en ce qu'elle ne brûle pas lorsqu'elle est exposée à un feu ordinaire.

Suivant M.r Chevalier, cette houille présente habituellement deux sens de division que l'on serait tenté de comparer aux clivages des minéraux, l'un parallèle, l'autre perpendiculaire au plan de la couche; ces clivages sont plus ou moins faciles sur les diverses couches, mais ils sont toujours indiqués; celui qui est perpendiculaire au lit, a lieu généralement suivant un plan parfaitement dressé; et, lorsque la division est faite, elle montre toujours deux faces brillantes. Le clivage parallèle au lit met à nu des faces moins planes, plutôt lisses que miroitantes. Les divers plans successifs suivant lesquels peuvent s'opérer ces divisions, sont fort rapprochés; ils sont rarement distants de plus d'un centimètre.

De la disposition de ces deux sens de divisions, il résulte que les fragments de ce charbon affectent habituellement une forme rectangulaire.

Lorsque ces clivages sont faciles, le charbon, vu en tas, a de l'éclat, mais il renferme beaucoup de menu et il supporte peu les transports ; si les clivages sont difficiles, la cassure du charbon est inégale, la surface des morceaux est grenue, sans éclat, mais ils sont beaucoup plus gros.

Cette houille donne une assez grande quantité de poussière noire très-fine, qui gène beaucoup les ouvriers qui la manipulent; pénétrant dans les voies respiratoires dont elle tapisse les parois, cette poussière occasionne une toux fréquente et produit un chatouillement désagréable à la gorge; c'est pour ce motif que l'on désigne souvent ce charbon sous le nom de *verreux*.

Exposée à l'air, à l'état de gros morceaux, cette houille se conserve, sans s'altérer, pendant un temps plus long que le charbon Flénu; elle ne rougit pas aussi vite que le charbon Flénu-gras, et le menu, mis en tas, ne se recouvre pas de substance blanche et ne s'enflamme pas spontanément comme le font quelquefois les amas de charbon Flénu.

Le charbon gras à longue flamme se distingue assez facilement du charbon Flénu par son aspect plus terne, par la facilité avec laquelle il se réduit en poussière lorsqu'on le foule aux pieds, et par la constitution physique de son menu qui est pour ainsi dire de la poussière en comparaison de celui du charbon Flénu qui est composé de très-petits morceaux sans poussière proprement dite.

Les couches qui fournissent la houille grasse à longue flamme, ont été, jusqu'ici, presque toujours rencontrées en allure irrégulière, c'est-à-dire formées de droits et de plats en plus ou moins grand nombre dont l'exploitation est quelquefois difficile et coûteuse; ce n'est qu'à une profondeur déjà assez notable sous le sol, qu'elles se présentent en grandes plateures, et, jusqu'à présent, il n'y a que quelques-unes des couches supérieures qui aient été atteintes dans cette dernière allure.

Les couches qui produisent cette qualité de charbon, dégagent du gaz hydrogène carboné en assez grande quantité.

Manière dont cette houille se comporte au feu au contact de l'air.

La houille grasse à longue flamme est assez lente à s'enflammer, plus lente que les autres espèces, d'où lui vient le nom de *charbon dur* sous lequel elle est souvent désignée dans le Hainaut; elle brûle assez vite, en produisant une longue flamme vive, et donne lieu au dégagement d'une certaine quantité de fumée moindre cependant que le Flénu; elle s'agglutine sous l'action de la chaleur, mais moins que la houille grasse maréchale; elle tient bien le feu, augmente un peu de volume, et sa combustion est plus difficile à régler que celle du Flénu, parce qu'il se produit une certaine quantité de mâche-fer; elle fournit une chaleur vive et soutenue, plus forte que le Flénu, mais ne permet pas de donner un coup de feu instantané; enfin, elle se ramollit sur la grille sans l'obstruer autant que le fait la houille grasse maréchale.

Manière dont la houille grasse à longue flamme se comporte au feu en vases clos.

Carbonisée dans des fours, cette couche donne un coke d'assez bonne qualité, métalloïde, un peu boursouflé et dense; ce coke est plus dense que celui obtenu avec le charbon Flénu-gras, mais il est plus léger, moins boursouflé et moins pur que celui fourni par la houille grasse maréchale.

Dans la carbonisation en grand, on obtient environ 65 à 70 de coke, pour cent de charbon.

Soumise à la distillation en vases clos, cette houille fournit une assez grande quantité de gaz propres à l'éclairage, moins cependant que le charbon Flénu-gras; elle laisse, pour résidu solide de cette opération, un coke dont on peut se défaire d'une manière avantageuse surtout dans les villes où l'on s'en sert pour le chauffage domestique; ce coke est aussi utilisé dans les petites forges. Enfin, cette houille donne à la distillation, plus de bitume ou de goudron que la houille maigre à longue flamme.

Usages.

La houille grasse à longue flamme exploitée au Couchant de Mons, est quelquefois employée pour la fabrication du coke destiné aux opérations métallurgiques et au chauffage des machines locomotives ; mais, généralement, ce coke est plus léger, plus friable, développe moins de chaleur et surtout n'est pas aussi pur que celui obtenu avec la houille maréchale ; aussi lui préfère-t-on ce dernier dans la plupart des cas.

Mais cette houille convient très-bien pour le service des fours à réverbère et des forges à l'anglaise, parce qu'elle brûle avec flamme, donne une chaleur vive et soutenue et peut produire une température très-élevée ; elle ne présente pas dans ces fours, les mêmes inconvénients que la houille grasse maréchale qui est plus collante ; cependant, elle colle encore suffisamment pour former, dans les foyers, des voûtes qui concentrent la chaleur sur les fers que l'on chauffe et garantissent ces derniers du contact immédiat de l'air.

Elle est aussi très-recherchée pour le chauffage des fours de verreries, et pour le service des brasseries et des distilleries, parce qu'elle brûle en donnant une longue flamme et en développant beaucoup de chaleur ; elle est préférable au Flénu pour cet usage, parce que les cendres qu'elle produit sont moins abondantes et plus pesantes.

Pour le chauffage des chaudières à vapeur, elle donne également d'assez bons résultats quoiqu'elle soit quelquefois un peu trop collante pour être brûlée convenablement dans les foyers de ces appareils ; elle produit une chaleur plus élevée et dégage moins de fumée que la houille Flénu, ce qui la fait préférer souvent à cette dernière pour le service des chaudières à vapeur établies dans les villes.

On s'en sert aussi pour fabriquer le gaz éclairant ; mais, bien qu'elle fournisse une assez grande quantité de coke que l'on peut très-bien employer pour le chauffage domestique et dans les petites forges, elle est moins avantageuse que le charbon Flénu-gras parce que le gaz que l'on en retire est moins bon et en moindre quantité que celui obtenu avec ce dernier charbon.

Enfin, cette houille est excellente pour le chauffage domestique dans des foyers découverts ; elle développe une grande chaleur, brûle assez lentement, donne peu de cendres et laisse dégager une faible quantité de fumée ; elle colle bien et augmente peu de volume, de sorte que l'on n'a pas à redouter la chute des morceaux enflammés hors des foyers comme cela a lieu avec la houille grasse maréchale ; elle s'allume moins vite et moins facilement que la houille Flénu ; mais ce léger inconvénient est plus que compensé par les avantages que nous venons de signaler.

Composition chimique.

Voici le résultat de quelques analyses de houilles grasses à longue flamme faites par la commission des procédés nouveaux, à Bruxelles, et par M.r Chevalier.

Analyses faites par la Commision des procédés nouveaux, à Bruxelles.

NOMS DES MINES.	NOMS DES COUCHES.	Densité.	Carbone.	MATIÈRES Volatil.	MATIÈRES Ter-reuses.	Pyrite.	Quantité de Cok. p. % de Houille.	Couleur des Cendres.
GRAND-BUISSON	Bibée	1 283	59 939	24 346	15 516	0 199	75 59	Fauv. blanch.
	Grand-Buisson.	1 286	67 562	27 930	4 411	0 297	71 99	Fauv. rouge.
	Bouilleau . .	1 273	67 415	29 117	3 271	0 197	70 87	Fauves.
RIEU-DU-COEUR ET LA BOULE.	Grand-Buisson.	1 258	62 411	28 308	9 052	0 229	71 62	Fauv. verdat.
	Bouilleau . .	1 507	62 445	31 924	5 985	1 646	67 62	Fauves.
GRAN.de MACHINE A FEU DE DOUR.	Abbaye . . .	1 265	67 187	23 487	8 751	0 595	76 35	Gris. verdat.
	Plate-Veine. .	1 278	65 017	27 852	6 510	0 621	71 97	Gris. jaunât.
	MOYENNES. .	1 279	64 539	27 556	7 354	0 541	72 29	

Analyses faites par M.r Chevalier.

NOMS DES MINES.	NOMS DES COUCHES.	Pesanteur spécifique à 12° c.	Perte au feu en centièm.	Proportion des Cendres en cent.	Couleur des Cendres.
BOIS de BOUSSU.	Plate-Veine .	1 271	30 70	1 98	fauves.
	Veine à 2 laies.	1 263	31 40	1 27	légèrement fauves
	Bouleau. . .	1 264	35 00	4 40	fauves.
	Autres Couches.	1 276	32 90	2 80	id.
		1 280	35 90	1 75	id.
		1 291	31 55	4 05	fauves et blanches
	Moyennes .	1 274	32 91	2 71	

**Mines où l'on exploite
la Houille Grasse à longue flamme ou demi-Grasse.**

NOMS DES MINES ET SIÉGE DES SOCIÉTÉS.	COMMUNES sous lesquelles s'étendent les CONCESSIONS.	NOMS DES COUCHES.	N.os d'Ordre.
RIEU-DU-CŒUR ET LA BOULE, à Quaregnon. — Société du Couchant du Flénu » des 24-Actions. » du Midi du Flénu. » de Sainte-Cécile. » des 16 Actions. » du Centre du Flénu.	Quaregnon. Pâturages.	Grand-Buisson. . .	1
		Sélixée	2
		Bouleau	3
		Herlem	4
		Grande-Catelinotte .	5
		Veinette	6
		Veine à deux laies. .	8
		Plate-Veine. . . .	9
		Toute-Bonne ou Sorcière . .	10
		Veine au caillou . .	11
		Ferté.	13
		Grands-Andrieux . .	14
		Abbaye	15
GRAND-BUISSON, à Hornu.	Wasmes. Hornu.	Grand-Buisson. . .	1
		Sélixée	2
		Bouleau	3
		Bibée.	7
		Veine à deux laies. .	8
		Plate-Veine. . . .	9
ESCOUFFIAUX, à Hornu. — Charbonnage de Bonne-Espérance.	Hornu. Dour. Wasmes.	Veine au caillou . .	11
		Veine à Forges. . .	12
		Ferté.	13
		Grands-Andrieux . .	14
		Abbaye	15

NOMS DES MINES ET SIÉGES DES SOCIÉTÉS.	COMMUNES sous lesquelles s'étendent les CONCESSIONS.	NOMS DES COUCHES.	N.os d'Ordre.
BOIS DE BOUSSU, à Boussu.	Boussu. Dour.	Grand-Buisson. . .	1
GRANDE MACHINE A FEU DE DOUR, à Dour.	Dour.	Plate-Veine. . . . Veine à forges. . . Ferté. . . . . . Grands-Andrieux . . Abbaye	9 12 13 14 15
LONGTERNE-TRICHÈRES, à Dour.	Dour.	Veine à forges. . .	12
GRANDE-VEINE DU BOIS D'ÉPINOIS, à Élouges.	Élouges.	Veine à forges . . .	12
LONGTERNE-FERRAND, à Élouges.	Élouges.	Veine à forges . . .	12
PICQUERY, à Frameries. — Charbonnage de Bonne-Veine.	Frameries. Pâturages.	Puits S.te-Hortense. A Puits S.te-Hortense. B Puits S.te-Hortense. C Puits S.te-Hortense. D Alias Pantou . . . Rouge-Veine . . .	17 18 19 20 21 22

Observation. — Voir la note page 239.

Description des couches à Houille grasse à longue flamme.

1. GRAND-BUISSON.

—A— Composition en plat, au puits S.t-Félix du Charbonnage du RIEU-DU-COEUR :

Laie de charbon au toit. . . .	0m,42
Havrie	0m,30
Laie de charbon	0m,38
Ouverture totale . .	1m,10

Toit et mur bons.

Ouvriers à veine : fr. 1,00 par m².

Coupage des voies : fr. 1,00 par mètre courant.

En plat, cette couche rend 15 pour cent de gaillettes, 18 pour cent de gailletteries et 77 pour cent de fines; en droit, son rendement en gaillettes et gailletteries est moindre.

— Au puits S.t-Pierre du même Charbonnage, le banc de havrie atteint une puissance de 2m,50; on n'exploite alors que la laie supérieure, et l'on paie aux ouvriers à veine fr. 0,60 par m²; le coupage des voies coûte, dans ce cas, fr. 2,20 par mètre.

Charbon d'excellente qualité pour la fabrication du gaz éclairant; il donne aussi du coke assez beau.

— Composition au même Charbonnage, puits n.° 5 des 24-Actions, étage de 227 m.:

Laie de charbon	0m,50
Terre.	0m,10
Layette	0m,18
Terre grise.	0m,45
Laie du mur	0m,46
Ouverture totale . .	1m,69

—B— Composition en plat, au puits n.° 1 du Charbonnage du Grand-Buisson :

Laie de charbon au toit. . . .	0m,40 à 0m,45
Layon	0m,15 à 0m,20
Terre	0m,05 à 0m,10
Gaillet	0m,03
Laie de charbon	0m,45
Ouverture totale . .	1m,08 à 1m,23

— Composition en droit, au puits n.° 2 du même Charbonnage :

Laie du toit (du mur en plat) . .	0m,30 à 0m,40
Layon en deux sillons	0m,20
Terre.	0m,20
Gaillet (barre schisteuse) . . .	0m,06
Laie du mur (du toit en plat) . .	0m,40
Ouverture totale . .	1m,16 à 1m,26

— Composition en plat, au puits n.° 3 du même charbonnage :

Laie du toit.	0m,40
Layon	0m,15
Terre	0m,20
Gaillet	0m,03
Laie du mur	0m,45
Ouverture totale . .	1m,23

La puissance normale de cette couche est de 1m,20.

Le banc de gaillet qui est du schiste très-dur, accompagne presque toujours la laie du mur ; lorsqu'il disparaît, on est à-peu-près certain de trouver la couche en dérangement.

Il existe aussi, mais accidentellement, un banc de gaillet de 0m,10 d'épaisseur au-dessus de la laie du toit (en plat) ; ce gaillet est accompagné, en certains endroits, d'un banc de schiste tendre.

On trouve dans les schistes qui avoisinent cette couche, beaucoup d'empreintes de végétaux qui appartiennent, pour la plus grande partie, à la classe des sigillaires ; on rencontre aussi quelques licopodes, mais pas de calamites ni de fougères; cette dernière espèce se présente en grand nombre dans les terrains qui encaissent la couche *Bouilleau* qui est à 45 m. plus haut.

Près du puits n.° 1, se trouve un cran désigné sous le nom de ruement du n.° 1, au couchant duquel la couche se présente en renfoncement de 30 mètres de hauteur; l'épaisseur de ce cran est assez variable et elle va jusqu'à 7 à 8 mètres; le gaillet de 0^m,10 dont il est question ci-dessus, existe au levant et au couchant de ce cran; mais au levant, la couche est accompagnée d'un faux-banc de schiste quelquefois très-friable, quelquefois assez dur, mélangé de charbon et dont la puissance varie de 0^m,15 à 0^m,30, tandis qu'au couchant, ce faux-banc n'existe pas.

Au couchant du puits n.° 2 et à la profondeur de 542 m., cette couche est en dressant de 45° d'inclinaison; cette inclinaison persiste jusqu'à 80 ou 100 m. au levant du puits et elle diminue à partir de ce point de manière qu'à la distance de 150 m. elle est de 50°.

Au puits n.° 3, elle est en plateure inclinée de 32°; le banc de terre augmente de puissance à mesure que l'on se dirige vers le levant; au Midi du Flénu, il atteint une épaisseur de 4 à 5 m. et les deux laies y constituent deux couches distinctes que l'on exploite séparément.

Sous cette couche, en plat, se trouve une petite couche en une laie de 0^m,30 d'épaisseur, nommée *Petit-Buisson*; au couchant du cran qui passe près du puits n.° 1, cette petite couche est à 4 ou 5 mètres et même à 10 mètres de la couche Grand-Buisson; au levant de ce cran, la distance ordinaire entre ces deux couches n'est que de 0^m,80 et elle descend jusqu'à 0^m,30 ou 0^m,35 au levant du puits n.° 2; cette faible épaisseur de terre (0^m,30 à 0^m,35) entre le Grand et le Petit-Buisson, existe au levant du puits n.° 2, à l'étage de 542 m. et sur une distance de 200 m. environ; au-delà de ce point, le banc de terre augmente de puissance à mesure que l'on se porte vers le levant, et, à 250 mètres, il atteint déjà 0^m,70.

La couche *Petit-Buisson* n'a été exploitée au charbonnage du

Grand-Buisson que sur une distance de 250 m. au levant du puits n.° 2, étage de 342 mètres, où elle se trouve en droit à 0m,30 ou 0m,35 du Grand-Buisson, et cette exploitation a été opérée en même temps que celle de la couche Grand-Buisson.

En général, le toit et le mur de la couche Grand-Buisson sont assez solides en plat; en droit, le toit est mauvais lorsque l'épaisseur des terres entre les deux couches n'est que de 0m,30 à 0m,80, parce que, dès que l'on a enlevé la couche Grand-Buisson qui se trouve alors au-dessous de la couche Petit-Buisson, cette dernière se détache assez facilement de son toit et pèse avec le banc de terre sur les bois qui se brisent alors en peu de temps; le mur de la couche Petit-Buisson en plat, ou le toit en droit, est bon.

Lorsque l'on exploite la couche Grand-Buisson seule, en plat, on paie aux ouvriers à veine fr. 0,75 à 0,80 par m^2, et un ouvrier peut détacher, en une journée, de 4 à 4,50 m^2 de couche; en général, le travail est assez facile.

On paie fr. 1,80 à fr. 2,00 par mètre pour le coupage des voies.

En droit, on donne aux ouvriers à veine fr. 0,60 à fr. 0,65 par m^2; un ouvrier peut détacher, en une journée, de 5,50 à 6 m^2 de couche; le coupage des voies coûte, dans ce cas, fr. 1,60 à 1,80 par mètre.

Au levant du puits n.° 2, et à l'étage de 342 m., on a exploité, comme nous l'avons dit plus haut, les deux couches en même temps; voici de quelle manière le travail était conduit. Pendant la nuit, des haveurs enlevaient le banc de schiste de 0m,30 à 0m,35 d'épaisseur qui sépare les deux couches; ils recevaient, pour cette opération, fr. 0,70 par m^2 de couche; pendant le jour, il y avait des ouvriers, dits faiseurs de laies, qui détachaient les deux couches; souvent, il suffisait d'un seul de ces ouvriers pour une taille de 10 mètres de largeur dans laquelle on avait pratiqué le havage sur une profondeur de 1m,50; un faiseur de laies pouvait donc détacher, en une journée, 15 m^2 de couche; on lui donnait fr. 0,30 par m^2; sans distinguer les haveurs des faiseurs de laies, on trouvait qu'un ouvrier détachait, par jour, 3 à 3,50 m^2 de couche. Comme le vide était assez grand après l'enlèvement des deux couches, il n'y avait, pour ainsi dire, pas de coupage de voies; mais on devait employer, pour le boisage, des bois de 0m,20 de diamètre, et il en fallait, dans les voies, pour fr. 1,50 à fr. 2,00 par mètre courant; ces bois, quoique déjà d'un diamètre assez fort, se brisaient cependant assez vite; après deux jours, il fallait souvent les renouveler entièrement, car les voies qui avaient 1m,86 de hauteur étaient quelquefois réduites à 0m,90 de hauteur après ce laps de temps.

Au puits n.° 2, on consommait, en moyenne, pour fr. 0,06 à fr. 0,08 de bois par hectolitre de charbon extrait.

La couche Grand-Buisson fournit ordinairement 10 à 12 pour cent de gaillettes, 15 à 20 pour cent de gailletteries et 68 à 75 pour cent de fines; son charbon, en général très-propre, est recherché pour la fabrication du gaz éclairant et pour le service des chaudières à vapeur; il se rapproche beaucoup de la qualité dite Flénu, et il est considéré comme l'un des meilleurs que fournissent les couches de charbon gras à longue flamme; en brûlant, il développe peu de fumée, colle assez bien et donne une belle flamme; il peut aussi fournir du coke d'assez bonne qualité, et il est recherché pour le chauffage domestique.

On a trouvé que 1 kilogr. de houille de cette couche donne 0 m^3,528 de gaz et 0k,743 de coke.

Cette couche est considérée comme étant la meilleure du charbonnage du Grand-Buisson.

—C— Composition en plat, au Charbonnage du Bois de Boussu :

Laie de charbon au toit	0m,58
Schiste	0m,12
Layon	0m,18
Schiste	0m,03
Laie du mur	0m,46
Ouverture totale. . . .	1m,37

C'est une des belles couches de ce charbonnage.

Vers le couchant de la concession, elle devient inexploitable parce que les deux laies sont séparées par des bancs de terre dont l'épaisseur va jusqu'à 4 ou 5 mètres ; quelquefois, cependant, l'une de ces laies se présente dans cette partie du charbonnage avec une puissance de $0^m,75$ en charbon, et on l'exploite alors avec avantage.

— Au puits S.te-Croix du même charbonnage, elle s'est présentée en deux laies comme suit :

Laie du toit	$0^m,60$
Terre	$0^m,90$
Laie du mur	$0^m,45$
Ouverture totale . .	$1^m,95$

Le banc de terre a souvent une épaisseur plus forte que celle indiquée ci-dessus.

On n'exploite généralement que la laie du toit parce que le banc de terre a trop d'épaisseur.

2. SÉLIXÉE.

—A— Composition au puits S.t-Félix du Charbonnage du Rieu-du-Coeur.

Mojet blanc au toit	$0^m,05$
Layette	$0^m,06$
Havrie	$0^m,03$
Laie de charbon	$0^m,21$
Laie de charbon	$0^m,20$
Faux-mur	$0^m,10$
Ouverture totale . .	$0^m,65$

Toit et murs bons.

Ouvriers à veine : 0,70 par m^2.

Coupage des voies : fr. 2,00 par mètre.

En plat, cette couche donne 18 pour cent de gaillettes, 25 pour cent de gailletteries et 57 pour cent de fines.

—B— Composition au Charbonnage du GRAND-BUISSON :

Laie de charbon au toit. . . .	0m,45
Schiste dur.	0m,15
Laie de charbon	0m,15
Ouverture totale. . .	0m,75

Cette couche a une allure assez irrégulière à ce Charbonnage; elle n'est exploitable que dans la partie orientale de la concession.

5. BOULEAU.

—A— Composition au puits S.t-Félix du RIEU-DU-COEUR :

Mojet au toit	0m,03
Laie de charbon	0m,19
Havrie	0m,04
Laie de charbon	0m,15
Faux-mur ou bezier.	0m,03
Ouverture totale . .	0m,44

Toit et mur bons.

Ouvriers à veine : fr. 0,45 par m².

Coupage des voies : fr. 2,50 par mètre courant.

Cette couche fournit au plus 10 pour cent de gaillettes, et 18 pour cent de gailletteries.

Charbon donnant du coke de bonne qualité.

— Composition au puits S.t-Pierre du même Charbonnage, étage de 192 mètres :

Laie de charbon	0m,20
Havrie	0m,10
Laie	0m,23
Havrie au mur.	0m,07
Ouverture totale . .	0m,60

Très-souvent, on trouve au toit un layon de 0m,10 à 0m,12 d'épaisseur.

Le toit est assez bon, le mur également.

Ouvriers à veine: fr. 0,40 à 0,55 par m²; un ouvrier peut détacher, en une journée, 6 à 7 m² de couche.

Coupage des voies : fr. 2,00 le mètre courant; on donne aux voies 1m,50 à 1m,65 de hauteur et 1m,50 de largeur.

Rendement: 8 à 9 pour cent de gailletles, 12 pour cent de gailletteries et 80 à 81 pour cent de fines.

Charbon assez friable.

—B— Au Charbonnage du GRAND-BUISSON, puits n.° 1, cette couche qui se trouve à 45 mètres au-dessous de la couche *Grand-Buisson*, a été exploitée en dressant de 60°, à la profondeur de 324 mètres ; au levant du cran (ruement du n.° 1), qui existe près de ce puits, elle s'est présentée comme suit:

Laie de charbon au toit . . .	0m,20
Havrie	0m,05
Laie du mur	0m,20
Ouverture totale . .	0m,45

Il y a souvent au toit un faux-banc de 0m,05 à 0m,10 d'épaisseur.

Le havage est pratiqué entre les deux laies.

Le toit est souvent fort mauvais; le mur est généralement assez bon.

Au couchant du cran, elle est encore composée de deux laies séparées par un havrie; mais ces laies sont un peu plus puissantes qu'au levant du cran, et l'ouverture totale de la couche est de 0m,60. Au toit, il y a un lit de terre de 0m,10 à 0m,15; au mur, se trouve un lit de terre de 0m,08 que l'on retient avec peine. Après avoir pratiqué le havage, on abat la laie supérieure, puis l'on détache la laie du mur au moyen de leviers et de coins.

Ouvriers à veine: fr. 0,45 par mètre carré.

Coupage des voies: fr. 3,00 par mètre pour costresses, fr. 2,00 par mètre pour voies tiernes et fr. 1,30 par mètre pour galeries d'aérage.

On rencontre dans les roches encaissantes beaucoup d'empreintes de végétaux, entr'autres une grande quantité de fougères.

Cette couche a une allure assez tourmentée ; elle se présente souvent en étreinte ; quand elle est en allure régulière, elle fournit autant de gaillettes et de gailletteries que la couche *Grand-Buisson*, mais lorsqu'elle est en allure irrégulière, elle produit beaucoup de menu.

En général, ce charbon est plus tendre et moins propre que celui de la couche *Grand-Buisson;* le clivage est assez bien prononcé; les morceaux de charbon ont une forme rhomboédrique.

Cette houille a un aspect brillant et elle ressemble beaucoup à la houille dite Flénu; elle convient très-bien pour la fabrication du gaz destiné à l'éclairage, pour le chauffage des chaudières à vapeur et pour les foyers domestiques. On a trouvé qu'un kilogr. de ce charbon rendait 0^{m3},270 de gaz et 0^{k},720 de coke.

— Au même puits n.° 1, cette couche exploitée en dressant à la profondeur de 342 mètres, se présente avec la composition suivante :

Laie de charbon au toit . . .	0^{m},20
Havrie	0^{m},10
Laie de charbon	0^{m},20
Ouverture totale . .	0^{m},50

Toit et mur bons.

Ouvriers à veine : fr. 0,55 à 0,60 par mètre carré ; un ouvrier peut détacher, en une journée, 5 à 6 mètres carrés de couche.

4. HERLEM.

Composition en plat, au puits S.t-Félix du Charbonnage du Rieu-du-Coeur, étage de 190 mètres :

Laie de charbon	0^{m},38
Faux-mur	0^{m},20
Ouverture totale . .	0^{m},58

Toit tendre, mur assez bon.

Ouvriers à veine : fr. 0,55 par m^2.

Coupage des voies : fr. 2,75 par mètre courant.

Cette couche donne du charbon de bonne qualité, propre à la fabrication du gaz éclairant.

Rendement : 20 pour cent de gaillettes, 25 pour cent de gailletteries et 55 pour cent de fines.

— Composition en droit, au même Charbonnage, puits Saint-Pierre du Midi du Flénu :

Laie de charbon	0m,42
Havrie au mur	0m,03
Ouverture totale . .	0m,45

Toit assez bon excepté dans les endroits où la couche est failleuse ce qui se présente assez souvent ; mur solide, c'est de la quérelle.

Ouvriers à veine : fr. 0,70 à 0,85 par m^2 ; un ouvrier peut détacher, en une journée, 4,25 à 6 m^2 de couche.

Coupage des voies : fr. 2,80 par mètre courant.

Cette couche est difficile à travailler, car pour abattre le charbon, il faut souvent employer la poudre après que le havage est terminé ; cependant, on n'obtient que 12 pour cent de gaillettes et 16 pour cent de gailletteries, parce que la couche étant en dressant, le charbon se brise en tombant dans les cheminées pour arriver dans la voie de chargement et de roulage.

Pour une extraction de 500 hectolitres de charbon, il faut en moyenne 14 ouvriers à veine, et la dépense en boisage est de 16 à 18 francs, soit 3 ½ centimes environ par hectolitre de charbon extrait.

Charbon de bonne qualité et pouvant donner du coke assez bon.

Cette couche dégage du grisou.

— Composition en droit au même Charbonnage, puits n.° 5 des Vingt-Quatre-Actions, étage de 60 mètres :

Havrie	0m,04
Laie de charbon	0m,25
Bezier au mur	0m,08
Ouverture totale . .	0m,37

5. GRANDE-CATELINOTTE.

— Composition en plat incliné de 25°, au puits S.t-Félix du Charbonnage du Rieu-du-Coeur, à la profondeur de 255 mètres :

1.re laie de charbon au toit. . .	0m,14
Havrie	0m,25
Schiste charbonneux	0m,10
2.e laie de charbon	0m,20
Terre	0m,13
3.e laie de charbon	0m,12
Terre grise.	0m,11
4.e laie de charbon	0m,11
Caillou blanc	0m,15
Layette	0m,08
Terre grise.	0m,08
Terre noire.	0m,08
Terre blanchâtre.	0m,10
Layette	0m,10
Terre noire.	0m,15
Terre blanche.	0m,12
5.e laie de charbon	0m,18
6.e laie de charbon	0m,12
7.e laie de charbon	0m,10
Layette	0m,05
Ouverture totale . .	2m,47

Toit dur, mur assez bon.

Pour exploiter cette couche, on commence par enlever les trois laies inférieures ; les ouvriers à veine reçoivent pour ce travail fr. 0,80 par mètre carré ; on coupe alors, pour former la voie, dans les terres qui se trouvent au-dessus de la cinquième laie, jusqu'à ce qu'on arrive à la 5.e laie ; ce coupage est payé fr. 1,50 par mètre ; on détache ensuite les 2.e et 3.e laies dont on fait tomber le charbon dans les voies ; l'enlèvement des 2.e et 3.e laies coûte fr. 0,60 par m^2.

Quelquefois, on n'exploite pas les 2.e et 3.e laies; dans ce cas, on a, pour ciel des voies, un terrain très-peu solide, et la dépense pour boisage et entretien des galeries est alors assez considérable.

Lorsque l'on exploite les cinq laies principales, on obtient 20 pour cent de gaillettes, 20 pour cent de gailletteries et 60 pour cent de fines.

Ce charbon n'est pas d'aussi bonne qualité que celui fourni par les autres couches exploitées à ce charbonnage; il n'est pas collant, s'allume assez difficilement, contient une assez grande quantité de matières terreuses et donne un menu très-sale; il se rappoche plutôt de la qualité dite Flénu que du charbon demi-gras; il est cependant de moins bonne qualité que le charbon Flénu.

— Composition au même Charbonnage, puits n.o 3 des 24-Actions, à l'étage de 229 m.:

Laie de charbon	0^m,28
Havrie	0^m,15
Laie du mur	0^m,14
Ouverture totale	0^m,57

6. VEINETTE.

— Composition au puits S.t-Amand du Charbonnage du Rieu-du-Coeur :

Laie de charbon au toit.	0^m,24
Terre blanche.	0^m,10
Terre grise.	0^m,15
Laie de charbon	0^m,30
Ouverture totale.	0^m,79

Toit et mur solides.

Cette couche a été exploitée en droit à ce puits; on a payé aux ouvriers à veine fr. 0,75 par m², et pour le coupage des voies fr. 2,00 par mètre courant.

Rendement : 15 pour cent de gaillettes, 22 à 23 pour cent de gailletteries et 62 pour cent de fines.

— Au puits n.° 5 des 24-Actions, même Charbonnage, on a exploité la laie du mur de cette couche; voici sa composition, en plat, à la profondeur de 306 mètres :

Gaillet au toit	0m,12
Laie de charbon	0m,37
Ouverture totale . .	0m,49

Inclinaison : 14 à 15° au nord.

Toit et mur bons.

Ouvriers à veine : fr. 0,75 par m² en tailles tiernes, et fr. 0,85 en tailles costresses; les tailles ont 16 mètres de front et l'avancement journalier est de 2 mètres.

Coupage des voies : fr. 3,00 par m. en costresse et fr. 2,70 en voie tierne.

Cette couche rend en moyenne 25 pour cent de gaillettes, 30 pour cent de gailletteries et 45 pour cent de fines.

— Au puits S.t-Florent du même Charbonnage, le banc de terre grise de 0m,15 d'épaisseur est remplacé par un banc de grès ou roc de 2m,80 de puissance.

— Au puits n.° 5 d'Hornu et Wasmes, on ne rencontre plus le banc de grès de 2m,80 d'épaisseur que l'on trouve au puits S.t-Florent du Rieu-du-Cœur.

7. BIBÉE.

— Composition en plat, au Charbonnage du Grand-Buisson, puits n.° 1 :

Laie de charbon au toit. . . .	0m,15 à 0m,18
Terre	0m,05 à 0m,10
1.er layon	0m,10 à 0m,12
Terre	0m,05 à 0m,10
2.e layon	0m,10
Laie du mur	0m,20
Ouverture totale. . .	0m,65 à 0m,80

Le 2.e layon ne se présente pas toujours; le banc de terre qui se trouve au-dessus de la laie du mur, atteint quelquefois une puissance de 0m,60.

Le toit est très-bon ; le mur est recouvert par un faux-banc de 0^{m},60 à 0^{m},70, ce qui fait que l'exploitation est très-difficile dans les droits et demande beaucoup de bois ; ce faux-banc est friable et difficile à maintenir ; il contient deux ou trois petits layons de charbon. On pratique le coupage de la voie dans ce banc.

Cette couche donne peu de gros et seulement 13 à 14 pour cent de gailletteries.

Les empreintes de végétaux sont abondantes dans les terrains qui encaissent cette couche ; on y rencontre beaucoup de fougères et de calamites ; le premier banc de roc qui se trouve au toit, contient un grand nombre de tiges verticales qui ont jusqu'à 0^{m},09 à 0^{m},10 de diamètre et on n'y remarque pas d'autres empreintes ; mais entre ce banc qui a 0^{m},60 d'épaisseur et celui qui le surmonte immédiatement, il y a beaucoup d'autres empreintes de végétaux. Le mur contient un grand nombre de petites feuilles de stigmaria et de détritus.

Le charbon de cette couche est employé pour la fabrication du gaz éclairant et pour le chauffage des chaudières à vapeur et des foyers domestiques ; la gailletterie est aussi bonne que celle des autres couches exploitées à ce charbonnage ; mais on n'en obtient qu'en faible proportion, et le menu est très-sale à cause des terres qui s'y mélangent lors de l'abattage.

— Cette couche a été un peu exploitée au Charbonnage de la Grande Machine a Feu de Dour ; mais on a du l'abandonner parce qu'elle était très-mélangée de terre.

Il en a été de même dans les charbonnages voisins.

8. VEINE A DEUX LAIES.

—A— Composition en droit de 72°, au puits Ste-Désirée du Charbonnage du Rieu-du-Coeur, à la profondeur de 275 mètres :

Mojet au toit	0^{m},20
Laie de charbon	0^{m},12
Havrie	0^{m},06
Laie de charbon	0^{m},16
Ouverture totale. . .	0^{m},54

La laie du mur est assez souvent divisée par un lit de pierre de 0m,02 à 0m,05 d'épaisseur.

Le toit et le mur sont très-solides.

Ouvriers à veine : fr. 0,50 par m².

Coupage des voies fr. 2,30 à fr. 2,40 par mètre courant.

Rendement : 7 à 8 pour cent de gaillettes et 14 à 15 pour cent de gailletteries.

Charbon de bonne qualité, produisant du bon coke.

Cette couche dégage du gaz hydrogène carboné.

— Composition au même Charbonnage, puits n.° 3 des 24-Actions, à la profondeur de 275 mètres :

Laie au toit	0m,14
Layettes, ensemble	0m,12
Laie du mur	0m,08
Terre, havrie	0m,20
Ouverture totale . .	0m,54

—B— Composition au puits n.° 4 du Charbonnage du Grand-Buisson :

Laie de charbon au toit. . . .	0m,20
Havrie	0m,05 à 0m,10
Laie de charbon	0m,22
Ouverture totale . .	0m,47 à 0m,52

Cette couche se trouve à 50 m. sous la couche Bibée.

Toit et mur bons.

Ouvriers à veine : fr. 0,40 à 0,50 par m².

Coupage des voies : fr. 3 à 3,50 par mètre courant.

Rendement : 8 à 10 pour cent de gaillettes, 15 pour cent de gailletteries et 75 à 77 pour cent de fines.

On trouve dans les roches encaissantes, beaucoup d'empreintes de végétaux de toute espèce, entr'autres, une grande quantité de lycopodes.

9. PLATE-VEINE.

—A— Composition en droit, au puits S.te-Désirée du RIEU-DU-COEUR :

Laie de charbon au toit. . . .	0m,35
Havrie	0m,09
Layette	0m,03
Ouverture totale . .	0m,47

Cette couche a été exploitée, à ce puits, en dressant de 65°, à la profondeur de 275 mètres.

Toit et murs très-durs.

Ouvriers à veine : fr. 0,65 par m².

Coupage des voies : fr. 2,50 par mètre courant.

Rendement : 14 pour cent de gaillettes, 18 pour cent de gailletteries et 68 pour cent de fines.

Charbon de bonne qualité ; employé pour les feux de forges ; il donne aussi du coke propre au service des hauts-fourneaux.

— Au Charbonnage du GRAND-BUISSON, cette couche se présente en une laie dont la puissance ordinaire est de 0m,40 ; il n'y a pas de terre au toit ni au mur ; cette puissance de 0m,40 varie cependant ; quelquefois, elle descend à 0m,30, mais aussi elle atteint quelquefois 0m,75 et davantage, comme cela s'est présenté au puits n.° 4, à l'étage de 217 m.

Le toit est de la querelle et par conséquent très-bon ; le mur est excellent.

La dureté de cette couche est assez variable ; aussi paye-t-on aux ouvriers à veine de fr. 0,30 à fr. 0,70 par m².

Coupage des voies : fr. 3,00 le mètre en costresse et fr. 2,15 en voie tierne.

En général, ce charbon est assez dur ; on obtient environ 25 à 35 pour cent de gaillettes et de gailletteries ; il est très-propre et très-estimé surtout pour la forge ; comme qualité et placement avantageux, il vient, à ce charbonnage, après le charbon de la couche *Grand-Buisson*.

On trouve dans les roches qui forment le mur, une assez grande quantité d'empreintes de végétaux appartenant à la classe des stigmaria.

—C— Composition en droit de 65 à 70°, au puits S.t-Louis ou n.° 1 du Charbonnage de la GRANDE MACHINE A FEU DE DOUR, à la profondeur de 524 mètres :

Laie de charbon au toit. . . .	0^m,60
Havrie	0^m,08
Ouverture totale . .	0^m,68

Sous le havrie, il y a un faux-mur de 0^m,20 à 0^m,30 d'épaisseur que l'on enlève, lors du havage, avant de détacher le charbon; ce faux-mur est formé de schiste noirâtre très-tendre, qui se divise en petits morceaux lorsqu'il a été exposé à l'air pendant quelque temps; en termes de charbonniers, ce schiste se nomme *noirs* ou *beziers;* sous ce faux-mur, on rencontre un mur solide.

Cette couche est difficile à abattre parce que le charbon est très-dur; on doit employer la poudre pour la détacher de son gite; comme elle est en dressant, l'exploitation a lieu par gradins renversés qui ont 2^m,70 de front; lorsque le mineur a pratiqué le havage sur une profondeur de 1^m,10 à 1^m,20, il place une mine au sommet du gradin, et il fait tomber la portion de couche dégagée; un bon ouvrier peut faire, en une journée de travail, 2^m,40 d'avancement sur 2^m,70 de front, soit environ 6^{m2},50; mais le travail ordinaire d'un ouvrier est de 5^{m2},50; on lui paie fr. 0,60 par m^2; pour une mine, il faut une cartouche contenant $\frac{1}{8}$ de kilogr. de poudre.

Le coupage des voies coûte fr. 1,80 le mètre courant; à la coupure on paie environ fr. 4,50 pour détacher la couche, couper la voie et faire le boisage sur un mètre d'avancement.

La couche Plate-Veine est la plus dure de toutes celles exploitées à ce Charbonnage; elle rend environ 25 à 30 pour cent de mélange (gaillettes et gailletteries); son allure est en général régulière; son charbon convient pour le chauffage domestique et pour la fabrication du gaz éclairant; les morceaux de houille se présentent avec une cassure assez nette et un bel aspect; le menu ressemble assez bien à celui du charbon Flénu, et il n'est pas aussi terne que celui des autres couches de ce charbonnage.

Cette couche dégage une faible quantité de gaz hydrogène carboné.

La couche Plate-Veine est considérée comme étant une des meilleures couches du Couchant de Mons qui produisent le charbon gras à longue flamme.

10. TOUTE-BONNE ou SORCIÈRE.

— Composition en plat, au puits S.te-Désirée du Charbonnage du Rieu-du-Coeur, à la profondeur de 275 mètres :

Laie de charbon au toit	$0^m,24$
Havrie	$0^m,12$
Laie de charbon au mur . . .	$0^m,20$
Ouverture totale. . .	$0^m,56$

Il y a un faux-mur ou bezier de $0^m,10$ d'épaisseur.

Toit assez dur, mur très-bon sous le bezier.

Ouvriers à veine : fr. 0,45 par m^2.

Coupage des voies : fr. 2,25 par mètre en costresse et fr. 1,50 par mètre en voie tierne.

Rendement : 8 pour cent de gaillettes, 14 pour cent de gailleteries et 78 pour cent de fines.

Charbon propre, donne du coke d'assez bonne qualité.

— Composition en droit, au même Charbonnage, puits n.° 3 des 24-Actions, étage de 276 m. :

Laie de charbon	$0^m,29$
Havrie	$0^m,03$
Laie du mur	$0^m,24$
Ouverture totale. . .	$0^m,56$

11. VEINE AU CAILLOU OU PATOU.

—A— Composition en droit de 72°, au puits S.t-Amand du Charbonnage du RIEU-DU-COEUR, à la profondeur de 275 mètres :

Havrie au toit (mur en plat) . .	0m,20
Laie de charbon	0m,18
Laie de charbon au mur . . .	0m,20
Ouverture totale . .	0m,58

Toit et mur tendres.

Ouvriers à veine : fr. 0,50 par m².

Coupage des voies : fr. 2,00 par mètre courant.

Rendement : 10 pour cent de gaillettes, 17 pour cent de gailletteries et 73 pour cent de fines.

Charbon propre, convenant pour la fabrication du coke.

— Composition en droit, au puits S.te-Désirée du même Charbonnage :

Caillou au toit (mur en plat) . .	0m,42
Laie de charbon	0m,32
Bezier	0m,05
Laie de charbon	0m,15
Ouverture totale. . .	0m,94

Le toit en dressant (mur en plat) est assez bon ; le mur est tendre,

Ouvriers à veine : fr. 0,55 par m².

Coupage des voies : fr. 2,00 le mètre.

Cette couche donne du charbon assez dur, de bonne qualité et propre à la fabrication du coke.

— Composition au même Charbonnage, puits n.° 5 des Vingt-Quatre-Actions, à la profondeur de 517 m. :

Bezier au toit	0m,22
Laie de charbon	0m,32
Bezier	0m,03
Laie de charbon	0m,15
Bezier	0m,15
Ouverture totale. . .	0m,87

—B— Composition en plat, au puits n.° 5 du Charbonnage de l'Escouffiaux, à la profondeur de 332 mètres:

Charbon dur au toit	0m,07
Charbon un peu tendre. . . .	0m,13
Havrie tendre	0m,15
Laie de charbon très-dur . . .	0m,25
Ouverture totale . .	0m,60

Toit et mur très-bons.

— Au puits Bonne-Espérance ou n.° 2 du même Charbonnage, cette couche se présente en plat et en droit; en plat, elle a 0m,55 de puissance en charbon ; en droit, elle est souvent inexploitable.

12. VEINE A FORGES.

—A— Composition aux puits n.° 1 et n.° 7 du Charbonnage de l'Escouffiaux :

Terre mélangée de charbon au toit	0m,05
Laie de charbon	0m,20
Laie de charbon	0m,20
Havrie	0m,10 à 0m,30
Laie de charbon	0m,15
Faux-mur	0m,03
Ouverture totale . .	0m,73 à 0m,93

Toit et mur bons.

Ouvriers à veine: fr. 0,40 à 0,60 par m²; un ouvrier peut détacher, en une journée, 5 à 6 m² de couche en droit, et 4 à 5 m² en plat.

Coupage des voies: fr. 3,00 à 3,50 par mètre en costresse, et fr. 2,50 en voie tierne.

Le charbon que cette couche fournit est très-dur, c'est même le plus dur de ce Charbonnage; son aspect est moins luisant que celui des autres couches; il se présente pour ainsi dire en zones alternatives ternes ou luisantes ; il convient pour la fabrication du gaz éclairant, donne du coke de bonne qualité, et est propre au chauffage des chaudières à vapeur.

— Au puits Bonne-Espérance ou n.° 8 du même Charbonnage, cette couche se présente en droit comme suit :

Laie de charbon au toit . . .	0^m,25
Havrie	0^m,15
Laie du mur	0^m,18
Ouverture totale . .	0^m,58

Toit et mur bons.

Ouvriers à veine : fr. 0,35 à 0,40 par m².

Coupage des voies : fr. 2,50 en costresse et fr. 2,00 en voie tierne, par mètre courant.

Rendement : 25 pour cent de gaillettes et gailletteries et 75 pour cent de fines ; il arrive quelquefois qu'elle donne presque tout menu.

—B— Composition en droit, au puits n.° 4 de la Grande-Machine a Feu de Dour, à l'étage de 220 mètres :

Schiste	0^m,06
Laie de charbon	0^m,10
Sillon	0^m,01
Laie de charbon	0^m,18
Schiste au mur	0^m,17
Ouverture totale . .	0^m,52

—C— Au puits n.° 2 de la Mine de Longterne-Trichères, cette couche se présente avec une composition très-variable ; quelquefois, elle est formée de cinq laies séparées par des filets de charbon sale ; ces laies se réunissent souvent de manière à n'en former que trois, deux ou même une seule.

A l'étage de 401 mètres, on l'a rencontrée avec la composition suivante :

Charbon au toit	0^m,30
Havrie	0^m,02
Laie du mur	0^m,40
Ouverture totale. . .	0^m,72

Inclinaison 64° au midi.

Toit et mur bons.

On pratique le havage dans le banc de havrie.

L'avancement journalier d'un ouvrier à veine est de 1m,25 à 1m,50 pour un front de travail de 2 mètres.

Excellent charbon pour coke.

—D— Composition en plat, au puits n.° 1 de la Grande-Veine du Bois d'Epinois, à l'étage de 107 mètres :

Schiste bitumineux	0m,16
Laie en plusieurs lits	0m,27
Havrie	0m,07
Laie en pluiseurs lits	0m,23
Ouverture totale . .	0m,73

— Composition en plat, au même puits, à l'étage de 148 m. :

Schiste bitumineux	0m,15
Laie de charbon	0m,24
Havrie	0m,07
Laie du mur	0m,15
Ouverture totale. . .	0m,61

— Composition en droit, au même puits, à un étage inférieur :

Laie de charbon au toit . . .	0m,15
Charbon impur	0m,15
Laie de charbon traversée par un banc terreux de 0m,015 . . .	0m,12
Faux-mur	0m,20
Ouverture totale . .	0m,62

Toit bon, mur également.

Rendement par mètre carré : 4 ½ hectolitres ; un ouvrier peut détacher,en une journée, de 30 à 35 hectolitres de charbon ; l'abattage proprement dit coûte fr. 0,10 par hectolitre.

En plat, l'exploitation est difficile et coûteuse, parce que le faux-mur en droit se trouve au toit en plat; un ouvrier à veine détache, en une journée, de 15 à 18 hectolitres, et l'abattage proprement dit revient à fr. 0,15 par hectolitre.

La gaillette contient 3,40 pour cent de cendres.

— Composition en droit, au puits n.° 4 du même Charbonnage, à la profondeur de 364 mètres :

Laie du toit.	$0^m,20$
Charbon et terre.	$0^m,10$
Laie de charbon	$0^m,14$
Ouverture totale . .	$0^m,44$

Bon toit.

Ouvriers à veine : fr. 0,55 par m^2; un ouvrier peut détacher, en une journée, 7 à 8 m^2 ; cette couche est très-tendre ; son inclinaison est de 70°.

A une profondeur moindre que 364 mètres, on a exploité cette couche, mais elle était beaucoup moins régulière qu'à ce dernier étage ; on y a trouvé des failles, des restreintes en tel nombre que l'on a du abandonner l'exploitation parce que le travail devenait trop difficile et trop coûteux.

—E— Composition en droit, au puits n.° 2 de LONGTERNE-FERRAND :

Laie de charbon au toit (mur en plat)	$0^m,15$
Terre et charbon (noireux) . . .	$0^m,10$
Laie de charbon	$0^m,20$ à $0^m,25$
Ouverture totale . .	$0^m,45$ à $0^m,50$

La laie du mur est composée de plusieurs petites layettes super posées sans terre entr'elles; le banc de terre (noireux) est fortement chargé de charbon ; on le met à part et on le vend à meilleur compte que le charbon des deux laies; il donne d'ailleurs du charbon très-sale et qui ne peut être converti en coke.

La laie inférieure donne du charbon en morceaux présentant la forme de plaques plus ou moins grandes suivant la dureté de la couche.

Le charbon de cette couche donne du coke poreux, ayant un assez faible pouvoir calorifique et présentant cependant un bel aspect.

— Composition en droit, au même puits à un étage inférieur à 356 mètres :

Terre noire au toit	0^m,20
Laie de charbon	0^m,12
Terre noire	0^m,40
Laie de charbon	0^m,16
Terre noire	0^m,10
Laie du mur	0^m,10
Ouverture totale. . .	1^m,08

Cette couche donne, à cet étage, du charbon malpropre, très-menu, et qui brûle blanc ; il peut être employé pour le chauffage domestique mais non pour la fabrication du coke.

— Composition en droit, au puits n.° 7 du Charbonnage de Belle-Vue, étage de 270 mètres :

Faux-toit	0^m,09
Laie de charbon	0^m,23
Havrie	0^m,03
Laie de charbon	0^m,21
Schiste au mur	0^m,06
Ouverture totale . .	0^m,62

13. FERTÉ.

—A— Composition au Charbonnage du Rieu-du-Coeur, mine du Midi du Flénu :

Bezier au toit.	0^m,12
Laie de charbon	0^m,21
Layette barreuse.	0^m,06
Laie de charbon.	0^m,18
Havrie	0^m,15
Ouverture totale. . .	0^m,72

Toit et mur tendres.

— Composition au même Charbonnage, puits n.° 3 des 24-Actions, étage de 576 mètres :

Havrie au toit	$0^m,06$
Laie de charbon	$0^m,35$
Laie du mur	$0^m,23$
Ouverture totale . .	$0^m,64$

—B— Composition en droit, au puits n.° 7 du Charbonnage de l'ESCOUFFIAUX :

Laie de charbon au toit . . .	$0^m,33$
Havrie	$0^m,10$
Laie de charbon	$0^m,12$
Faux-mur	$0^m,03$
Ouverture totale . .	$0^m,58$

Toit et mur bons.

Ouvriers à veine : fr. 0,40 à fr. 0,80 par m².

Coupage des voies : fr. 3,00 à fr. 3,50 par mètre courant en costresse, et fr. 2,75 en voie tierne.

Un ouvrier peut détacher, en une journée, 3,50 à 4 m² de couche en droit.

Charbon assez propre et assez dur; convient pour le chauffage des chaudières et des foyers domestiques; donne aussi du coke de bonne qualité.

— Composition en droit, au puits Bonne-Espérance ou n.° 8 du même Charbonnage :

Laie de charbon au toit. . . .	$0^m,34$
Havrie	$0^m,10$
Laie de charbon	$0^m,18$
Ouverture totale . .	$0^m,62$

Toit et mur bons.

Ouvriers à veine : fr. 0,40 à 0,45 par m².

Coupage des voies ; fr. 2,50 par mètre courant en costresse et fr. 2,30 en voie tierne.

Cette couche fournit du charbon qui ne donne pas autant de poussière que celui des autres couches de ce charbonnage.

Rendement : 30 à 35 pour cent de gaillettes et gailletteries et 65 à 70 pour cent de fines.

Ce charbon donne du coke de bonne qualité.

—C— Composition au puits n.° 4 de la GRANDE MACHINE A FEU DE DOUR, étage de 204 m. :

Laie de charbon	0m,22
Havrie	0m,06
Laie de charbon	0m,22
Ouverture totale . .	0m,50

14. GRANDS-ANDRIEUX.

—A— Composition au puits S.t-Félix du Charbonnage du RIEU-DU-COEUR :

Mauvais charbon au toit. . . .	0m,05
Laie de charbon	0m,20
Caillou	0m,15
Laie de charbon	0m,30
Mojet	0m,15
Ouverture totale . .	0m,85

—B— Composition ordinaire dans la partie ouest de la concession de l'ESCOUFFIAUX, puits n.° 1 :

Schiste tendre au toit	0m,15 à 0m,70
Laie de charbon	0m,10
Laie de charbon	0m,60
Faux-mur	0m,20
Ouverture totale . .	1m,05 à 1m,60

Inclinaison 55° au midi, à la profondeur de 337 mètres.

On pratique le havage dans le lit de schiste tendre au toit.

— Composition ordinaire en droit, dans la partie est de la même concession ;

Schiste au toit.	$0^m,20$
Laie de charbon	$0^m,15$
Schiste	$0^m,08$
Laie de charbon	$0^m,20$
Havrie	$0^m,25$ à $0^m,90$
Laie de charbon	$0^m,30$
Faux-mur	$0^m,20$
Ouverture totale . .	$1^m,38$ à $2^m,03$

Toit et mur de dureté moyenne.

Ouvriers à veine : fr. 0,50 à 0,80 par m²; un ouvrier peut détacher, en droit, 5 m² de couche en une journée.

Coupage des voies : fr. 2,75 par mètre en costresse et fr. 1,50 à 2,50 en voie tierne.

Le charbon de cette couche est assez propre et peu friable; il convient pour le chauffage des chaudières, pour la fabrication du gaz éclairant et le chauffage domestique; il donne aussi du coke d'assez bonne qualité.

Les terrains encaissants contiennent quelques empreintes de végétaux, et c'est la seule couche de ce charbonnage qui en présente.

— Composition en plat, au puits n.º 7 du même Charbonnage, à la profondeur de 301 mètres :

Schiste au toit.	$0^m,05$
Laie de charbon tendre	$0^m,28$
Terre noire	$0^m,11$
Laie de charbon dur.	$0^m,35$
Terre noire.	$0^m,07$
Laie de charbon dur.	$0^m,15$
Faux-mur	$0^m,05$
Ouverture totale . .	$1^m,06$

Toit et mur bons.

— Composition au puits Bonne-Espérance ou n.° 8 du même Charbonnage :

Frion au toit	$0^m,05$
Laie de charbon	$0^m,20$
Caillou	$0^m,15$
Laie de charbon	$0^m,30$
Mojet	$0^m,15$
Ouverture totale . .	$0^m,85$

Toit bon, mur mauvais.

Ouvriers à veine : fr. 0,38 à 0,40 par m^2.

Coupage des voies : fr. 2,50 par m. courant en costresse et fr. 2,30 en voie tierne.

Charbon très-friable, d'un aspect assez brillant, donnant beaucoup de poussière.

Rendement : à peine 10 pour cent de gaillettes et gailletteries, et 90 pour cent de fines.

Voici le résultat moyen de plusieurs analyses faites sur le charbon de cette couche, provenant de l'exploitation opérée par le puits n.° 1 du Charbonnage de l'Escouffiaux :

Charbon pris au couchant du puits :

Rendement en coke pour cent de charbon non lavé .	69,18
Teneur en cendres pour cent id. .	5,58
Teneur en cendres grises pour cent de coke. . . .	5,05

Charbon pris au levant du même puits :

Rendement en coke pour cent de charbon non lavé .	70,52
Teneur en cendres pour cent id. .	2,24
Teneur en cendres brunes pour cent de coke . . .	3,185

—C— Composition en droit, au puits n.° 1 de la GRANDE MACHINE A FEU DE DOUR :

Havrie et charbon sale	$0^m,10$ à $0^m,15$
Laie de charbon au mur . . .	$0^m,40$ à $0^m,45$
Ouverture totale . .	$0^m,50$ à $0^m,60$

Toit et mur très-bons.

La puissance de $0^m,50$ à $0^m,60$ donnée ci-dessus pour le puits n.° 1, est la plus ordinaire dans la partie du couchant de la concession; dans la partie du levant, la couche se présente avec une puissance un peu plus grande.

Ouvriers à veine : fr. 0,45 à 0,60 par m^2; quelquefois, on doit avoir recours à la poudre pour abattre la couche.

Coupage des voies : fr. 2,25 par mètre courant; le terrain est assez dur.

Le charbon de cette couche convient pour le chauffage des chaudières à vapeur et pour les foyers domestiques.

C'est l'une des meilleures couches du Couchant de Mons, pour charbon gras à longue flamme.

— Composition en droit, au puits n.° 4 du même Charbonnage, à l'étage de 204 mètres :

Laie	$0^m,25$
Layon	$0^m,07$
Faux-mur	$0^m,20$
Ouverture totale . .	$0^m,52$

— Composition au même puits, à l'étage de 275 mètres :

Havrie	$0^m,13$
Charbon	$0^m,52$
Ouverture totale . .	$0^m,65$

— Composition en droit, au puits Frédéric du même Charbonnage, étage de 185 mètres :

Schiste	$0^m,10$
Laie de charbon	$0^m,46$
Laie	$0^m,15$
Havrie	$0^m,01$
Laie	$0^m,08$
Roc	$0^m,24$
Laie	$0^m,12$
Laie	$0^m,10$
Terre	$0^m,06$
Ouverture totale . .	$1^m,32$

15. ABBAYE.

—A— Composition au puits S.t-Félix du Charbonnage du Rieu-du-Coeur :

Layette de charbon au toit . . .	0m,05
Laie de charbon	0m,12
Havrie	0m,08
Layette de charbon	0m,05
Terre	0m,02
Laie de charbon	0m,18
Caillou	0m,06
Laie de charbon	0m,18
Mojet	0m,10
Ouverture totale . .	0m,84

—B— Composition en droit, au puits Bonne-Espérance ou n.o 8 de l'Escouffiaux :

Laie de charbon au toit. . . .	0m,40
Laie de charbon au mur . . .	0m,20
Ouverture totale . .	0m,60

Il n'y a pas de havrie entre les laies, ni de terre au toit ou au mur; la laie du mur est plus tendre que celle du toit; on y pratique le havage.

Toit assez bon; mur mauvais. Au couchant du puits, le toit est moins bon qu'au levant.

Ouvriers à veine : fr. 0,40 par m².

Coupage des voies : fr. 2,40 en costresse et fr. 2,20 en voie tierne.

Rendement : environ 25 pour cent de gaillettes et gailletteries et 75 pour cent de fines.

Ce charbon donne beaucoup de poussière. Il convient pour la fabrication du coke et du gaz éclairant; dans une usine à gaz à Paris, où l'on employait le charbon provenant des différentes couches exploitées par ce puits mais dans lequel le charbon de la couche Abbaye se trouvait en forte proportion, on a obtenu 240 m³ de gaz en hiver et 275 m³ en été, par tonne de charbon; dans les deux cas, le rendement en coke était de 15 ½ hectolitres en moyenne.

— Composition en droit, au puits Sabutiau du même Charbonnage, à l'étage de 251 mètres :

Layon	0m,20
Terre havrie	0m,01
Laie	0m,30
Terre noire grisâtre	0m,05
Laie	0m,20
Schiste	0m,33
Layette	0m,10
Ouverture totale . .	1m,19

— Composition en plat, au puits n.° 5 du même Charbonnage :

Laie de charbon au toit . . .	0m,20
Banc de schiste	0m,20 à 0m,35
Laie de charbon	0m,40
Ouverture totale . .	0m,80 à 0m,95

— Composition en droit :

Laie de charbon au toit . . .	0m,15
Havrie	0m,15
Laie de charbon	0m,40
Schiste	0m,03
Laie de charbon	0m,15
Schiste	0m,30
Layette de charbon	0m,15
Ouverture totale . .	1m,33

Sur la laie du toit, il y a un banc de bezier de 0m,60 d'épaisseur.

Toit bon en plat, mauvais en droit; mur, très-mauvais en plat.

Le charbon est assez dur ; la laie de 0m,40 d'épaisseur renferme une assez grande quantité de rognons de carbonate de fer.

Ouvriers à veine : fr. 0,90 par m^2 en droit, et fr. 0,75 par m^2 en plat ; quelquefois, le travail de la couche devient plus facile et l'on paie aux ouvriers à veine fr. 0,50 à 0,60 en droit et fr. 0,45 à

0,50 en plat par m²; un ouvrier détache, en moyenne, en une journée, 4 m²,50 de couche en droit, et 5 m²,50 en plat.

Coupage des voies : fr. 3,00 par mètre en costresse et fr. 1,20 en voie tierne.

Rendement : en moyenne 10 à 12 pour cent de gaillettes, 22 pour cent de gailletteries, 15 pour cent de gaillettins et 51 à 53 pour cent de fines.

Voici le résultat moyen de plusieurs analyses faites sur le charbon de cette couche exploitée en droit par le puits n.° 5 :

DÉSIGNATION DES LAIES.	Rendement en Coke p. °/o de Charbon	Rendement en Cendres p. °/o de Charbon	Rendement en Cendres p. °/o de Coke.	Couleur des Cendres.
Charbon de la layette . .	69 2	1 96	2 85	rouge-brique.
Char. de la laie entre schistes	69 9	3 38	4 83	grises.
Charbon de la grosse laie .	70 8	2 00	2 82	grises.
Charbon de la laie du toit .	69 4	2 50	3 60	grises.

— Au puits n.° 7 du même Charbonnage cette couche s'est présentée en plat, à la profondeur de 301 mètres, avec la composition suivante :

1.re laie de charbon dur. . . .	0m,15
Caillou blanc compacte. . . .	0m,22
2.e laie de charbon dur	0m,15
3.e laie de charbon très-dur . .	0m,40
Havrie	0m,05
4.e laie de charbon dur. . . .	0m,10
Ouverture totale . .	1m,07

Toit et mur très-bons.

Voici le résultat de quelques essais faits sur le charbon de cette couche exploitée par le dit puits n.° 7 :

DÉSIGNATION DES LAIES.	Rendement en Coke p. °/o de Charbon	Rendement en Cendres p. °/o de Charbon	Rendement en Cendres p. °/o de Coke.	Couleur des Cendres.
Charbon de la 1.re laie. .	67 60	»	2 00	jaune-orange.
Id.	72 00	2 76	3 82	grises.
Charbon de la 2.e laie . .	70 00	»	2 00	rosée.
Charbon de la 3.e laie . .	70 00	»	3 20	rosée.
Id.	70 40	2 24	3 18	grises.
Charbon de la 4.e laie . .	70 00	»	1 40	café au lait clair
Id.	71 60	1 60	2 25	grises.

—C— Composition en droit, au puits n.° 1 du Charbonnage de la GRANDE MACHINE A FEU DE DOUR, étage de 322 mètres :

Layon de charbon au toit . . .	0m,17
Layon de charbon	0m,18
Laie de charbon	0m,40
Ouverture totale . .	0m,75

Le toit est très-mauvais ; il se compose, en partant de la couche, d'un banc de schiste tendre de 0m,43, puis d'une layette de 0m,17 et d'un bezier de 0m,08 ; on doit donc employer une grande quantité de bois pour le boisage dans les tailles et dans les galeries. Le mur est bon.

Abattage du charbon facile ; on paie aux ouvriers à veine, fr. 0, 45 par m² en droit, et fr. 0,60 en plat ; au puits Frédéric où l'on exploite cette couche en plat de 16°, un ouvrier à veine peut détacher, en une journée, 5,60 m² de couche.

Coupage des voies : fr. 1,20 par mètre courant.

Le charbon que cette couche fournit est assez gailletteux, de moyenne qualité, et peut être classé entre le charbon flénu et le charbon gras proprement dit à longue flamme; il est assez bon pour le chauffage des chaudières à vapeur, pour les foyers domestiques et pour la fabrication du gaz éclairant; il donne un coke assez léger.

— Composition en droit, au puits n.° 4 du même Charbonnage, à l'étage de 239 mètres :

Faux-toit :	Schiste	0m,40
	Layette	0m,30
	Terre	0m,20
Charbon		0m,78
Ouverture totale compris le faux-toit		1m,68

— Composition en droit, au puits Frédéric du même Charbonnage, à l'étage de 186 mètres :

2 laies	0m,22
Terre	0m,12
Laie	0m,10
Terre	0m,03
Laie	0m,35
Terre	0m,12
Layon	0m,19
Ouverture totale	1m,13

17. COUCHE A, AU PUITS S.te-HORTENSE DE PICQUERY.

Cette couche, recoupée en droit, à 95 mètres au nord du puits Sainte-Hortense de Picquery, par un bouveau percé à la profondeur de 112 mètres, et désignée à ce Charbonnage sous la lettre A, se compose comme suit :

Laie de charbon	0m,23
Havrie	0m,35
Laie du mur	0m,20
Ouverture totale	0m,78

Inclinaison 60°.
Toit et mur bons.
Cette couche n'a été que très-peu exploitée par ce puits.

18. COUCHE B, AU PUITS S.te-HORTENSE DE PICQUERY.

Composition en droit, aux étages de 112 et 195 mètres :

Laie de charbon	0m,18
Havrie et terre	0m,10
Laie du mur	0m,34
Ouverture totale . .	0m,62

Inclinaison 60°.
Les bouveaux qui ont recoupé cette couche aux étages de 112 et de 195 mètres, sont dirigés vers le nord et ont 75 et 20 mètres de longueur; la couche A (n.° 17) se trouve à 20 mètres au nord.
Toit et mur bons.
Ouvriers à veine : fr. 0,70 à 1,20 par m² suivant la dureté du banc de havrie et terre qui sépare les deux laies; un ouvrier peut détacher, en une journée, 5 m² de couche; pour abattre le charbon dans la voie costresse, faire le coupage et établir le boisage de cette voie, on paye fr. 8,00 par mètre courant.
Rendement : 16 à 18 pour cent de gaillettes et gailleteries et 82 à 84 pour cent de fines.
Charbon propre au chauffage des fours à réverbère et des foyers domestiques, et à la fabrication du gaz éclairant.

19. COUCHE C, AU PUITS S.te-HORTENSE DE PICQUERY.

Composition en droit, aux étages de 112 et 195 mètres :

Laie de charbon	0m,10
Havrie	0m,21
Laie	0m,20
Laie du mur	0m,20
Ouverture totale . .	0m,71

Les bouveaux sont dirigés vers le nord; celui à 112 mètres, a recoupé la couche à 57 mètres au nord du puits, et celui à 193 mètres, à 5 mètres également au nord du puits; cette couche se trouve à 17 mètres au midi de la couche B (n.° 18).

Au toit, il y a un banc de beziers de 0m,30 d'épaisseur difficile à maintenir; le mur est bon.

Ouvriers à veine : fr. 0,40 à 0,60 par m²; un ouvrier peut détacher, en une journée, 6 m² de couche.

Rendement : 15 à 18 pour cent de gaillettes et gailletteries, et 82 à 85 pour cent de fines.

Charbon propre au chauffage des fours à réverbère et des foyers domestiques, et à la fabrication du gaz éclairant.

20. COUCHE D, AU PUITS S.te-HORTENSE DE PICQUERY.

Composition en droit, aux étages de 112 et 193 mètres :

Laie de charbon	0m,23
Caillou gris	0m,45
Havrie	0m,20
Laie	0m,30
Havrie	0m,16
Laie du mur	0m,11
Ouverture totale . .	1m,45

Inclinaison 62°.

Au niveau de 112 mètres, cette couche a été recoupée à 14 m. au midi du puits, et au niveau de 193 mètres, à 60 mètres également au midi du puits; la couche C (n.° 19) se trouve à 60 mètres au nord.

Toit et mur bons.

Ouvriers à veine : fr. 0,50 à 0,60 par m²; un ouvrier peut détacher, en une journée, 6 m² de couche.

Charbon de même qualité que le n.° 19.

21. ALIAS PANTOU.

Composition en plat, au puits Louis-Philippe du Charbonnage de PICQUERY, à la profondeur de 45 mètres :

Laie de charbon	0^m,34
Havrie au mur	0^m,02
Ouverture totale. . .	0^m,36

Inclinaison 15 à 20° au N. E.

Charbon propre à la fabrication du gaz éclairant, au chauffage des chaudières à vapeur et des foyers domestiques.

22. ROUGE-VEINE.

Composition en plat, au puits Louis-Philippe du Charbonnage de PICQUERY, à la profondeur de 75 mètres :

Laie de charbon	0^m,04
Terre blanche	0^m,06
Havrie	0^m,10
Laie	0^m,20
Havrie	0^m,03
Laie	0^m,20
Ouverture totale. . .	0^m,63

Inclinaison 15 à 20° au N. E.

Charbon propre à la fabrication du gaz éclairant, au chauffage des chaudières à vapeur et des foyers domestiques.

3.° Houille grasse maréchale ou grasse.

Caractères généraux.

La houille grasse maréchale désignée dans les environs de Mons sous la dénomination de *fine forge* ou de *houille grasse*, est d'un beau noir et présente un aspect gras caractéristique ; elle est presque toujours fragile, tendre et friable ; elle est très-salissante et produit, lorsqu'on la remue, une grande quantité de poussière. Sa cassure est brillante, sa poussière brune et son éclat variable ; tantôt elle a un aspect mat et d'un noir peu prononcé sans être terne ; dans ce cas, elle n'a de cassure plane, un peu étendue, que dans le sens du lit ; tantôt elle est composée de veines parallèles au lit de la couche, très-inégalement brillantes, et elle se divise nettement soit dans le sens du lit, soit dans un sens à peu près perpendiculaire ; sa structure est schisteuse.

Généralement, elle se réduit en fragments qui affectent la forme rectangulaire ; les morceaux ont les faces peu unies et les arêtes presque toujours effacées.

Assez souvent, la masse est divisée par un grand nombre de petits lits de substance noire, fibreuse ou pulvérulente que l'on nomme *charbon minéral*, *houille daloïde*, et qui ressemble, par son aspect, au charbon de bois, *fusin ;* lorsque la houille contient une grande quantité de cette substance, elle devient très-salissante.

Cette espèce de houille est la plus tendre de toutes celles exploitées au Couchant de Mons, mais aussi c'est la plus pure.

Exposée en tas à l'air, elle ne rougit jamais ; lorsqu'elle est restée pendant longtemps soumise à l'action du soleil et de la pluie, elle prend quelquefois une teinte azurée.

Ce charbon ne perd aucune de ses propriétés par une exposition prolongée à l'air ; il semble plutôt gagner en qualité et il augmente de volume ; les eaux pluviales ne pénètrent que très-difficilement les tas parce que le menu renferme une forte proportion de poussière très-tenue qui s'oppose au passage de l'eau.

La densité de cette houille varie entre 1,240 et 1,340 ; généralement, elle ne dépasse pas 1,300.

A cause de son peu de fermeté, cette houille donne une assez grande quantité de menu ; si l'abattage a été fait avec soin et si les couches ne renferment pas beaucoup de bancs de terre ou de lits de charbon minéral, ce menu est très-bien utilisé pour la fabrication du coke ; aussi ne fait-on généralement pas de triage pour obtenir des grosseurs différentes ; on débite ce charbon à l'état de forges gailletteuses ou tout-venant, c'est-à-dire tel qu'il sort de la mine, et, comme il arrive pour beaucoup de charbonnages qu'on le convertit presque toujours en coke sur le carreau des fosses où on l'exploite, on n'a pas grand avantage à produire beaucoup de gaillettes ou de gailletteries, parce qu'il faut les briser avant de les mettre dans les fours de calcination ; d'ailleurs, si l'on devait transporter ce charbon au loin à l'état de gros morceaux, et lui faire subir plusieurs chargements et déchargements, il donnerait une grande quantité de déchet ou de menu.

Ce charbon est généralement peu pyriteux et la pyrite de fer s'y rencontre rarement à l'état apparent ; mais assez souvent, on trouve des galets ou lentiles de fer carbonaté surtout dans les parties de couche qui sont dans le voisinage des dérangements.

De même que les couches de houille grasse à longue flamme, les couches qui fournissent la houille grasse maréchale ont été rencontrées jusqu'ici, au Couchant de Mons, avec une allure très-irrégulière, c'est-à-dire composées de plusieurs séries de petits plats et de petits droits ; de plus, elles sont fréquemment affectées de failles, de brouillages, de crans et de restreintes, et elles donnent lieu au dégagement d'une grande quantité d'hydrogène carboné (grisou) ; leur exploitation est donc généralement coûteuse et entourée de dangers pour les ouvriers. Les travaux d'exploitation ont été portés jusqu'à 300 ou 400 mètres sous le sol; mais on a tout lieu de croire qu'à une plus grande profondeur, on rencontrera ces couches disposées en grandes plateures comme le sont les couches de houille maigre à longue flamme (Flénu).

Manière dont cette houille se comporte au feu au contact de l'air.

Brûlée au contact de l'air, la houille grasse maréchale s'allume assez facilement, produit beaucoup de fumée qui est composée de gaz combustibles non brûlés et d'oxigène libre, ce dernier gaz s'y trouvant généralement en quantité beaucoup moins grande que les gaz combustibles; elle développe une très-grande chaleur, donne une flamme courte, blanche et fuligineuse, et laisse sur les grilles une quantité plus ou moins grande de mâchefer; elle se gonfle d'une manière très-sensible, même quand elle se trouve en petits fragments; il s'opère, sous l'action de la chaleur, une espèce de fusion pâteuse, et, après un certain temps, le bitume qui s'est produit et qui apparaît en assez grande quantité, fait coller entre eux tous les morceaux; sur les grilles, la houille ainsi collée, présente une masse assez compacte qui intercepte les courants d'air, brûle les grilles et rend la conduite du feu difficile; on ne peut dans ce cas, donner à la couche de charbon sur les grilles qu'une hauteur de $0^m,05$ à $0^m,08$, car avec une plus forte épaisseur, il serait bien difficile que l'air pût passer à travers le combustible; cette houille brûle donc alors dans de mauvaises conditions.

La fumée que cette espèce de houille produit pendant la combustion, se dégage en abondance principalement dans les premiers instants qui suivent le chargement de la grille, parce que l'air ne peut pénétrer en quantité suffisante à travers les interstices de la masse de combustible qui recouvre la grille; on peut prévenir en partie ce dégagement de fumée en introduisant une quantité d'air suffisante dans le foyer, et en faisant en sorte que cet air se mélange convenablement avec les produits gazeux formés; il convient que la quantité d'air pur soit au moins double de celle qui est nécessaire pour la transformation des éléments de la houille en eau et en acide carbonique.

Les cendres que cette houille laisse après la combustion, sont assez lourdes, peu abondantes en général, et présentent une couleur plus ou moins fauve, gris rougeâtre ou brun jaunâtre.

Manière dont cette houille se comporte au feu en vases clos.

Soumise à l'action de la chaleur dans des vases clos, cette houille entre pour ainsi dire en fusion, forme une pâte assez homogène et qui se moule bien sur la forme des vases; chauffée dans un creuset, elle se boursoufle fortement; dans les fours à coke, elle augmente aussi de volume dans la première période de la cuisson, mais ensuite ce boursouflement diminue d'autant plus que l'on prolonge la cuisson, et le coke est alors plus serré et devient par conséquent plus dense; elle donne un coke généralement métalloïde, brillant, dur, pesant et qui est recherché pour les opérations métallurgiques et pour le chauffage des machines locomotives; ce coke est assez difficile à embraser dans les petits appareils, mais dans les hauts-fourneaux, par exemple, il s'enflamme facilement et brûle d'une manière convenable; cependant, lorsqu'il est très-boursouflé, il ne présente pas assez de consistance, se brise ou se réduit en poussière sous le poids de la charge et empêche alors le passage de l'air.

Cette houille rend généralement, pour cent de houille, 60 à 70 de coke en gros morceaux, à moins qu'elle ne contienne une grande quantité de substances étrangères et de charbon minéral (fusin).

Pour la fabrication du gaz éclairant, cette houille ne donne pas de bons résultats; son rendement en gaz est beaucoup moindre que celui des houilles flénu ou grasses à longue flamme.

Usages.

La houille grasse maréchale est employée pour le service des fours à réverbère, des chaudières à vapeur et des forges; pour le chauffage domestique; et, convertie en coke, on en fait usage dans les hauts-fourneaux et pour le chauffage des machines locomotives.

Dans les fours à réverbère, elle est avantageuse lorsque l'on doit produire une température très-élevée; mais son emploi exige certaines précautions : ainsi, on doit la charger par petites portions à la fois, autrement elle formerait, en s'agglutinant, des voûtes qui empêcheraient le passage de l'air et qui occasionneraient une prompte détérioration des grilles; il convient de la disposer en talus à l'entrée du foyer et de faire tomber sur la grille les croûtes qui se forment sur les côtés du talus; il est bon aussi de la mélanger avec des houilles maigres ou sèches pour parer en partie aux inconvénients d'une trop forte agglutination. Dans les fours où l'on a besoin de produire une température soutenue, cette houille n'est pas toujours d'un emploi avantageux parce qu'elle se consume quelquefois assez rapidement.

Dans les foyers des chaudières à vapeur, elle présente les mêmes inconvénients que lorsqu'on l'emploie dans les fours à réverbère; elle brûle dans de mauvaises conditions, ne produit pas assez de flamme et occasionne beaucoup de fatigue aux chauffeurs. On lui préfère, pour cet usage, et avec raison, la houille maigre à longue flamme (Flénu).

Cette houille est très-recherchée pour le service des forges parce qu'elle développe une grande chaleur, et parce que les voûtes qu'elle forme en s'agglutinant empêchent la déperdition de la chaleur; ces voûtes étant assez solides pour se soutenir d'elles mêmes, permettent de tourner le fer dans le feu et de le retirer sans déranger le brasier.

On la brûle aussi dans les foyers domestiques surtout dans les foyers découverts où le charbon doit produire son effet par rayonnement; mais on lui préfère la houille demi-grasse qui ne se gonfle pas autant, n'est pas exposée à tomber hors du foyer et n'occasionne pas une détérioration aussi prompte des grilles ou des poêles; cependant, lorsqu'elle est en mélange avec la houille maigre à longue flamme, elle donne de bons résultats.

Enfin, elle est surtout employée, convertie en coke, dans les hauts-fourneaux à fer et pour le chauffage des chaudières des machines locomotives ; c'est principalement parce que ce coke est assez boursoufflé qu'il convient pour le service des hauts-fourneaux ; cependant, lorsqu'il est très-boursoufflé, il présente des inconvénients dans les grands hauts-fourneaux ; il convient mieux alors pour les cubilots et pour les fourneaux de réduction de petites dimensions. Pour le chauffage des machines locomotives, ce coke est assez estimé parce qu'il brûle en développant une température élevée ; il ne demande pas autant de soins de la part du chauffeur que le coke léger, et il donne peu de mâchefer et de cendres surtout lorsqu'il a été préparé avec du charbon lavé.

COMPOSITION CHIMIQUE.

Voici quelques analyses de Charbons de cette classe :

Analyses faites par la Commision des procédés nouveaux, à Bruxelles.

NOMS DES MINES.	NOMS DES COUCHES.	Densité.	Carbone.	MATIÈRES Volatil.	MATIÈRES Terreuses.	Pyrite.	Quantité de Cok. p. % de Houille.	Couleur des Cendres.
BELLE-VUE.	G.de Chevalière.	1 294	73 207	19 567	5 106	0 120	80 40	Fauves.
	P.te Chevalière.	»	72 011	18 855	9 116	0 018	81 14	Id.
GRANDE-VEINE DU BOIS D'ÉPINOIS.	Gde Veine, pte laie	1 251	75 359	19 524	4 560	0 577	80 32	Id.
	Gde Veine, gde laie	1 261	76 685	20 040	3 048	0 227	79 96	Id.
	Longterne.	1 237	72 942	23 770	3 144	0 144	76 22	Id.
LONGTERNE-TRICHÈRES.	Longterne.	1 303	77 608	21 075	1 275	0 042	78 92	Id.
AGRAPPE.	Cinq Paumes.	1 276	77 516	20 007	2 245	0 252	79 93	Id.
	Grande Séreuse.	1 260	76 716	19 121	3 798	0 365	80 78	Blanchâtre.
JOLIMET ET ROINGE.	Goffette.	1 344	73 486	16 700	9 595	0 221	83 24	Gris-rouge.
G.de MACHINE A FEU DE DOUR.	Angleuse.	1 282	67 019	19 512	6 529	0 140	80 65	Gris-verdâtre
	MOYENNES.	1 278	74 455	19 797	4 821	0 209	80 16	

Analyses faites par M.r Chevalier.

NOMS DES MINES.	ÉTAT DU CHARBON.	QUANTITÉS DISTILLÉES en poids kilog.	en volume hect. ras.	PRODUCTION : coke hect. combles.	gaz pieds cubes.	Consommation d'un bec de gaz ; pieds 3 par heure	Nombre d'heures d'un bec correspondant au produit en gaz.
BELLE-VUE	gros.	1000	»	14 1/2	6 250	6 2/7	995
AGRAPPE ET GRISOEUIL	gros.	1000	»	15 1/2	7 633	6 1/4	1 221
	menu.	1000	13 1/3	18	7 667	4 2/7	1 789
	forg. gailletes	1000	12 3/4	15	5 327	4 2/7	1 243
	Id.	1000	14	15	6 100	4 2/7	1 423
	MOYENNES.	1000	13 13/36	15 3/5	6 595	5 1/12	1 334

Analyses faites par M.r Chevalier.

NATURE.	Pesanteur spécifique à 12° c.	Perte au feu en centièm.	Proportion des Cendres en cent.	Couleur des Cendres.
HOUILLE GRASSE MARÉCHALE de Mons.	1 265	25 75	1 110	fauve.
	1 272	23 00	2 156	un peu fauv.

**Mines où l'on exploite
la Houille Grasse-Maréchale ou Grasse.**

NOMS DES MINES ET SIÉGES DES SOCIÉTÉS.	COMMUNES sous lesquelles s'étendent les CONCESSIONS.	NOMS DES COUCHES.	N^os d'Ordre.
L'AGRAPPE, à Frameries.	Frameries. Eugies. Noirchain.	Grand-Samain . . .	1
		Petit-Samain . . .	2
		Chaufournoise . . .	3
		Cinq-Paumes . . .	4
		Grande-Séreuse . .	5
		Naye	6
		Grande-Veine ou Ghistienne .	17
PICQUERY, à Frameries. — Société de Bonne-Veine.	Frameries. Pâturages.	Couches E	7
		Couches F	8
		Couches G	9
ESCOUFFIAUX, à Hornu. — Société de Bonne-Espérance.	Hornu. Dour. Wasmes.	Grand-Lucquet . .	10
		Angleuse	11
GRANDE MACHINE A FEU DE DOUR, à Dour.	Dour.	Grand-Lucquet . .	10
		Angleuse	11
		Grands-Ratons . .	12
GRANDE-VEINE DU BOIS D'ÉPINOIS, à Élouges.	Élouges.	Angleuse	11
		Désirée	13
		Longterne	14
		Grande-Veine . . .	16

NOMS DES MINES ET SIÉGES DES SOCIÉTÉS.	COMMUNES sous lesquelles s'étendent les CONCESSIONS.	NOMS DES COUCHES.	N.os d'Ordre.
LONGTERNE-FERRAND ET GRANDE-VEINE SUR ÉLOUGES, à Élouges.	Élouges.	Désirée . . . . . Longterne . . . . Babot. . . . . . Grande-Veine . . . Moreau	13 14 15 16 18
LONGTERNE-TRICHÈRES, à Dour.	Dour.	Longterne . . . . Grande-Veine . . .	14 16
GRANDE-VEINE DU BOIS DE St.-GHISLAIN, à Dour.	Dour. Wasmes. Hornu.	Chaufournoise . . . Grande-Veine l'Evêque . . Moreau	2 17 18
BELLE-VUE, à Élouges.	Élouges. Baisieux. Dour. Audregnies. Quiévrain. Montrœuil-sur-Haine. Thulin. Wihéries.	Longterne . . . . Auvergnies. . . . Grande-Chevalière . Petite-Chevalière . . Mouton	14 19 20 21 22
MIDI DE DOUR, à Dour.	Dour.	Grande-Chevalière . Petite-Chevalière . . Mouton	20 21 22
JOLIMET ET ROINGE, à Pâturages.	Pâturages. Wasmes. Quaregnon.	N.° 1 ou Jolimet . . N.° 2 ou Goffette . .	23 24

Observation. — Voir la note page 239.

Description des Couches à Houille Grasse-Maréchale.

1. GRAND-SAMAIN.

Composition en plat, au puits n.° 5 du Charbonnage de l'AGRAPPE, à l'étage de 221 mètres :

Schiste au toit.	0m,08
1.re laie de charbon	0m,15
2.e laie de charbon	0m,45
Ouverture totale . .	0m,68

Toit et mur très-bons.

On paye aux ouvriers à veine fr. 0,50 par m²; un ouvrier à veine peut détacher, en une journée, 5 m² de couche.

— Composition en plat, au puits n.° 5 du même Charbonnage, à l'étage de 249 mètres :

Schiste au toit	0m,20
1.re laie	0m,15
2.e laie	0m,45
Ouverture totale . .	0m,80

Toit et mur bons.

Résultats d'incinérations du charbon de cette couche :

ÉTAGE.	DÉSIGNATION DES LAIES.	Rendement en coke p. % de Charbon.	QUANTITÉ DE CENDRES.		Couleur des Cendres.
			P. % de Charbon.	P. % de Coke.	
221 m.	1.re laie .	75 02	1 984	2 644	Grises.
	2.e laie .	81 60	1 800	2 205	Id.
249 m.	1.re laie .	76 10	1 840	2 476	Id.
	2.e laie. .	77 48	1 600	2 065	Id.

2. PETIT-SAMAIN.

— Composition au puits n.° 2 du Charbonnage de l'Agrappe, étage de 348 mètres :

Terre friable au toit	0m,30 à 0m,40
Laie de charbon	0m,80
Ouverture totale . .	1m,10 à 1m,20

Le banc de terre au toit tombe presque toujours avec le charbon.

On pratique le havage au-dessus de la laie de charbon ; comme ce charbon est très-dur, difficile à détacher, on paye aux ouvriers à veine fr. 1,00 par m², et un ouvrier peut abattre, en une journée, 3 m² de couche. La dureté de cette laie est quelquefois si grande que l'on doit haver pendant la nuit et détacher le charbon pendant le jour.

Charbon donnant du coke très-chaud et pur.

— Composition en plat, au même Charbonnage, puits n.° 3, étage de 221 mètres :

Schiste friable au toit	0m,10
Laie de charbon	0m,65
Ouverture totale . .	0m,75

Toit et mur bons.

Dans le toit, on trouve une assez grande quantité de masses de fer carbonaté (cloches) qui atteignent quelquefois le volume d'une tête d'homme.

Coupeurs de voies : fr. 2,50 à 2,55 par mètre; on donne aux voies 1m,30 de hauteur et 1m,75 de largeur.

Ouvriers à veine : fr. 0,50 à 0,55 par m².

Le charbon fourni par cette couche est le plus propre de tous ceux obtenus à ce charbonnage; il est plus compacte et plus dur que celui des autres couches; il ne se délite pas aussi facilement que ces derniers au contact de l'air.

C'est un des meilleurs charbons de la Société de l'Agrappe pour la fabrication du coke et pour les feux de maréchaux ; les gaillettes carbonisées donnent un coke ne laissant que 2 pour cent de cendres après l'incinération. Des essais faits avec le charbon de cette couche exploitée par le puits n.° 3, ont donné, pour moyenne de quatre expériences : 68,18 de très-beau coke pour cent de houille, avec une cuisson de 36 heures ; un autre essai a fourni 68,50 de coke pour une cuisson de 48 heures.

On a fait aussi des essais dans un petit four pour déterminer la quantité de cendres contenues dans ce charbon : voici quelques résultats obtenus en calcinant du coke produit avec un mélange des couches *Petit-Samain* et *Grande-Séreuse* provenant des exploitations opérées par le puits n.° 3 :

1.° Coke fabriqué avec du charbon passé à travers une grille dont les barreaux étaient écartés de 0m,03 :

Charbon employé pour chauffer le four . . .	4 kilog.
Coke brûlé	75 «
Total	79 kilog.

On a obtenu :

Mâchefer	2k,522
Escarbilles	3 ,740
Cendres	5 ,718
Total . . .	11k,980

2.° Coke fabriqué avec du charbon passé à travers une grille dont les barreaux étaient écartés de 0m,05.

Charbon employé pour chauffer le four . . .	4 kilog.
Coke brûlé	75 »
Total	79 kilog.

On a obtenu :

Mâchefer	2k,070
Escarbilles	4 ,202
Cendres	7 ,069
Total . . .	13k,341

Les escarbilles ne pouvaient plus être utilisées.

Ces chiffres sont une moyenne de six essais.

En général, le charbon exploité à ce charbonnage pèse 85 kil. et quelquefois 87 kil. l'hectolitre au sortir de la mine ; lorsqu'il est resté pendant quelque temps en tas d'au moins 2m,50 de hauteur, les premiers hectolitres que l'on prend pèsent 88 kil. et plus l'on s'avance dans le tas jusqu'à une certaine profondeur, plus ce poids augmente; l'hectolitre pèse alors 91 kilog. chiffre qui devient à peu près invariable pour le restant du tas; cette augmentation de poids provient du tassement qui s'opère dans la masse.

3. CHAUFOURNOISE.

—A— Composition en droit, au puits n.° 5 de l'AGRAPPE, étage de 132 mètres :

Laie de charbon	0m,20
Schiste	0m,03
Laie du mur	0m,50 à 0m,60
Ouverture totale . .	0m,73 à 0m,83

La gaillette de cette couche a donné à l'incénération 2,85 pour cent de cendres.

— Composition en plat, au même Charbonnage, puits n.° 5, à l'étage de 175 mètres :

Laie de charbon	0m,10
Havrie	0m,05
Laie du mur	0m,40
Ouverture totale . .	0m,55

La gaillette a donné à l'incénération 2,57 pour cent de cendres.

— Composition en plat, au même puits n.° 5, étage de 181 m. :

Laie de charbon au toit. . . .	0m,70
Charbon tendre	0m,20
Ouverture totale . .	0m,90

Toit et mur mauvais.

On pratique le havage dans le lit de charbon tendre.

Ouvriers à veine : fr. 0,60 par m²; un ouvrier peut détacher 5 m² de couche en une journée.

Coupage des voies : fr. 3,00 par mètre pour les costresses, en dressant.

Charbon généralement propre ; il renferme peu de houille daloïde.

— Composition en droit, au même Charbonnage, puits n.° 5, à la profondeur de 249 mètres :

Laie de charbon	0m,20
Schiste	0m,05
Laie du mur	0m,66
Ouverture totale . .	0m,91

Un ouvrier à veine peut détacher, en une journée, 5 m² de couche.

Voici le résultat d'une analyse du charbon des deux laies :

Désignation des Laies.	Rendement en coke p. % de Charbon.	Quantité de cendres.		Couleur des Cendres.
		P. % de Charbon.	P. % de Coke.	
Laie du toit. . .	77 40	3 180	4 135	Grise.
Laie du mur . .	76 90	7 180	9 207	Blanche.

—B— Composition au Charbonnage de la Grande-Veine du Bois de Saint-Ghislain, à la profondeur de 338 mètres :

Laie de charbon	0m,45
Havrie	0m,03
Laie du mur	0m,15
Ouverture totale. . .	0m,63

Toit moyennement résistant, mur bon.

Un ouvrier à veine détache, en une journée, 3,60 m² de couche en faisant un avancement de 1m,80.

4. CINQ-PAUMES.

— Composition en droit, au puits n.° 5 du Charbonnage de l'Agrappe, à l'étage de 249 mètres :

Laie au toit	0m,20
Terre	0m,25
Deux laies, ensemble	0m,70
Ouverture totale . .	1m,15

Couche assez facile à travailler ; un ouvrier à veine peut détacher, en une journée, 5,50 à 6 m² de couche.

Voici la quantité de cendres trouvées dans le charbon des différentes laies :

La 1.re laie (celle du toit) a donné	2,68	p. %	de cendres.
La 2.e laie.	»	6,60	»
La 3.e laie.	»	9,40	»

— Composition en droit de midi, au même puits et à la même profondeur.

Layette au toit	0m,20
Terre	0m,05
Deux laies, ensemble	0m,60
Ouverture totale . .	0m,85

On a trouvé que le charbon de ces laies contenait les quantités de cendres ci-après :

Layette	2,80	pour cent.
Laie sous le lit de terre. . . .	3,80	»
Laie au mur	2,40	»

— Composition en plat, au puits n.° 3 du même Charbonnage, à la profondeur de 338 mètres :

Laie de charbon	$0^m,65$
Schiste	$0^m,05$
Laie du mur	$0^m,20$
Ouverture totale. . .	$0^m,90$

Toit et mur bons.

Ouvriers à veine : fr. 0,50 par m^2.

Coupage des voies : fr. 2,30 par mètre en voie tierne et fr. 2,50 en voie costresse.

Rendement : environ 20 à 25 pour cent de gros et 75 à 80 pour cent de fines.

Charbon très-propre lorsque la couche se trouve en plat ; mais lorsqu'elle se présente en droit, il est moins pur. En général il est peu pyriteux et ne contient qu'une faible quantité de houille daloïde.

Le coke fabriqué avec la gaillette laisse, après l'incinération, 4 pour cent de cendres.

Entre les niveaux de 264 et de 505 mètres, les schistes qui forment le toit ont laissé filtrer de l'eau en grande quantité.

— Composition en droit, au puits n.° 2 du même Charbonnage, à l'étage de 548 mètres :

Schiste au toit.	$0^m,10$
1.re laie	$0^m,20$
Schiste	$0^m,10$
2.e laie	$0^m,25$
Schiste	$0^m,04$
3.e laie	$0^m,50$
Schiste	$0^m,05$
Ouverture totale . .	$1^m,24$

Couche facile à travailler à ce puits ; un ouvrier à veine peut détacher 5 à 5,50 m^2 de couche en une journée.

Analyse du charbon de ces laies.

Désignation des Laies.	Rendement en coke p. °/o de Charbon.	Quantité de cendres.		Couleur des Cendres.
		P. °/o de Charbon.	P. °/o de Coke.	
1.re laie	78 20	3 900	4 988	Grise.
2.e laie	77 00	2 140	2 778	Brune.
3.e laie	76 40	2 900	3 795	Grise.

5. GRANDE-SÉREUSE.

— Composition en plat, au puits n.° 2 du Charbonnage de l'Agrappe, à l'étage de 548 mètres :

Schiste friable au toit	$0^m,08$
1.re laie, charbon assez dur . .	$0^m,80$
2.e laie, charbon très-dur . . .	$0^m,45$
Schiste	$0^m,10$
3.e laie, charbon tendre . . .	$0^m,20$
Ouverture totale . .	$1^m,63$

Sous la laie de $0^m,20$, il y a un faux-mur de 2 mètres d'épaisseur, composé de schiste très-tendre et de bezier; cette laie de $0^m,20$ est rarement exploitée parce qu'elle donne du charbon de mauvaise qualité. Lorsque la couche est en dressant, que le vrai mur forme le toit, on laisse la laie de $0^m,20$ pour maintenir le banc de schiste de 2 m. d'épaisseur qui alors se trouve au toit.

Le toit en plat est assez solide; le mur est très-tendre.

Ouvriers à veine : fr. 0,70 à 0,80 par m² ; un ouvrier peut détacher, en une journée, 4,50 à 5 mètres carrés de couche.

Coupage des voies : fr. 1,80 le mètre courant.

Voici le résultat d'une analyse du charbon de chacune des laies :

Désignation des Laies.	Rendement en coke p. % de Charbon.	Quantité de cendres.		Couleur des Cendres.
		P. % de Charbon.	P. % de Coke.	
1.re laie (du toit) .	79 76	2 280	2 858	Blanche.
2.e laie	75 88	2 620	3 452	Grise.
3.e laie	79 24	13 270	16 620	Blanche.

— Composition en droit, au même puits, à l'étage de 348 mètres :

1.re laie (du toit)	$0^m,25$
Schiste	$0^m,10$
2.e laie	$0^m,10$
3.e laie	$0^m,35$
Terre	$0^m,05$
4.e laie	$0^m,25$
5.e laie	$0^m,25$
6.e laie	$0^m,25$
Schiste	$0^m,08$
Ouverture totale . .	$1^m,68$

En droit, un ouvrier à veine peut détacher, en une journée, 4 m² de couche.

Analyse du charbon des diverses laies :

Désignation des Laies.	Rendement en coke p. °/o de Charbon.	Quantité de cendres.		Couleur des Cendres.
		P. °/o de Charbon	P. °/o de Coke.	
1.re laie	79 30	8 820	11 123	Blanche.
2.e laie	80 90	4 300	5 809	Blanche.
3.e laie	79 36	2 820	3 553	Grise.
4.e laie	76 36	3 340	4 374	Blanche.
5.e laie	78 16	2 761	3 531	Grise-blanc.
6.e laie	78 62	4 040	5 138	Grise.

— Composition en plat, au puits n.° 12 du même Charbonnage, étage de 230 mètres :

Charbon très-dur au toit . . .	$0^m,60$
Mauvais charbon et terre . . .	$0^m,50$
Havrie	$0^m,20$
Laie de charbon	$0^m,70$
Ouverture totale . .	$2^m,00$

Toit très-mauvais.

Quelquefois, le banc de mauvais charbon et terre se présente avec une si grande épaisseur que l'on doit exploiter les deux couches séparément.

Ouvriers à veine : fr. 0,50 à 0,65 par m².

Coupage des voies : fr. 1,80 par mètre en costresse et fr. 1,10 en voie tierne ; les voies ont toujours $1^m,75$ de hauteur et $1^m,75$ de largeur ; il faut beaucoup de bois pour soutenir les parois des galeries.

Cette couche, en plateure, a une allure fort irrégulière ; c'est alors qu'elle se présente en deux laies (puits n.° 12) qui se réunissent vers le crochon supérieur.

Le charbon que cette couche fournit n'est pas très-propre ; il contient environ 12 à 14 pour cent de pierres qui sont, pour la plupart, très-friables et ne peuvent être facilement triées à la main ; il renferme une grande quantité de houille daloïde, et c'est, de tous les charbons de cette mine, celui qui en contient le plus. Cette matière charbonneuse se retrouve dans le coke et semble ne pas avoir changé de nature.

La texture de cette houille est plus large que celle des houilles des autres couches.

Exposé à l'air pendant quelque temps, ce charbon se délite et tombe en poussière.

Rendement : 10 à 15 pour cent de gros et 85 à 90 pour cent de menu.

Le toit renferme une assez grande quantité de rognons de fer carbonaté, mais on n'en rencontre pas dans la couche.

Le coke fabriqué avec la gaillette provenant de ce puits a laissé après incinération, 4 pour cent de cendres ; celui obtenu avec le menu en a donné 6 à 8 pour cent.

Des essais faits avec le charbon fourni par l'exploitation opérée par le puits n.° 3, ont donné, pour cent de charbon, 67,31 à 71,98 de coke très-beau après une cuisson de 24 heures ; la moyenne de 7 expériences a été de 69,67.

Après le *Petit-Samain*, la couche *Grande-Séreuse* est celle de ce charbonnage qui donne le meilleur charbon pour la fabrication du coke.

6. NAYE.

Composition en plat, au Charbonnage de l'AGRAPPE, puits n.° 5, à l'étage de 249 mètres :

Laie de charbon au toit . . .	$0^m,15$
Schiste	$0^m,05$
Laie de charbon	$0^m,50$
Ouverture totale. . .	$0^m,70$

Toit et mur bons.

On paie aux ouvriers à veine fr. 0,60 par mètre carré; un ouvrier peut détacher, en une journée, 4,50 m² de couche.

Charbon assez pur, très-bon pour coke.

7. COUCHE E, AU PUITS S.te-HORTENSE DU CHARBONNAGE DE PICQUERY.

— Composition en droit, aux étages de 112 et de 193 mètres :

Bezier	0m,10
Laie de charbon	0m,18
Caillou	0m,06
Laie	0m,18
Terre	0m,02
Laie	0m,05
Havrie	0m,08
Laie	0m,12
Laie du mur	0m,05
Ouverture totale	0m,84

Inclinaison 62° au midi.

Cette couche a été recoupée, aux niveaux de 112 et de 193 mètres, par des bouveaux du midi ayant respectivement 42 et 90 mètres de longueur; elle se trouve à 25 mètres environ au midi de la couche désignée sous la lettre D à ce puits et qui figure dans les couches à houille grasse à longue flamme.

Toit mauvais, mur bon.

Ouvriers à veine : fr. 0,50 par m²; un ouvrier peut détacher, en une journée, 6 m² de couche, en faisant un avancement de 3 mètres.

Charbon propre à la fabrication du coke et au service des forges.

Rendement en coke : 55 à 60 pour cent; ce coke contient environ 7 pour cent de cendres.

A $0^m,70$ au nord de cette couche, se trouve une autre couche que l'on exploite souvent en même temps et qui a la composition suivante :

Laie	$0^m,10$
Terre havrie	$0^m,11$
Laie	$0^m,35$
Bezier	$0^m,20$
Ouverture totale . .	$0^m,76$

Un ouvrier à veine peut détacher, en une journée, 6,50 à 7 m^2 de couche en faisant un avancement de $3^m,50$.

8. COUCHE F, AU PUITS S.te-HORTENSE DU CHARBONNAGE DE PICQUERY.

— Composition en droit, aux étages de 146 et de 193 mètres :

Laie de charbon	$0^m,26$
Havrie	$0^m,55$
Laie friable	$0^m,25$
Laie	$0^m,25$
Terre	$0^m,02$
Laie du mur	$0^m,10$
Ouverture totale. . .	$1^m,43$

Inclinaison 62° au midi.

Cette couche se trouve à 10 mètres au midi de celle ci-dessus n.° 7, désignée sous la lettre E.

La laie friable donne du charbon de mauvaise qualité que l'on jette dans les remblais lorsque ces derniers ne se trouvent pas en quantité suffisante; quand il y a assez de terre pour remblayer, ce charbon est mélangé avec celui des autres laies.

Toit mauvais, exigeant une grande quantité de bois pour être soutenu; au mur, il y a un banc de schiste peu consistant de $0^m,25$ d'épaisseur.

Ouvriers à veine : fr. 0,60 par m^2; un ouvrier peut détacher, en une journée, 5 m^2 de couche.

Charbon propre à la forge et donnant du coke d'assez bonne qualité.

Rendement en coke : 57 à 65 pour cent; ce coke contient 6 pour cent de cendres.

9. COUCHE G, AU PUITS S.te-HORTENSE DU CHARBONNAGE DE PICQUERY.

— Composition en droit, à l'étage de 195 mètres :

Laie du toit	0m,22
Havrie	0m,06
Laie friable	0m,20
Havrie	0m,10
Laie	0m,12
Ouverture totale. . .	0m,70

Inclinaison 60° au midi.

Cette couche se trouve à 50 mètres au midi de celle désignée ci-dessus n.° 8, sous la lettre F.

Toit et mur mauvais.

Ouvriers à veine : fr. 0,55 par m²; un ouvrier peut détacher, en une journée, 5m²,50 de couche.

Charbon propre à la forge et donnant du coke d'assez bonne qualité.

Rendement en coke : 57 à 65 pour cent; ce coke renferme 6 pour cent de cendres.

10. GRAND-LUCQUET.

—A— Composition en plat, au puits n.° 1 du Charbonnage de l'Escouffiaux, étage de 281 m. :

Laie de charbon au toit . . .	0m,24
Laie de charbon	0m,16
Havrie dur.	0m,10
Laie de charbon. . . . , . .	0m,43
Ouverture totale . .	0m,93

Toit et mur très-bons.

Charbon très-dur.

Voici le résultat de deux analyses faites en petit :

La houille de la laie du toit a rendu 72,38 pour cent de coke et 5,10 pour cent de cendres; le coke obtenu a donné 4,28 pour cent de cendres grises.

La houille de la laie du mur a donné 78,50 pour cent de coke et 12,50 pour cent de cendres; le coke produit a rendu 15,96 pour cent de cendres rouge-brique.

— Composition au même puits, à un étage inférieur :

Beziers	0^m,10
Laie de charbon	0^m,30
Havrie	0^m,30
Laie	0^m,24
Ouverture totale. . .	0^m,94

Toit assez tendre, mur solide.

Ouvriers à veine : fr. 0,50 à 0,80 par m^2; un ouvrier peut détacher, en une journée, 5 à 6 m^2 de couche, mais généralement, il ne fait que 4 à 5 m^2.

Coupage des voies : fr. 3,00 en costresse et fr. 1,50 à fr. 2,50 en voie tierne.

A cet étage, cette couche donne du charbon assez sale parce que les terres qui se trouvent au toit se détachent lors de l'abattage.

Ce charbon a un aspect plus terne que celui des autres couches exploitées à ce charbonnage; il est employé pour la fabrication du gaz éclairant, pour le chauffage des chaudières à vapeur et dans les sucreries; il donne aussi, lorsqu'il est propre, du coke d'assez bonne qualité, mais comme on ne peut que rarement l'extraire sans mélange de terre, on ne l'emploie pas pour cet usage.

— Composition en droit, au puits Sahutiau du même Charbonnage, à l'étage de 251 mètres :

Terre et charbon.	0m,09
Layon de charbon	0m,25
Terre noire et charbon. . . .	0m,18
Layon	0m,10
Laie de charbon	0m,18
Ouverture totale . .	0m,80

—B— Composition au puits n.° 1 du Charbonnage de la GRANDE MACHINE A FEU DE DOUR, à l'étage de 271 mètres :

Faux-toit	0m,15	— 0m,12
Laie en 2 parties égales. . . .	0m,20	— 0m,20
Havrie	0m,02	— 0m,12
Laie.	0m,32	— 0m,15
Laie	0m,31	— 0m,51
Ouverture totale . .	1m,00	— 1m,10

— Composition en droit, au puits n.° 4 du même Charbonnage, à l'étage de 178 mètres :

Laie de charbon au toit. . . .	0m,16
Havrie noire et grise	0m,03
Laie de charbon	0m,23
Terre grise.	0m,30
Charbon	0m,20
Terre noire et charbon. . . .	0m,34
Ouverture totale . .	1m,26

— Composition en droit, au même puits, à la profondeur de 220 mètres :

Faux-toit	0m,10
Laie de charbon	0m,26
Havrie	0m,04
Laie	0m,20
Faux-mur	0m,06
Ouverture totale . .	0m,66

— Composition en droit, au même puits n.° 4, à la profondeur de 259 mètres :

Laie de charbon au toit . . .	0m,30
Havrie	0m,15
Laie de charbon	0m,30
Ouverture totale . .	0m,75

Inclinaison 68 à 70°.

Toit et mur mauvais.

Ouvriers à veine : fr. 0,45 par m²; un ouvrier détache ordinairement, en une journée, 6 m² de couche ; il travaille à une taille de 1m,76 de hauteur (maintenage ou gradin) et il fait un avancement de 3m,52 ; c'est donc, en une semaine de six jours de travail, un avancement de 21m,12 ; mais les forts ouvriers font souvent 5m,30 à 7m,90 d'avancement en plus par semaine. On pratique le havage dans le banc de havrie qui est formé de schiste gris argileux, quelquefois très-dur, quelquefois très-tendre et malléable ; l'abattage du charbon est assez facile.

On paie environ fr. 7,00 par mètre pour faire la costresse inférieure à la coupure ; pour cette somme, les ouvriers doivent haver, abattre le charbon, couper la voie et mettre le boisage ; l'enlèvement du charbon et des terres est payé à part ; pour le coupage des voies costresses intermédiaires on paie fr. 1,50 par mètre ; enfin le coupage de la galerie d'aérage coûte fr. 1,15 par mètre ; le prix de ce dernier coupage est moins élevé que celui des costresses intermédiaires, parce que, dans le premier, on n'a pas, comme dans le second, à relever les terres détachées ; on les laisse tomber sur les remblais.

Le charbon de cette couche est tendre et très-salissant ; son menu est très-pulvérulent ; il contient un peu de pyrite de fer et souvent des lamelles de carbonate de chaux ; exposé en tas à l'action de l'air, il se recouvre après un certain temps, d'une teinte blanchâtre. Il convient bien pour les feux de forge et est employé pour le chauffage des chaudières à vapeur, des foyers domestiques et dans les sucreries ; il donne aussi du coke d'assez bonne qualité.

— Composition en droit, au même puits, à l'étage de 278 mètres :

Laie au toit	$0^m,20$
Havric	$0^m,04$
Laie	$0^m,32$
Faux-mur	$0^m,06$
Ouverture totale . .	$0^m,62$

— Composition en droit, au puits Frédéric du même Charbonnage, à l'étage de 206 mètres :

Laie au toit.	$0^m,10$
Terre	$0^m,02$
Laie	$0^m,34$
Havric	$0^m,11$
Laie	$0^m,33$
Ouverture totale. . .	$0^m,90$

Au toit, il y a un faux-banc composé de $0^m,50$ de roc et $0^m,50$ de bezier.

11. ANGLEUSE.

—A— Composition en droit, au puits n.° 1 du Charbonnage de l'Escouffiaux, étage de 190 mètres :

Laie de charbon	$0^m,30$
Laie id.	$0^m,20$
Havage et layon	$0^m,16$
Schiste toit.	$0^m,30$
Ouverture totale . .	$0^m,96$

— Composition au même puits, à l'étage de 251 mètres :

Laie de charbon	$0^m,60$ à $0^m,45$
Havric	$0^m,01$
Layon	$0^m,09$
Bezier	$0^m,30$ à $0^m,40$
Ouverture totale . .	$1^m,00$ à $0^m,95$

— Composition en droit, au même puits, étage de 337 mètres :

Laie de charbon	0m,60
Havrie dur.	0m,05
Laie du mur	0m,14
Ouverture totale . .	0m,79

La laie du toit est plus dure que la laie du mur.

Le toit est bon ; mais au mur, il y a un banc de schiste noir écailleux de 0m,75 d'épaisseur, sous lequel se trouve un bon mur.

— Composition au même puits, à un étage inférieur :

Havrie au toit.	0m,05
Laie de charbon	0m,10
Laie de charbon	0m,50
Faux-mur	0m,20
Ouverture totale . .	0m,85

Toit assez tendre, mur dur.

Ouvriers à veine : fr. 0,70 par m^2 ; un ouvrier peut détacher, en une journée, 3,50 à 4 m^2 de couche en droit.

Coupage des voies : fr. 2,75 le mètre en costresse et fr. 2,50 en voie tierne.

Le charbon de cette couche est assez pur ; cependant, il arrive quelquefois que l'on ne peut l'obtenir suffisamment propre parce que le faux-mur se détache lors de l'abattage ; quand ce cas ne se présente pas, ce charbon est très-bon pour faire du coke. Il convient aussi très-bien pour la fabrication du gaz éclairant et pour le chauffage des chaudières.

Les analyses faites sur le charbon de cette couche provenant du puits n.° 3, ont donné :

Laie du mur : pour cent de charbon, 71,90 de coke et 2,54 de cendres; le coke renfermait 3,25 pour cent de cendres grises.

Laie du toit : pour cent de charbon, 75,92 de coke et 2,74 de cendres; le coke contenait 3,61 pour cent de cendres blanches.

— Composition en droit, au même Charbonnage, puits n.° 7 :

Laie de charbon	0m,40 à 0m,45
Laie du mur	0m,20 à 0m,25
Ouverture totale . .	0m,60 à 0m,70

Toit et mur généralement bons.

—B— Composition en droit, au puits Frédéric du Charbonnage de la Grande Machine a Feu de Dour, étage de 255 mètres :

Terre noire	0m,03 ou	»
Schiste tendre.	0m,14	0m,04
Laie de charbon	0m,55	0m,56
Havrie	0m,02	0m,02
Layette	0m,08	0m,10
Ouverture totale . .	0m,82	0m,72

Toit bon. Sous la layette, il y a un banc de schiste de 0m,50 d'épaisseur, puis un banc de bezier de 0m,45 et enfin un bon terrain qui est le véritable mur.

Ouvriers à veine : fr. 0,52 par m²; un ouvrier détache, en une journée, 5,61 m² de couche soit 33 m²,66 par semaine de 6 jours; mais les forts mineurs font souvent pendant ce même laps de temps jusqu'à 45 et 46 m²; les tailles (maintenages ou gradins) ont 1m,76 de front; la couche est inclinée de 85°.

Le coupage des voies est payé comme il est indiqué ci-dessus pour la couche Grand-Lucquet (n.° 10 —B—).

Le charbon de cette couche est du fine forge très-propre, un peu gailletteux, et qui donne du coke de 1.re qualité; il est très-salissant; on y rencontre quelquefois des boulets de schiste de couleur noire, que l'on n'aperçoit souvent que lorsque l'on brise la houille; ces boulets sont appelés par les mineurs *Bouquiaux ;* ils atteignent quelquefois la grosseur de deux poings et même davantage; c'est la seule couche de ce charbonnage qui présente cette particularité. On remarque que ce charbon est meilleur pour la forge lorsqu'il est resté pendant un certain temps exposé à l'air que lorsqu'il est récemment extrait de la mine.

Cette couche dégage peu de grisou ; les roches encaissantes renferment très-peu d'empreintes de végétaux.

— Au même puits, mais à un étage supérieur, cette couche s'est présentée en une laie de 0m,60 de charbon sans havrie ; le toit et le mur étaient mauvais ; on payait aux ouvriers à veine : fr. 0,70 par m², et un ouvrier pouvait détacher, en une journée, 3,50 à 4 m² de couche ; le coupage des voies coûtait fr. 1,40 le mètre. En certains endroits à cet étage, le toit est devenu tellement mauvais que l'on a du cesser l'exploitation.

— Composition en droit, au puits n.° 4 du même Charbonnage, à la profondeur de 178 m. :

Laie de charbon	0m,36
Filet noir	0m,01
Laie de charbon	0m,18
Havrie grise	0m,02
Faux-mur	0m,06
Ouverture totale . .	0m,63

— Composition à l'étage de 205 m. et à 500 m. au midi du même puits :

Faux-toit	0m,04
Laie de charbon	0m,36
Havrie	0m,01
Laie de charbon	0m,19
Faux-mur	0m,06
Ouverture totale . .	0m,66

—C— Composition au Charbonnage de la Grande-Veine du Bois d'Épinois, puits n.° 4, à 85 m. de profondeur :

Terre ou faux-toit	0m,15
Schiste noir	0m,05
Terre	0m,15
Laie du toit	0m,35
Havrie	0m,02
Laie de charbon	0m,48
Ouverture totale . .	1m,20

Toit et mur très-bons.

12. GRANDS-RATONS.

— Composition en droit, au puits Frédéric de la GRANDE MACHINE A FEU DE DOUR, étages de 214 et 255 mètres :

Laie de charbon	$0^m,35$	Laie du toit.
Laie	$0^m,20$	
Havrie.	$0^m,12$	
Layon	$0^m,07$	
Terre	$0^m,30$	
Laie	$0^m,25$	Laie du mur.
Havage	$0^m,14$	
Layon	$0^m,14$	
Havrie	$0^m,04$	
Faux-banc (schiste) au mur .	$0^m,10$	
Ouverture totale . .	$1^m,71$	

Inclinaison 80 à 90°.

Les bouveaux percés aux étages de 214 et de 255 mètres, se dirigent au midi et ont recoupé la couche aux distances respectives de 252 et de 275 mètres du puits.

Toit bon.

Le banc de terre qui sépare la laie du toit de celle du mur a $0^m,40$ à $0^m,50$ de puissance au levant du puits ; mais au couchant et à mesure que l'on s'éloigne du puits, on trouve que son épaisseur diminue. Il est très-dur au levant du puits, et assez tendre au couchant.

Généralement, on n'exploite que la laie du toit lorsque le banc de terre est très-dur ou très-friable ; dans ce cas, on paie aux ouvriers à veine fr. 0,60 par m^2, et ils détachent, en une journée, 6 à 7 m^2 de couche en faisant un avancement de 3,50 à 4 mètres.

La laie du toit seule donne en moyenne 6,25 hectolitres de charbon par m^2, déduction faite des failles.

Lorsque l'on n'enlève que la laie du toit, on pratique le coupage des voies dans la laie du mur.

Dans certaines parties au couchant du puits, on exploite la laie du toit et la laie de $0^m,25$ qui se trouve sous le banc de terre; voici comment le travail est conduit dans cette circonstance : on pratique le havage dans le layon et le lit de havrie immédiatement au-dessus du banc de terre, on abat ensuite les deux laies du toit, on établit alors le boisage dans la taille, on enlève le banc de terre, puis l'on détache la laie de $0^m,25$ qui se trouve sous ce banc de terre ; on laisse le reste en place. Pour faire ce travail, les ouvriers reçoivent fr. 0,70 par m^2 et un ouvrier à veine peut détacher, en une journée, 5,50 m^2, de couche en faisant un avancement de $2^m,70$.

Le charbon que cette couche fournit convient pour la fabrication du gaz éclairant et pour le service des sucreries ; il peut aussi donner du coke d'assez bonne qualité.

15. DÉSIRÉE.

—A— Composition au Charbonnage de la Grande-Veine du Bois d'Epinois :

Schiste bitumineux	$0^m,04$	Laie du toit.
Laie de charbon.	$0^m,20$	
Havrie mélangé de fer carbonaté en rognons	$0^m,08$	
Laie de charbon	$0^m,18$	
Schiste	$0^m,02$	
Banc de terre	$0^m,55$ à $0^m,70$	
Laie de charbon	$0^m,18$	Laie du mur.
Terre	$0^m,03$	
Layette	$0^m,10$	
Terre	$0^m,07$	
Layette	$0^m,05$	
Terre	$0^m,06$	
Layette	$0^m,15$	
Terre	$0^m,03$	
Layette	$0^m,10$	
Ouverture totale . .	$1^m,84$ à $1^m,99$	

Toit et mur bons.

La laie du toit et la laie du mur sont exploitées séparément; on commence par enlever la laie du toit; lorsque le déhouillement est opéré sur une profondeur de 50 à 60 mètres, on enlève la laie du mur et on laisse en place le banc de terre qui sépare les deux laies; les voies servent pour l'exploitation des deux couches.

On paie aux ouvriers à veine fr. 0,60 par m^2 pour havage et abattage de chacune des laies; un ouvrier détache, dans la 1.re laie, 20 à 25 hectolitres de charbon en une journée, et 25 à 30 dans la laie du mur; la laie du toit rend 5 hectolitres de charbon par m^2, et celle du mur 6 hectolitres.

Le charbon de cette couche est dur, possède un aspect grisâtre, et est moins gras que celui des autres couches; on obtient une assez grande quantité de gaillettes pures, mais les fines, surtout celles provenant de la laie du mur, sont très-sales; ce charbon convient pour le chauffage domestique; il n'est pas aussi bon pour la fabrication du coke parce qu'il ne colle pas suffisamment; le coke obtenu avec le charbon lavé de la laie du toit, contient 5 à 6 pour cent de cendres, et celui fait avec la laie du mur en renferme de 9 à 10 pour cent.

—B— Composition au puits n.° 2 de Longterne-Ferrand :

Laie de charbon au toit. . . .		0m,24
Havrie		0m,03
Laie de charbon		0m,24
Schiste faux-mur	1.er banc .	0m,30
	2.e banc .	0m,35
Layette		0m,12
Ouverture totale . .		1m,28

Quand on exploite cette couche, on n'enlève que les deux laies de charbon.

Toit et mur très-mauvais.

On coupe la voie dans le faux-mur.

Ce charbon est moins bon que celui des autres couches de cette mine; il n'est pas employé pour la fabrication du coke.

Cette couche est peu exploitée à ce charbonnage.

14. LONGTERNE.

—A— Composition en plat, au puits n.° 1 de la Grande-Veine du Bois d'Épinois, à l'étage de 107 m. :

Laie en deux sillons.	0m,24
Laie de charbon	0m,44
Schiste bitumineux	0m,03
Faux-mur	0m,07
Ouverture totale . .	0m,78

— Composition en droit, au même puits, à l'étage de 148 m. :

Schiste bitumineux	0m,06
Laie de charbon	0m,39
Laie de charbon	0m,26
Schiste au mur	0m,05
Ouverture totale . .	0m,76

Inclinaison 80° au midi.

— Composition en droit, au même puits, à un étage inférieur :

Laie de charbon au toit. . . .	0m,42
Havrie	0m,03
Layette	0m,10
Layette	0m,10
Ouverture totale . .	0m,65

Il y a un faux-toit (banc de schiste) de 0m,05 à 0m,25 d'épaisseur au-dessus duquel se trouve un bon terrain; on pratique le havage dans ce faux-toit lorsque l'on a assez de place pour remblayer, dans les tailles, les terres qui en proviennent. Le mur est solide.

Ouvriers à veine : fr. 0,70 par m² en droit et fr. 1,00 en plat; un ouvrier à veine peut produire, en une journée, 35 hectolitres de charbon en droit et 20 à 25 en plat; le m² donne 8 hectolitres.

Ce charbon est de très-bonne qualité; il est propre, gailleteux, colle bien et a un aspect net et luisant; il se divise en morceaux de forme cubique; il renferme une assez grande quantité de houille daloïde; c'est la couche qui, à ce charbonnage, fournit la plus grande proportion de gaillettes.

Ce charbon convient pour le chauffage domestique et pour la fabrication du coke; la gaillette contient 1,7 pour cent de cendres, et le coke fabriqué avec le menu lavé contient de 4 à 5 pour cent de cendres.

En général, le charbon des couches exploitées à ce charbonnage rend en moyenne 75 pour cent de coke au creuset, et 60 à 70 pour cent dans les grands fours; il faut 18 hectolitres de 85 kil. de charbon non lavé pour produire 1000 k. de coke; au lavage, la perte est de 10 pour cent et ce lavage coûte environ 2 ½ centimes par hectolitre de charbon lavé.

— Composition en droit, au puits n.° 4 du même Charbonnage, à l'étage de 311 m. :

Schiste au toit	0m,19
Laie de charbon	0m,34
Havrie	0m,03
Laie en deux sillons	0m,28
Ouverture totale. . . .	0m,84

—B.— Composition en droit au puits n.° 2 du Charbonnage de Longterne-Ferrand, étage de 356 m. :

Laie du toit	0m,36 à 0m,45
Terre	0m,005
Laie du mur divisée en 2 layons.	0m,24 à 0m,30
Ouverture totale . . .	1m,605 à 0m,755

Toit et mur bons.

On pratique le havage dans le layon supérieur; ce travail est assez difficile.

Ouvriers à veine : fr. 0,65 à 0,80 par m²; un ouvrier à veine peut faire, en une journée, 1m,76 à 2m,00 d'avancement sur un front de taille de 1m,76, soit donc 5 à 5,50 m² de couche.

Dans le mur en droit, on trouve beaucoup d'empreintes de fougères.

C'est une des belles couches de ce charbonnage, mais on la rencontre souvent en faille; lorsqu'elle est en allure régulière, on peut obtenir jusqu'à 17 pour cent de gros et gailletteries, mais le plus souvent on ne fait que des forges gailletteuses, c'est-à-dire du trait tout venant.

Le charbon de cette couche est très-salissant, et donne beaucoup de poussière parce qu'il renferme une assez grande quantité de houille daloïde; il convient fort bien pour le service des feux de forges et il donne du coke de très-bonne qualité.

—C— Composition en droit, au puits n.° 7 de Belle-Vue, étage de 253 m. :

Laie de charbon	0m,19 à 0m,24
Havrie	0m,01
Laie de charbon	0m,40
Schiste	0m,15 à 0m,18
Ouverture totale. . .	0m,75 à 0m,83

Inclinaison 48° au midi.

— Composition en plat, au même puits, à la profondeur de 270 m. :

Schiste bitumineux	0m,01 à 0m,03
Laie de charbon	0m,37 — 0m,36
Havrie noire	0m,05 — 0m,04
Laie de charbon.	0m,32 — 0m,40
Faux-mur	0m,03 »
Ouverture totale . .	0m,78 à 0m,83

—D— Composition en droit, au puits n.° 2 du Charbonnage de LONGTERNE-TRICHÈRES :

1.re laie du toit	0^m,42 à 0^m,45
2.e laie.	0^m,15 — 0^m,20
3.e laie	0^m,08 — 0^m,10
Ouverture totale . .	0^m,65 à 0^m,75

Quelquefois on rencontre un petit filet de terre entre les deux laies supérieures.

Toit et mur bons, lorsque la couche est en droit et en allure régulière; dans ce cas, la dépense pour boisage est de fr. 0,05 à fr. 0,06 par hectolitre de charbon extrait; lorsqu'elle est en allure irrégulière, elle présente beaucoup plus de failles et de brouillages qu'en allure régulière.

Ouvriers à veine : fr. 0,50 par m² en droit, et fr. 0,60 à 0,65 en plat; un ouvrier peut détacher, en une journée, 5 à 6 m² de couche.

Coupage des voies : fr. 5,00 le mètre; pour abattre la veine et faire le coupage de la voie costresse, on paie fr. 5,00 à 6,00 par mètre courant.

Le charbon que cette couche fournit est assez brillant, très-chargé de houille daloïde et renferme peu de pyrite; il est assez tendre; cependant, quand la couche se présente en allure régulière, il est plus dur; généralement, quand l'une ou l'autre des laies devient plus puissante, le charbon devient aussi plus tendre.

En allure régulière, on peut obtenir 10 pour cent de gaillettes.

Exposé à l'air, ce charbon se réduit rapidement en menu; il brûle alors, dans les foyers domestiques, en donnant une grande quantité de fumée.

Ce charbon est très-estimé pour la forge et pour la fabrication du coke; c'est un des meilleurs du bassin; carbonisé en grand dans des fours à sole chauffée, on obtient de 70 à 75 pour cent de coke en gros morceaux; lorsque l'on prolonge la calcination pendant 96 heures, le déchet, en petit coke, ne s'élève pas souvent à 1 pour cent. Ce coke fabriqué avec du charbon lavé, laisse après incinération, de 3 à 4 pour cent de cendres.

Voici le résultat de quelques analyses faites en petit sur le charbon de cette couche :

ORIGINE DES ÉCHANTILLONS ANALYSÉS.	QUANTITÉ de Coke p. °/o de Houille.	de Cendres p. °/o de Houille.	de Cendres p. °/o de Coke.	Couleur des Cendres.
GAILLETTE — 1.re laie; charbon friable . . .	74 9	2 5	3 34	Jaune-orange
GAILLETTE — 1.re laie; beau charbon, cassure brillante, veiné de noir tendre.	74 8	2 0	2 67	Rose.
GAILLETTE — 2.e laie id.	78 1	1 2	1 54	Blanc-jaune.
GAILLETTE — 3.e laie; charbon à cassure brillante, veiné de noir tendre; laie peu épaisse	78 8	1 2	1 52	Claire.
NOIR TENDRE ou charbon daloïde de couleur noire terne, très-tendre, friable, extrait de la gaillette, réduit en poudre entre les doigts	93 4	2 2	2 57	Blanc-gris.
CHARBON MENU, tout venant moins la gailletterie	76 6	5 1	6 66	Gris-blanc.
CHARBON MENU, tout venant moins la gailletterie	75 7	5 1	6 74	Blanche.
CHARBON MENU passé à la grille de 2 centimètres d'écartement; contenant beaucoup de pierres	75 8	6 1	8 05	Gris-jaune.
CHARBON MENU passé à la grille de 2 centimètres; peu de pierres	76 0	4 0	5 26	Grise.
COKE cuit en 72 heures dans un four à sole chauffée; morceau du dessus ; peu de pierres.	»	»	7 8	Blanc-rosé.
COKE cuit en 72 heures dans un four à sole chauffée; morceau du dessus, pas très-bien cuit.	»	»	7 5	Gris-rosé.

ORIGINE DES ÉCHANTILLONS ANALYSÉS.	QUANTITÉ			Couleur des Cendres.
	de Coke p. °/₀ de Houille.	de Cendres p. °/₀ de Houille.	de Cendres p. °/₀ de Coke.	
Coke cuit en 72 heures; four à sole chauffée	»	»	9 2	Brique.
Coke id. id. id.	»	»	6 7	Brique-claire
Coke id. ; fours à sole non chauffée; morceau du dessus . . .	»	»	7 2	Id.
Coke cuit en 72 heures; four à sole non chauffée; morceau du dessous, pied enlevé	»	»	6 6	Brique.
Coke mal cuit; pied; épaisseur de $0^m,05$ à $0^m,07$; adhérant au morceau précédent	95 2	6 0	6 3	Brique-claire.
Coke en 72 heures, avec fours sans carneaux; morceau mal cuit	»	»	5 9	Id.
Coke en 72 heures; fours avec carneaux; morceau de dessous choisi comme étant de très-belle qualité	»	»	5 6	Brique.
Coke en 24 heures; fours à sole chauffée; morceau du dessus	»	»	5 3	Jaune.
Coke en 24 heures; fours à sole chauffée; morceau du dessous	»	»	5 3	Grise.

Le charbon employé à la fabrication du coke est le tout-venant moins $^1/_{10}$, et quelquefois moins $^1/_5$ ou $^1/_4$ de gailletteries.

15. BABOT.

— Composition en droit, au puits n.° 2 du Charbonnage de Longterne-Ferrand, étage de 556 mètres :

Schiste au toit.	0m,15
Terre noire.	0m,06
Laie de charbon	0m,10
Terre noire.	0m,03
Laie de charbon	0m,15
Terre noire.	0m,01
Terre	0m,10
Ouverture totale . .	0m,60

Cette couche donne du charbon assez malpropre, et par conséquent de médiocre qualité; le coke qu'on en obtient est de qualité inférieure.

— Composition en droit, au puits n.° 7 de Belle-Vue, à l'étage de 212 mètres :

Schiste	0m,25
Laie de charbon	0m,30
Schiste au mur	0m,40
Ouverture totale . .	0m,95

— Composition en plat, au puits n.° 1 de la Grande-Veine du Bois d'Epinois, à l'étage de 148 mètres :

Faux-toit	0m,25
Laie de charbon	0m,30
Ouverture totale . .	0m,55

16. GRANDE-VEINE.

—A— Composition en droit, au Charbonnage de la GRANDE-VEINE DU BOIS D'EPINOIS, puits n.° 4 :

Faux-banc au toit	0m,30
Layette	0m,18
Schiste bitumineux	0m,06
Laie de charbon du toit. . . .	0m,45
Havrie	0m,05
1.er layon	0m,12
Terre friable	0m,03
2.e layon	0m,10
Terre friable	0m,05
Laie du mur	0m,45
Ouverture totale. . .	1m,79

On n'exploite pas la layette du toit.

Au-dessus du faux-toit de 0m,50 de puissance, se trouve le terrain solide; le mur est bon.

Généralement, le faux-toit est très-mauvais et l'on doit renoncer à prendre la layette au toit; on fait alors le havage dans le 1.er layon; mais quand on a de la place pour remblayer le faux-toit, on pratique le havage dans ce dernier banc et l'on enlève la layette dont le charbon couvre surabondamment l'excès de dépense que ce travail exige.

Ouvriers à veine : fr. 0,70 par m², soit fr. 0,05 environ par hectolitre extrait ; un ouvrier peut détacher, en une journée, 3,75 à 4 m² de couche, environ 60 à 65 hectolitres de charbon, lorsqu'il exploite en droit ; en plat, il ne peut abattre que 40 à 45 hectolitres de charbon et ce travail coûte fr. 0,075 par hectolitre. La gaillette contient 2,80 pour cent de cendres.

A mesure que l'on s'éloigne du puits n.° 4 et que l'on se dirige vers le puits n.° 1, on trouve que la laie du toit s'écarte de plus en plus du restant de la couche ; au puits n.° 1, elle est séparée du 1.er layon par un banc de roche de 10 mètres d'épaisseur; plus loin, le banc atteint une puissance de 15 mètres et au-delà.

— Au puits n.° 1, du même Charbonnage, cette couche forme donc deux couches distinctes, qui se présentent comme suit, en plat :

Laie de charbon. . . .	0m,40 à 0m,45	— Petite laie.
Banc de grès	10m,00 à 15m,00	
Faux-banc.	0m,30	Grosse laie.
Layette.	0m,20	
Havrie	0m,06	
Laie de charbon. . . .	0m,45	
2 layons séparés par des havries	0m,25	
Ouverture de la grosse laie	1m,26	

Le toit de la petite laie est bon; le mur également.

En une journée, un ouvrier peut détacher dans cette laie 20 à 25 hectolitres de charbon en droit, et 12 à 15 en plat; le rendement par m² est de 5 ½ hectolitres.

Le charbon de la petite laie est du fine forge première qualité; la gaillette contient 1 à 1,20 pour cent de cendres; le coke fabriqué en grand avec ce charbon lavé, contient de 5 à 5,50 pour cent de cendres.

Ce charbon est plus dur que celui de la grosse laie; il est excellent pour fabriquer le coke; il contient 20 pour cent de matières volatiles, tandis que la grosse laie en renferme 24 pour cent; la couche LONGTERNE, à ce puits, en renferme 26 pour cent.

Le toit et le mur de la grosse laie sont assez bons.

Un ouvrier à veine peut détacher, en une journée, 40 hectolitres de charbon en droit, et 50 en plat; le rendement, layons compris, est de 9 hectolitres par m²; on met à part le charbon des layons parce qu'il est malpropre.

Le charbon de la grosse laie est assez tendre; c'est du fine forge première qualité ; la gaillette contient 5 pour cent de cendres, et le coke obtenu en grand avec le charbon lavé, laisse, après incinération, 4 à 5 pour cent de cendres.

En général, le charbon de la couche Grande-Veine est plus friable que celui des couches LONGTERNE et VEINE-A-FORGES de ce charbonnage ; il ne contient pas de houille daloïde, colle très-bien et gonfle un peu au feu ; c'est le meilleur charbon de cette mine pour la fabrication du coke surtout lorsque les deux laies ne sont pas séparées comme au puits n.° 1 ; il rend en moyenne 68 à 70 pour cent de coke sans compter le petit coke. Il est aussi très-bon pour le chauffage domestique.

—B— Composition en droit, au puits n.° 2 du Charbonnage de LONGTERNE-FERRAND :

Laie de charbon au toit. . . .	$0^m,45$ à $0,^m50$
Terre, havrie	$0^m,06$
Layon	$0^m,12$
Laie du mur	$0^m,45$
Ouverture totale . .	$1^m,08$ à $1^m,13$

Quelquefois, la puissance totale ne dépasse pas $0^m,80$.

Toit et mur généralement assez mauvais.

Ouvriers à veine : fr. 0,60 par m^2 ; un ouvrier peut détacher, 4,75 à 5 m^2 de couche en une journée, en faisant un avancement de $2^m,80$; pour enlever la laie inférieure qui est assez dure, on doit souvent employer des coins en fer dits *aiguilles*.

Cette couche est généralement en allure régulière ; elle constitue l'une des meilleures de ce charbonnage; son charbon est à pores moins serrés que celui des couches LONGTERNE et MOREAU ; il est excellent pour la fabrication du coke, et, sous ce rapport, il est considéré comme étant l'un des meilleurs du bassin de Mons ; avant de le convertir en coke, on le lave, et cette opération occasionne un déchet de 12 à 14 pour cent, dont 8 pour cent environ de pierres et le reste de fin menu qui est emporté avec l'eau qui a servi au lavage.

Brûlé sur grilles, il produit une assez grande quantité de fumée.

Ce charbon est généralement recherché pour les feux de forges.

Au couchant du puits n.° 1, cette couche se présente avec une puissance un peu plus grande qu'au puits n.° 2; on la trouve ordinairement, au premier de ces puits, avec une épaisseur totale de 1^m,20 à 1^m,25, et l'on remarque que le charbon qu'elle donne, dans cette circonstance, est un peu plus flambant qu'au puits n.° 2.

—C— Composition en droit, au puits n.° 7 de Belle-Vue, à l'étage de 212 mètres :

Schiste très-noir.	0^m,30
Layette de Grande Veine . . .	0^m,13
Terre	0^m,39
Laie de charbon	0^m,37
Havrie	0^m,02
Ouverture totale . . .	1^m,21

Cette composition est celle de la couche dite Grande-Veine, laie du toit.

— Au même puits et à l'étage de 270 mètres, la couche se présente comme suit :

Petite laie de Grande-Veine.	Fauniau. . .	0^m,06	0^m,40
	Charbon . .	0^m,34	
Roche		0^m,00	
Grosse laie de Grande-Veine.	Schiste . . .	0^m,08	0^m,69
	Charbon . .	0^m,55	
	Havrie . . .	0^m,06	

—D— Composition en plat, au Charbonnage de LONGTERNE-TRICHÈRES, où elle est désignée sous le nom de *Nouvelle Veine :*

Laie de charbon au toit . . .	$0^m,50$ à $0^m,60$
Havrie	$0^m,01$ à $0^m,03$
2 layons, quelquefois 3, ensemble	$0^m,16$
Terre	$0^m,60$
4 layons, ensemble	$0^m,05$ à $0^m,60$
Ouverture totale . .	$1^m,32$ à $2^m,01$

Les quatre derniers layons ne sont pas exploités ; on ne les enlève que pour faire le coupage des voies.

Cette couche est exploitée en plat et en droit.

Le toit est bon ; le mur n'est pas très-solide, surtout en droit où il forme le toit.

Ouvriers à veine : fr. 0,60 à fr. 0,65 par m^2 en droit et en plat; en droit, un ouvrier peut faire, par journée, un avancement de 5 mètres sur 2 mètres de front ; il doit opérer le havage, abattre la couche, bouter le charbon dans les cheminées et boiser son gradin.

Coupage des voies : fr. 2,00 par mètre courant.

En droit, il est assez difficile d'obtenir ce charbon sans mélange de terre ou de schiste, parce que ces matières se détachent du toit et du mur ; en plat, au contraire, on l'enlève assez facilement sans que les terres viennent le salir.

Comme le terrain est assez mauvais en droit, il faut employer une grande quantité de bois dans les tailles; le boisage, dans ce cas, compris les voies, coûte de fr. 0,10 à fr. 0,15 par hectolitre de charbon extrait.

En général, cette couche dégage une grande quantité de gaz hydrogène carboné.

Le charbon de cette couche est un peu plus collant, moins dur et moins chargé de houille daloïde que celui de la couche *Longterne;* il est plus pyriteux que celui des autres couches de ce charbonnage qui, en général, contiennent peu de pyrite ; il est très-bon pour la forge et pour la fabrication du coke; la gaillette donne du coke qui, d'après les essais en petit, ne contient que 1 ½ à 2 pour cent de cendres; carbonisé en grand dans des fours à sole chauffée, ce charbon rend de 60 à 68 pour cent de coke généralement plus dense que celui obtenu avec le charbon de la couche *Longterne*.

— Composition au même puits, mais à un étage inférieur, à 556 mètres :

Charbon au toit	0m,15
Laie de charbon	0m,45
Layon de charbon	0m,05
Havrie	0m,03
Layon	0m,05
Laie de charbon	0m,45
Ouverture totale . .	1m,18

Toit et mur bons.

On ne prend que les deux laies de 0m,45 parce que ce sont les seules qui fournissent du charbon de bonne qualité; le charbon des layons est mis dans les remblais.

Un ouvrier à veine peut détacher, en une journée, 4 m² de couche en faisant un avancement de 1,76 à 2 m.

Charbon de très-bonne qualité, donnant du coke excellent.

17. GRANDE-VEINE-L'ÉVÊQUE.

—A— Au puits n.° 2 du Charbonnage de l'AGRAPPE, cette couche qui est aussi désignée sous le nom de GHISTIENNE, se compose comme suit, en droit :

Laie de charbon au toit . . .	0m,27
Laie de charbon	0m,30
Havrie	0m,20
Laie du mur	0m,18
Ouverture totale . .	0m,95

Mur très-bon.

C'est la composition sous Frameries; sous Grisœuil, cette couche est plus puissante, mais son charbon est moins pur.

Voici sa composition en plat sous Grisœuil :

Laie au toit	0m,20
Havrie	0m,20
Laie	0m,25
Laie du mur	0m,60
Ouverture totale . .	1m,25

—B— Composition au puits n.° 2 du Charbonnage de la Grande-Veine du Bois de S.t-Ghislain; droit incliné de 60° à 70° au sud.

Laie de charbon { layon . .	0m,24
Laie de charbon { layon . .	0m,66
Terre (puissance assez variable).	0m,54
Layette au mur	0m,24
Ouverture totale. . .	1m,68

On n'exploite pas la layette parce qu'elle donne du charbon de mauvaise qualité (chauffours).

Au toit de la couche en droit (ou au mur en plat), il y a 4 mètres de schiste dont 1m,76 de mur ou schiste peu stratifié, et 2m,24 de roc ou schiste plus dur et bien stratifié; au-dessus, se présente le bon terrain (quérelle).

— A la profondeur de 246 mètres, on a recoupé cette couche en plat dans un cran en renfoncement de 2 mètres; elle avait, à l'ouest du cran, une puissance totale de 1m,50 dont 0m,80 en charbon, et à l'est, seulement 0m,65 dont 0m,55 en charbon.

— A la profondeur de 296 mètres, on a recoupé un autre plat incliné au sud de 7 à 8° et présentant la composition suivante :

Laie du toit	0m,20
Banc de schiste	0m,60 à 1m,00
Laie du mur	0m,60 à 0m,70
Ouverture totale . .	1m,40 à 1m,90

On n'exploite que la laie du mur. Cette laie est très-dure à travailler parce que le havage doit être pratiqué en charbon.

Un ouvrier à veine détache, en une journée, 3 à 3,20 m² de couche; l'avancement est de 1m,60.

Le charbon de cette couche convient pour la forge; il est excellent pour la fabrication du coke, on le considère même comme étant un de ceux du bassin de Mons qui donnent le meilleur coke, surtout lorsqu'on exploite cette couche sous Wasmes et Pâturages; il est très-salissant, ne se clive pas bien, de sorte qu'on ne peut l'obtenir en gros morceaux.

En plat, cette couche est plus régulière qu'en droit; dans cette dernière position, elle présente beaucoup de dérangements.

— A la profondeur de 337 mètres, cette couche a été rencontrée en droit incliné de 65 à 70°; elle a présenté la composition suivante :

Laie de charbon	0m,40
Terre	0m,01
Laie du mur	0m,45
Havrie	0m,30
Layette au mur	0m,30
Ouverture totale . .	1m,46

On n'a pas exploité la layette parce qu'elle donnait du charbon de très-mauvaise qualité; on l'enlevait pour faire la voie.

Le toit et le mur étaient fort mauvais.

Un ouvrier à veine détachait 3,60 m² de couche en faisant un avancement de 1,80 m.

18. MOREAU.

—A— Cette couche, exploitée en dressant de 60° au puits n.° 2 du Charbonnage de Longterne-Ferrand, se compose d'une seule laie de 0m,45 à 0m,50; assez souvent il y a au mur un petit lit de terre dans lequel on pratique le havage.

Toit mauvais, mur bon.

Cette couche est difficile à travailler à cause de sa faible puissance ; on paye aux ouvriers à veine : fr. 0,70 par m² ; un ouvrier peut faire, en une journée, un avancement de 2m à 2m,10 sur 1m,76 de front, ce qui correspond à 3,50 ou 3,70 m² de couche.

Ce charbon est assez compacte, plus serré et plus brillant que celui des autres couches de ce charbonnage; il renferme quelquefois des petites boules de schiste ou de fer carbonaté, que les ouvriers nomment des *bouquettes;* il fournit du coke de première qualité.

On trouve une assez grande quantité d'empreintes de végétaux dans le mur, en dressant.

Cette couche est quelquefois très-failleuse.

— Au même puits et à un étage inférieur, au niveau de 556 mètres, cette couche se présente comme suit :

Terre au toit	0m,36
Laie de charbon	0m,42
Laie du mur	0m,12
Banc de mur (schiste)	0m,48
Layette	0m,12
Ouverture totale . .	1m,50

Le lit de terre au toit ne se présente pas au puits n.° 1 ; il est remplacé par une roche très-consistante.

On n'exploite que les deux laies qui sont contigues ; on pratique le havage dans la laie du mur.

Charbon de bonne qualité.

—B— Au Charbonnage de la Grande-Veine du Bois de Saint-Ghislain, cette couche se présente en une laie de 0m,40 à 0m,50 de puissance.

En plat, le mur est bon, et le toit de dureté moyenne.

Les ouvriers à veine détachent chacun 2,50 à 3 m² de couche par journée.

19. AUVERGIES.

— Composition en plat, au puits n.° 8 du Charbonnage de Belle-Vue :

Lit de havrie au toit.	0m,03
Deux laies, ensemble	0m,60
Ouverture totale . .	0m,63

Il n'y a quelquefois pas de havrie au toit.

En droit, cette couche présente une allure irrégulière.

Couche très-dure et difficile à travailler ; un ouvrier à veine peut détacher, en une journée, 2 à 2,15 m² en droit, et produire 20 à 25 hectolitres de charbon.

Le charbon de cette couche donne du coke d'assez bonne qualité, plus argenté que celui obtenu avec le charbon des autres couches de ce charbonnage ; mais, en général, il est assez impur ; la gaillette contient 3 ½ pour cent de cendres, et le coke obtenu en grand avec le charbon lavé, en laisse, après incinération, 7 à 8 pour cent ; le rendement en coke est assez élevé.

Cette couche est exploitée seulement au puits n.° 8 de ce charbonnage ; aux autres puits, elle ne se fait pas bien et on la trouve avec une puissance assez faible pour ne former qu'une simple layette.

20. GRANDE-CHEVALIÈRE.

—A— Composition en droit, au Charbonnage de Belle-Vue, à Elouges :

Faux-toit	0m,05
Charbon	0m,15
Havrie	0m,01
Charbon	0m,45
Faux-mur	0m,05
Ouverture totale . .	0m,71

Couche assez régulière ; toit et mur bons.

Ouvriers à veine : fr. 0,55 à 0,60 par m² en droit incliné de 50 à 90° ; en une journée, un ouvrier peut abattre 2,80 m² de couche et produire environ 30 hectolitres de charbon ; comme le faux-mur et le faux-toit se détachent facilement lors de l'abattage, et qu'ils salissent le charbon, on est obligé de placer une grande quantité de menu dans les remblais. A la costresse, on donne pour faire la voie (haver, abattre la couche et couper la voie), fr. 3,00 par mètre.

Charbon très-bon pour coke et pour les feux de forges.

La gaillette contient 2,30 à 2,50 pour cent de cendres ; le coke fabriqué en grand avec le menu lavé, donne encore 6 pour cent de cendres.

Charbon assez tendre.

—B— Composition en droit, au puits S.te-Catherine du Charbonnage du MIDI DE DOUR :

Laie du toit	0m,20
Laie du mur	0m,50
Ouverture totale. . .	0m,70

Il y a un faux-toit de 0m,30 à 0,m40 d'épaisseur ; au-dessus, se trouve le terrain solide. Mur bon.

Cette couche se présente assez souvent en allure irrégulière, avec failles ; le toit et le mur sont alors mauvais.

Charbon friable, assez pur, donnant du coke dense et propre ; perte au lavage : 4 pour cent de pierres et 8 à 10 pour cent de fin menu.

21. PETITE-CHEVALIÈRE.

—A— Composition en droit, au Charbonnage de BELLE-VUE, puits n.° 6 :

Faux-toit	0m,05
Charbon, laie du toit	0m,25
Terre grisâtre.	0m,10
Charbon	0m,10
Terre grise	0m,15
Charbon	0m,80
Faux-mur	0m,05
Ouverture totale . .	1m,50

— Composition en droit, aux puits n.os 1, 2, 5 et 8 du même Charbonnage :

Faux-toit	0m,05
Charbon laie du toit.	0m,40
Terre grisâtre.	0m,10
Charbon	0m,10
Terre grise.	0m,15
Laie du mur	0m,80
Faux-mur	0m,05
Ouverture totale. . .	1m,65

Le faux-toit et le faux-mur sont assez faciles à détacher et à séparer du charbon.

Mur généralement bon ; toit quelquefois très-dur, quelquefois très-mauvais.

Ouvriers à veine : fr. 0,60 à 0,68 par m² ; un ouvrier peut détacher, en une journée, 4 m² de couche en droit, et produire jusqu'à 72 hect. de charbon ; au puits n.° 6, le rendement par m² est de 14 hectolitres.

Ce charbon est assez tendre ; celui fourni par la laie du mur se distingue du charbon de la laie du toit, par la grande quantité de houille daloïde qu'il contient ; les autres couches de ce charbonnage renferment cette substance en proportion beaucoup moindre.

Charbon excellent pour coke ; la gaillette contient 1 à 1,20 pour cent de cendres, et le coke fabriqué avec le menu lavé donne 4 à 4,5 pour cent de cendres. En grand, et dans des fours à sole chauffée, le rendement en coke est de 67 à 70 pour cent du charbon enfourné.

—B— Composition en droit, au puits S.te-Catherine du Charbonnage du Midi de Dour :

Laie du toit	0m,60
Laie du mur	0m,20
Ouverture totale . .	0m,80

Inclinaison 45°.

Il y a un faux-toit de 0m,45 d'épaisseur.

Toit et mur assez bons quand la couche est en allure régulière ; souvent, on trouve des failles.

Charbon assez friable; bon pour coke; la gaillette contient environ 2 pour cent de cendres.

22. MOUTON.

—A— Composition en droit, au Charbonnage de Belle-Vue, puits n.os 1, 2 et 6 :

Faux-toit	0m,15
Laie de charbon	0m,35
Terre noire	0m,15
Charbon	0m,45
Faux-mur	0m,05
Ouverture totale. . .	1m,15

— Composition en droit, au même Charbonnage, puits n.° 5 et n.° 8 :

Terre grisâtre.	0m,05
Charbon	0m,80
Faux-mur	0m,05
Ouverture totale . .	0m,90

Toit et mur bons.

Lorsque la couche à 1m,15 de puissance, on paie aux ouvriers à veine fr. 0,60 à 0,70 par m²; un ouvrier peut détacher, en une journée, 4,50 m² de couche, et produire 45 à 50 hectolitres de charbon ; l'avancement est de 1m,80. Lorsqu'elle a 0m,90 d'ouverture, on paye aux ouvriers à veine fr. 0,70 à 0,75 par m² et un ouvrier peut abattre, en une journée, 3,50 m² et produire 35 hectolitres de charbon ; l'avancement dans ce cas est de 2m,50.

Pour faire la voie costresse (haver, abattre la couche et couper la voie), on paye fr. 3,40 à fr. 4,00 par mètre, aux puits n.° 5 et n.° 8, et fr. 3,50 aux puits n.os 1, 2 et 6; pour les autres voies, on paye fr. 1,20 à fr. 1,50 par mètre pour le coupage seulement.

Cette couche se trouve en dressant de 75° d'inclinaison.

Charbon très-dur, plus pyriteux et moins gras que celui des autres couches de ce charbonnage; convient très-bien pour le chauffage des foyers domestiques; on l'emploie rarement seul pour faire du coke parce qu'il n'est pas assez pur; aux puits n.° 5 et 8, la gaillette donne 2,5 à 4,5 pour cent de cendres, et le coke fabriqué avec le charbon lavé contient encore 7 à 10 pour cent de cendres; au puits n.° 2 et n.° 3, la gaillette donne jusqu'à 12 pour cent de cendres.

—B— Composition en droit, au puits S.te-Catherine du Charbonnage du Midi de Dour :

Schiste au toit.	0m,15
Charbon	0m,60
Ouverture totale . .	0m,75

Toit et mur bons lorsque la couche est en allure régulière.

Charbon moins pur que celui des autres couches exploitées à ce charbonnage; la gaillette contient de 4 à 5 pour cent de cendres.

23. COUCHE N.° 1 DITE JOLIMET au Charbonnage de JOLIMET ET ROINGE :

— Composition en droit :

Laie de charbon au toit. . . .	0m,30 à 0m,35
Terre	0m,60 à 1m,00
Laie du mur	0m,40 à 0m,45
Ouverture totale . .	1m,30 à 1m,80

Au mur, il y a un banc de schiste de 1m,20 de puissance.

Toit solide, mur mauvais.

Ouvriers à veine : fr. 0,50 par m².

Coupage des voies : fr. 4,00 à 5,00 le mètre courant.

Charbon de bonne qualité, gras, collant, brûlant avec longue flamme; il est un peu tendre, présente un clivage assez prononcé et produit beaucoup de poussière.

On peut retirer environ 20 pour cent de gailletteries.

Ce charbon est employé pour la forge; cependant il donne quelquefois dans ces foyers une chaleur trop vive et brûle alors le fer. On s'en sert aussi pour le chauffage des chaudières à vapeur; comme il ne produit que peu de fumée en brûlant dans ces foyers, il est assez recherché pour cet usage surtout pour les machines à vapeur qui sont établies dans les villes.

Charbon excellent pour fabriquer le coke; dans des fours à sole chauffée, il rend de 65 à 70 pour cent de beau coke; quand la couche est en allure régulière, son charbon laisse au lavage 2 à 4 pour cent de pierres et il perd dans cette opération de 10 à 15 pour cent de fin menu.

Le coke fabriqué avec le charbon lavé de cette mine, paraît être, au Couchant de Mons, celui qui renferme le moins de cendres.

24. COUCHE N.° 2 DITE GOFFETTE au Charbonnage de JOLIMET ET ROINGE :

— Composition en droit :

Laie de charbon	$0^m,50$ à $0^m,60$
Havrie	$0^m,10$ à $0^m,15$
Ouverture totale . .	$0^m,60$ à $0^m,75$

Sous le havrie, il y a un faux-banc de $0^m,15$ à $0^m,20$ d'épaisseur, qui est assez tendre, puis vient un bon mur.

Toit bon.

Ouvriers à veine: fr. 0,50 par $m^?$.

Coupage des voies : fr. 4,00 à 6,00 le mètre courant.

Cette couche est moins gailletteuse que la couche dite *Jolimet* (n.° 23); son charbon donne beaucoup de poussière; il convient pour la forge; il fournit aussi du coke de bonne qualité, mais on lui préfère pour cet usage le charbon de la couche *Jolimet;* dans les essais en petit, on a obtenu jusqu'à 80 pour cent de coke; mais la fabrication en grand ne donne, avec charbon lavé, que 66 à 68 pour cent de coke.

4.° Houille Sèche à courte flamme, ou Maigre.

Caractères généraux.

La houille sèche à courte flamme, ou maigre, est très-souvent divisée par des petits lits de charbon d'un aspect terne, et contient de l'argile ferrugineuse; dans ce cas, sa cassure est moins brillante que celle des houilles grasses ou flénu. Tantôt, elle est résistante, massive, tantôt elle se divise en morceaux dont les faces sont des plans perpendiculaires au lit de la couche, et d'autres fois, elle est fragile ; lorsqu'elle est résistante, sa cassure est conchoïde, assez éclatante et elle présente une couleur moins foncée que celle des houilles grasses et flénu ; elle est alors plus dure et plus pesante que ces dernières ; lorsqu'elle se divise suivant des plans perpendiculaires au lit de la couche, elle est encore assez résistante et plus lourde que les variétés précédentes ; mais lorsqu'elle est fragile, comme c'est le cas le plus ordinaire, elle a peu de consistance, se réduit en poudre fine tâchant les doigts, présente une texture schisteuse, et les morceaux portent souvent des stries exactement pareilles à celles du charbon flénu ; dans ce cas, elle supporte mal les transports.

Généralement, elle est assez sulfureuse et impure.

Son pouvoir calorifique et sa température de combustion sont un peu inférieurs à ceux des houilles grasses et maigres à longue flamme ; sa pesanteur spécifique est comprise entre 1,354 et 1,369.

Elle présente assez d'analogie avec l'anthracite.

Les couches de houille sèche à courte flamme se trouvent, sur plusieurs points du bassin houiller au Couchant de Mons, avec une allure très-irrégulière; leur exploitation est alors difficile et coûteuse. En d'autres endroits, ces couches ont une allure régulière, sont disposées en grandes plateures et peuvent alors être exploitées avec bénéfice; c'est ainsi qu'elles se présentent dans la concession de *Blaton*, à Bernissart; il n'y a que ce charbonnage et celui *du Grand-Bouillon du Bois de S.t-Ghislain*, qui exploitent cette qualité de charbon au Couchant de Mons.

Manière dont cette houille se comporte au feu à l'air libre.

A l'air libre, cette houille s'enflamme lentement, ne colle ni ne se ramollit que peu ou point au feu, brûle plus difficilement et développe beaucoup moins de flamme et de fumée que les houilles grasses et Flénu, et la flamme est moins brillante que celle de ces dernières houilles; elle brûle avec assez de lenteur, produit une chaleur très-forte et assez uniforme, et n'augmente pas de volume; mais elle se délite facilement sous l'action de la chaleur, et se divise en petits morceaux qui passent facilement à travers les grilles; enfin, elle laisse quelquefois après la combustion, une assez grande quantité de cendres et crasse assez fortement les grilles.

Manière dont cette houille se comporte au feu en vases clos.

Soumise à la distillation en vases clos, cette houille donne du gaz de mauvaise qualité, en petite proportion et peu convenable pour l'éclairage; elle laisse, pour résidu, du coke en assez grande quantité mais fritté, et souvent en poudre incohérente.

En général, le coke obtenu avec ce charbon, conserve la forme des morceaux de houille qui l'ont produit, et souvent même, son volume est moindre que celui du charbon; il est assez pesant, mais n'a que peu de consistance; lorsqu'il a été préparé avec de la houille en morceaux, il contient une assez faible quantité de matières terreuses, est assez pesant et ne brûle qu'à une température élevée; mais il faut pour que la carbonisation se fasse convenablement, que la houille soit exposée à l'action d'un courant d'air assez fort, ce qui occasionne beaucoup de déchet. Le coke fabriqué avec le menu n'est nullement agglutiné, se trouve à l'état fritté et pulvérulent, et ne peut, dans cet état, convenir pour les opérations métallurgiques, d'autant plus qu'il contient alors beaucoup de matières stériles (cendres).

Le charbon maigre rend, en moyenne 70 à 72 pour cent de coke fritté lorsqu'on le traite en petit dans des vases clos.

Usages.

La houille maigre convient fort bien pour la cuisson des briques, et pour la calcination du calcaire qui doit être converti en chaux.

On l'emploie aussi pour le chauffage des chaudières à vapeur; mais, par suite de ce qu'elle se délite très-facilement, il faut, pour la brûler convenablement dans les foyers pourvus de grilles ordinaires, que ces foyers aient une grande surface, à peu près le triple de ce qu'ils ont ordinairement lorsqu'on emploie d'autres qualités de charbon, et donner à la charge une épaisseur de $0^m,25$ à $0^m,30$ au moins.

Afin d'activer la combustion dans ces foyers, on fait quelquefois usage de la vapeur d'eau que l'on amène sous la grille et qui produit un fort tirage.

La combustion de cette houille dans des foyers établis suivant ces principes, est plus facile à diriger que celle des houilles grasses et maigres à longue flamme; cela provient de ce que la charge étant épaisse sur la grille, le charbon ne peut passer à travers la grille et une légère variation dans l'épaisseur de cette charge a peu d'influence sur le chauffage des appareils, ce qui n'a pas lieu avec les autres houilles; une forte épaisseur de charge sur la grille permet de tirer de ce charbon un assez grand effet utile, parce que l'on peut faire en sorte que le foyer ne laisse échapper qu'une petite quantité d'oxigène libre.

Enfin, pour le service des foyers des chaudières à vapeur, qui ne sont pas pourvus d'appareils fumivores, cette houille présente sur les qualités dites flénu et demi-grasse, l'avantage de brûler en développant peu de fumée; c'est ce qui la fait rechercher surtout pour les établissements qui se trouvent dans les villes où le dégagement de la fumée présente de grands inconvénients.

Comme nous venons de le dire, la houille maigre peut servir au chauffage des chaudières lorsqu'on la place en couche épaisse dans le foyer et qu'on donne une grande surface aux grilles; mais il est une disposition de foyers très-avantageuse et qui est appliquée avec succès depuis quelque temps déjà dans certains établissements industriels; elle consiste à composer la grille de petits barreaux en fonte que l'on place à $0^m,005$ et même $0^m,004$ de distance les uns des autres; on donne à ces barreaux $0^m,50$ de longueur, $0^m,007$ à $0^m,01$ d'épaisseur à la partie supérieure, $0^m,10$ de hauteur au milieu et $0^m,05$ aux extrémités, et on les établit sur 2, 3 ou 4 rangs suivant la profondeur du foyer. Malgré leur petite section, ces barreaux se conservent longtemps sans s'altérer. Comme il reste un faible intervalle entre les barreaux (intervalle suffisant pour donner accès à l'air nécessaire à la combustion), le charbon délité ou à l'état de menu ne passe plus à travers la grille et ne tombe plus dans le cendrier sans avoir été brûlé; on peut ainsi réduire de beaucoup la hauteur de la charge du combustible sur la grille, et rendre la conduite du feu moins difficile que lorsque la hauteur de charge est grande. Cette disposition pare donc à l'inconvénient que présente cette houille de se déliter sous l'action de la chaleur, et elle permet de brûler le menu, ce qui ne peut souvent avoir lieu avec des grilles ordinaires.

La houille maigre peut être employée à l'état cru, pour la réduction du minerai de fer dans les hauts-fourneaux, lorsqu'elle est pure et ne se divise pas en petits morceaux sous le poids des charges; il est rarement possible de l'utiliser, convertie en coke, dans ces fourneaux, parce que le coke qu'elle produit est trop fritté.

Dans les usines à zinc, on recherche beaucoup cette houille

parce que, ne collant que peu ou point, elle convient parfaitement pour être placée dans les creusets ou retordes avec le minerai que l'on a à réduire.

Enfin, elle est assez estimée pour le chauffage des appartements quand on n'a pas besoin de produire une grande chaleur, et surtout lorsque l'on emploie des poëles fermés ou des calorifères.

COMPOSITION CHIMIQUE.

Voici quelques analyses de Charbons de cette catégorie :

Analyses faites par la Commision des procédés nouveaux, à Bruxelles.

NOMS DES MINES.	NOMS DES COUCHES.	Densité.	Carbone.	MATIÈRES Volatil.	MATIÈRES Terreuses.	Pyrite.	Quantité de Cok. p. % de Houille.	Couleur des Cendres.
GR.d-BOUILLON DU BOIS DE S.t-GHISLAIN	Mouton.	1 270	70 916	17 650	11 549	0 083	82 53	Fauves.

Analyses faites par M.r Chevalier.

NATURE DU CHARBON.	Pesanteur spécifique.	Perte au feu en centièm.	Proportion des Cendres en cent.	Couleur des Cendres.
HOUILLE SÈCHE A COURTE FLAMME de Mons.	1 298	14 00	2 20	fauve.
	1 303	10 80	2 40	id.
MOYENNES. . .	1 301	12 40	2 30	

Mines où l'on exploite la Houille Sèche à courte flamme ou Maigre.

NOMS DES MINES ET SIÉGE DES SOCIÉTÉS.	COMMUNES sous lesquelles s'étendent les CONCESSIONS.	NOMS DES COUCHES.	N.os d'Ordre.
GRAND-BOUILLON DU BOIS DE S.t-GHISLAIN, à Dour.	Dour.	Grand-Bouillon . .	1
		Quatre-Paumes . .	2
		G.de-Veine-l'Evêque .	3
		Mouton	4
		Petit-Massé. . . .	5
BLATON, à Bernissart.	Bernissart. Blaton. Harchies. Ville-Pommerœul.	Les Trois-Sœurs . .	1
		Les Jumelles . . .	2
		Maréchale	3
		Petite-Veine . . .	4
		Luronne.	5
		Présidente	6
		Daubresse	7
		Glorieuse	8
		Toute-Bonne . . .	9

Description des Couches à Houille Sèche à courte flamme ou Maigre.

A.

Couches exploitées au Charbonnage du Grand-Bouillon du Bois de Saint-Ghislain.

1. GRAND-BOUILLON.

— Composition en droit, au puits n.° 1 :

Laie de charbon au toit . . .	0m,40
Charbon sale	0m,20 à 0m,25
Laie de charbon	0m,20
Laie de charbon	0m,50
Terre	0m,03 à 0m,04
Ouverture totale . .	1m,33 à 1m,39

Le banc de terre au mur est de dureté assez variable ; c'est dans ce banc que l'on pratique ordinairement le havage ; lorsqu'il est trop dur, on have dans le lit de charbon sale.

Le toit est rarement bon; il est composé de schiste peu compacte, quelquefois de filets alternatifs de charbon et de terre; il y a souvent une épaisseur de 2 mètres de ce terrain avant d'arriver au toit solide.

Mur très-bon.

Ouvriers à veine : fr. 0,55 par m^2; un ouvrier peut haver et détacher, en une journée, 5 m^2 de couche.

Le coupage des voies costresses, y compris l'abattage de la couche, coûte fr. 3,00 le mètre courant.

En plat, le toit et le mur sont bons, et la couche n'a que 1 m. de puissance; dans cette position, elle est assez régulière.

Lorsque le toit et le mur sont bons, comme c'est le cas en plat, on obtient beaucoup de gaillettes; le charbon est alors pur, assez dur, et devient le meilleur de ce charbonnage; mais dans les droits, il est sale et friable et l'on ne fait que des forges gailletteuses.

Cette couche dégage du gaz hydrogène carboné.

Ce charbon convient très-bien pour la cuisson des briques et de la chaux; il est aussi assez recherché pour le chauffage des chaudières à vapeur.

2. QUATRE-PAUMES.

Cette couche, en droit, est en une seule laie de charbon de $0^m,60$ d'épaisseur; il y a, mais rarement, au mur, un petit lit de havrie de $0^m,02$ à $0^m,03$; ordinairement on pratique le havage dans le charbon.

Toit et mur bons.

Ouvriers à veine : fr. 0,70 par m^2.

Le coupage des voies costresses, compris l'abattage de la couche, coûte fr. 3,80 le mètre courant.

Cette couche est assez gailletteuse; son charbon est moins pur, plus noir et plus pesant que celui de la couche *Grand-Bouillon;* il contient aussi plus de pyrite et de carbonate de fer que ce dernier.

3. GRANDE-VEINE-L'ÉVÊQUE.

— Composition en droit :

Laie de charbon au toit . . .	0m,30
Havrie	0m,28
Laie de charbon	0m,10
Terre	0m,05
Laie de charbon	0m,50
Ouverture totale . .	1m,23

Toit et mur bons.

Ouvriers à veine : fr. 0,50 à 0,55 par m².

Coupage des voies costresses, compris abattage de la couche, fr. 4,10 le mètre.

Le charbon de cette couche est assez pur et gailletteux ; il est d'un débit plus avantageux que celui des autres couches lorsque celles-ci se présentent en dressant ; il est employé à la cuisson des briques, de la chaux, pour le service des chaudières à vapeur, et il est assez recherché pour le chauffage domestique.

4. MOUTON.

— Composition en droit, au puits n.° 2 :

Laie de charbon	0m,90
Havrie au mur	0m,03
Ouverture totale . .	0m,93

Toit et mur bons.

Ouvriers à veine : fr. 0,60 par m².

Cette couche est très-gailletteuse ; on obtient de 10 à 12 pour cent de gaillettes et 12 à 15 pour cent de gailletteries ; en plat, elle donne du charbon plus dur et plus gailletteux que lorsqu'elle est en droit.

Ce charbon n'est pas aussi maigre que celui des autres couches ; il peut, dans certains cas, être converti en coke et donner des produits d'assez bonne qualité ; souvent il est assez collant pour être employé dans les feux de forges.

5. PETIT-MASSÉ.

— Composition en plat, au puits n.° 5, à la profondeur de 131m,50:

Laie de charbon au toit. . . .	0m,30
Havrie	0m,07
Laie de charbon	0m,09
Terre et schiste	0m,60
Laie de charbon	0m,20
Ouverture totale . .	1m,26

On n'exploite que les deux laies supérieures; le banc de terre et schiste et la laie inférieure sont enlevés seulement pour le coupage des voies.

Le charbon de cette couche est un peu plus gras que celui des autres couches.

B.

Couches du Charbonnage de Blaton, à Bernissart.

Les couches exploitées par les puits Négresse, Moulin et S.te-Barbe du Charbonnage de *Blaton*, se présentent en plateures inclinées de 8 à 15° vers l'est et dirigées à peu près du nord au sud; cette direction qui n'est pas la direction générale du bassin houiller, paraît changer lorsque l'on se porte vers le levant de la concession, ainsi qu'on a pu le reconnaître par les travaux pratiqués par le puits S.te-Barbe (le plus à l'est) dans la couche *Maréchale* à la profondeur de 181 mètres; par un bouveau nord-ouest partant de cette profondeur de 181 mètres, on a recoupé la couche Maréchale à 30 mètres du puits; la galerie principale (costresse) établie dans la couche au sud-ouest de ce bouveau, se dirige vers le sud-ouest sur une longueur de 100 mètres, puis marche directement au sud; la même costresse au nord-est du bouveau, se dirige vers le nord-est sur une longueur de 45 mètres, et, à ce point, elle change de direction et va vers l'est.

Les couches exploitées par les trois puits de ce charbonnage, se présentent avec une allure assez régulière; elles ne dégagent pas de gaz hydrogène carboné.

Voici les profondeurs auxquelles les principales couches de cette mine ont été recoupées par les trois puits ouverts dans la concession :

NOMS DES COUCHES.	Profondeur à laquelle les couches sont recoupées par les puits.		
	NÉGRESSE.	MOULIN.	S.te-BARBE
	MÈTRES.	MÈTRES.	MÈTRES.
Les Trois-Sœurs. . . .	»	»	135
Les Jumelles	»	»	168
Maréchale.	»	67	180
Petite-Veine	72	102	220
Luronne	92	126	235
Présidente.	134	165	»
Daubresse.	160	194	»
Glorieuse	178	208	»
Toute-Bonne	»	252	»

La couche *Toute-Bonne* a été récoupée à 136 mètres du puits Négresse, par un bouveau dirigé vers le Couchant et pratiqué à la profondeur de 184 mètres.

Voici maintenant qu'elle est la composition de ces couches :

1. LES TROIS SOEURS.

— Composition au puits S.te-Barbe :

Laie de charbon au toit.	0m,50
Terre.	0m,30
Laie de charbon	0m,40
Terre	0m,40
Laie de charbon	0m,30
Ouverture totale. . .	1m,90

Cette couche ou plutôt ces trois couches, n'ont pas encore été exploitées à cette Mine; leur charbon paraît être plus gras que celui des autres couches.

2. LES JUMELLES.

— Composition au puits S.te-Barbe :

Laie de charbon au toit. . . .	0m,55
Terre	1m,00
Laie de charbon	0m,55
Ouverture totale . .	2m,10

Toit assez bon, mur solide.

On exploite les deux laies simultanément ; pour cela, on commence par détacher la laie supérieure sur une profondeur de 5 mètres, puis on enlève la laie inférieure en laissant en place le banc de terre.

Un ouvrier à veine peut détacher, 4 m² de couche en une journée.

Cette couche ne donne presque pas de gaillettes ou de gailletteries; son charbon est de bonne qualité et convient assez bien pour le chauffage des chaudières à vapeur et des foyers domestiques.

3. MARÉCHALE.

La couche Maréchale est en une laie de 0m,50 de puissance sans terre au toit ni au mur; on pratique le havage au mur dans le charbon.

Les ouvriers à veine sont payés à la journée; ils gagnent environ fr. 2,30 à 2,40 par jour, et cette somme représente fr. 0,70 environ par m² de couche déhouillée ; un ouvrier peut détacher, en moyenne, 3,50 m² en un jour; quelquefois, il va jusqu'à 4 m². Le prix de fr. 0,70 par m² est à peu près le même pour toutes les couches exploitées à ce charbonnage; les ouvriers à veine doivent haver, abattre le charbon, le bouter jusqu'à la voie qui dessert la taille, et placer le boisage dans leur taille.

Le toit et le mur sont formés de schiste généralement tendre, divisé par des petites layettes de charbon de $0^m,05$ à $0^m,08$ de puissance; c'est dans cette roche que l'on pratique le coupage des voies; on coupe au toit et au mur; on donne $1^m,60$ de hauteur aux voies et l'on n'atteint pas encore, au toit, les bancs de roche solide; le terrain est donc mauvais; aussi, faut-il une grande quantité de bois pour le maintenir; la plupart du temps, on est obligé d'établir dans les tailles et même dans les voies, les bois verticaux sur des petites planches, autrement, ils ne tarderaient pas à pénétrer dans le mur sous la pression du terrain; malgré cette précaution, le boisage est encore rapidement détérioré; après quelques mois, les montants des cadres, qui ont jusqu'à $0^m,20$ de diamètre, sont entrés de $0^m,50$ à $0^m,60$ dans le sol de la voie.

Dans toutes les couches exploitées à ce charbonnage, le coupage des voies est opéré par des ouvriers coupeurs gagnant fr. 2,50 par jour, aidés de jeunes ouvriers qui reçoivent chacun fr. 0,95 par jour; le coupeur doit faire un mètre de voie dans sa journée; il détache la roche, pose le boisage et établit le chemin de fer; les jeunes ouvriers (aides au nombre de deux pour un coupeur) amènent les matériaux nécessaires et conduisent les terres (déblais de coupage) dans les tailles. Les galeries sont ouvertes sur $1^m,60$ de hauteur et $1^m,60$ de largeur; les cadres de boisage sont établis à un mètre de distance les uns des autres, ils sont composés de deux montants de $0^m,18$ à $0^m,20$ de diamètre, sur lesquels on place un chapeau; sur le chapeau et derrière les montants, on dispose des bois de $0^m,07$ à $0^m,08$ de diamètre pour maintenir les pierres qui se détachent des parois. Les galeries ainsi boisées ne tardent cependant pas à diminuer de section; après trois semaines, les bois sont brisés et l'on doit les renouveler; on a calculé que le boisage d'une galerie ouverte depuis plusieurs mois, devait encore être renouvelé entièrement deux fois dans les douze mois suivants. Quinze jours après que la galerie a été ouverte sur $1^m,60$ de côté, la hauteur atteint à peine 1 mètre, les montants sont entrés dans le mur ou sont cassés; et, s'il y a de l'eau dans la voie, le mur qui est formé de schiste plus ou moins sec, s'imbibe facilement, gonfle un peu et se laisse alors pénétrer sans peine ; dans ce cas, on doit recouper la voie au bout de 5 à 6 jours, car sa hauteur est beaucoup diminuée après ce temps, et n'atteint pas 1 mètre ; dans ce recoupage, on retrouve les montants non brisés ni même pliés, mais ils sont entrés de $0^m,60$ dans le terrain.

Lorsque l'on pratique le premier recoupage de la voie, on établit des nouveaux cadres entre ceux qui ont été posés lors de l'ouverture de la galerie; les montants se trouvent alors à $0^m,50$ de distance les uns des autres.

Le toit des couches exploitées à ce charbonnage étant assez mauvais, le boisage des tailles doit être fait avec soin; en général, il se compose de pièces de bois dites *rallonges*, de $0^m,08$ à $0^m,10$ de diamètre, que l'on place contre le toit parallèlement au front de la taille; ces rallonges qui sont espacées de 1 mètre les unes des autres, sont supportées par des bois ronds dits *bois de voies*, de $0^m,10$ de diamètre, établis dans une position normale au mur de la couche, et qui sont espacés de $0^m,60$ à $0^m,80$; enfin, la partie du toit comprise entre deux rallonges est encore garnie de bois de $0^m,04$ à $0^m,05$ de diamètre, dont les extrémités s'appuient sur deux rallonges consécutives et qui sont écartés de $0^m,15$ à $0^m,20$.

Comme on le voit, la consommation en bois est assez grande à ce charbonnage ; aussi la dépense, de ce chef, est-elle, en moyenne, de fr. 0,10 par hectolitre de charbon extrait, et, dans certains cas, elle s'élève jusqu'à fr. 0,18 ou fr. 0,20 par hectolitre.

La couche Maréchale est en général assez gailletteuse; son charbon qui est un peu plus gras que celui fourni par les autres couches, convient assez bien pour la forge, et il paraît que, mélangé avec le charbon des autres couches, il donne de bons résultats pour le chauffage des chaudières à vapeur.

4. PETITE-VEINE.

Cette couche est en une laie de $0^m,45$ d'épaisseur, sans terre au toit ni au mur et sans havrie; le toit et le mur paraissent être assez bons; elle n'a pas encore été exploitée à ce charbonnage.

5. LURONNE.

— Composition aux trois puits :

Laie de charbon au toit. . . .	$0^m,50$
Havrie	$0^m,05$
Laie du mur	$0^m,10$
Ouverture totale . .	$0^m,65$

Quelquefois, la puissance dépasse $0^m,70$.

La laie du mur fournit du charbon plus tendre que la laie du toit; on y pratique ordinairement le havage.

Le toit est assez bon comparativement au toit des autres couches ; cependant, il faut encore une assez grande quantité de bois pour le soutenir. Le mur est meilleur que celui de la couche *Maréchale*.

Un ouvrier à veine peut détacher 5 m^2 de couche en une journée, et faire le boisage de sa taille.

Pour le coût de l'abattage et du coupage des galeries, voir le n.° 3, couche *Maréchale*.

Cette couche Luronne ne fournit pour ainsi dire que du menu charbon, qui est de qualité maigre, et qui convient pour la cuisson des briques et du calcaire destiné à être converti en chaux; il est aussi employé pour le chauffage domestique.

Pour la cuisson du calcaire, on compte qu'il faut environ 1,60 hectolitre de charbon pour obtenir 1 mètre cube de chaux.

Ce charbon est le même que celui que l'on exploite à *Vieux-Condé*, en France; il donne cependant, lorsqu'on le brûle, un peu plus de flamme que ce dernier.

6. PRÉSIDENTE.

Voici la composition de cette couche :

Laie de charbon au toit. . . .	$0^m,60$ à $0^m,65$
Havrie	$0^m,03$
Laie de charbon	$0^m,10$
Ouverture totale . .	$0^m,73$ à $0^m,78$

Le toit et le mur sont assez bons si on les compare à ceux de la couche *Maréchale*.

La laie du mur donne du charbon plus friable et moins propre que la laie du toit; on y pratique le havage.

Un ouvrier à veine peut détacher 3,50 m² de couche en une journée et établir son boisage.

Pour le coût de l'abattage et du coupage des voies, voir la couche n.° 5, *Maréchale*.

La couche Présidente rend en moyenne 25 pour cent de gaillettes et de gailletteries (mélange), et 75 pour cent de fines; son charbon est de même qualité que celui de la couche *Luronne* et sert aux mêmes usages. (Voir cette dernière n.° 3).

7. DAUBRESSE.

— Composition aux puits Négresse et Moulin :

Laie de charbon au toit. . . .	0m,40
Laie de charbon	0m,10
Ouverture totale. . .	0m,50

La laie du mur donne du mauvais charbon; on l'enlève en pratiquant le havage.

Au toit, il y a un banc de 0m,10 d'épaisseur de terre noirâtre mélangée de mauvais charbon, puis vient un terrain assez solide; ce faux-toit est assez difficile à soutenir dans les tailles et l'on doit établir le boisage avec soin.

De toutes les couches exploitées à ce charbonnage, la couche Daubresse est celle qui exige le moins de dépense pour le boisage.

Un ouvrier à veine peut détacher, en une journée, 3,50 m² de couche.

Pour coût d'abattage et de coupage des galeries, voir le n.° 5, couche *Maréchale*.

La couche Daubresse est celle qui donne les plus beaux produits; elle fournit en moyenne 30 à 35 pour cent de mélange (gaillettes et gailletteries) et 65 à 70 pour cent de fines. Son charbon est de la même qualité que celui de la couche *Luronne* et sert aux mêmes usages.

8. GLORIEUSE.

— Composition au puits Négrese :

Laie de bon charbon au toit . .	0m,55
Sillon de charbon	0m,10
Ouverture totale . .	0m,65

Au-dessus de la grosse laie, il y a un faux-toit très-tendre, de 0m,50 à 0m,40 d'épaisseur et qui est difficile à tenir en place ; au mur, il y a aussi un banc de terre mélangée de charbon, dont l'épaisseur est de 0m,20 à 0m,25. Le terrain est donc très-mauvais, aussi la consommation en bois s'élève-t-elle souvent, dans cette couche, à fr. 0,18 par hectolitre de charbon extrait.

On pratique le havage dans le sillon du mur.

Un ouvrier à veine peut détacher, en une journée, 5 m² de couche et boiser sa taille.

Pour le coût de l'abattage et du coupage des galeries, voir le n.º 5, couche *Maréchale*.

La couche Glorieuse rend en moyenne 20 à 25 pour cent de mélange (gaillettes et gailletteries) et 75 à 80 pour cent de fines. Son charbon est de la même qualité que celui de la couche *Luronne*.

9. TOUTE-BONNE.

Voici la composition de cette couche :

Laie de charbon au toit. . . .	0m,10
Terre	0m,10
Havrie	0m,10
Laie de charbon	0m,50
Ouverture totale. . .	0m,80

Le toit et le mur paraissent être assez bons.

Cette couche n'a pas encore été exploitée à ce charbonnage.

5. Houille Maigre brûlant sans flamme.

Comme nous l'avons dit précédemment, nous ne parlerons de cette qualité de charbon que pour mémoire, car elle n'est pas exploitée au Couchant de Mons; il en existe cependant quelques couches qui occupent la partie inférieure du bassin houiller et que l'on désigne sous le nom de *coureuses de gazon* ou *sent mai.*

La dénomination de *coureuses de gazon* leur est donnée parce qu'elles ont été exploitées jusqu'ici dans leur affleurement qui se fait à peu de distance sous le sol; mais ce nom ne doit pas leur être spécialement appliqué, parce que beaucoup d'autres couches qui donnent du charbon de bonne qualité, à partir d'une certaine profondeur sous la surface, viennent également affleurer au jour, et leur tête forme aussi des coureuses de gazon; les affleurements des couches de charbon gras et maigre donnent, sur une certaine profondeur, du charbon maigre brûlant sans flamme; mais ce n'est, pour ces couches, qu'un état exceptionnel et qui provient de ce que les eaux pluviales et les agents atmosphériques ont pu exercer une action sur ce charbon par suite de sa proximité du sol.

Le nom de *sent mai* ou *sent mauvais*, est donné à cette espèce de charbon, parce que, en brûlant, il répand une odeur très-désagréable.

Jusqu'ici on n'a pu exploiter avec avantage ce charbon au Couchant de Mons, parce qu'il est très-sulfureux; on lui préfère toujours le charbon dit *terre-houille* que l'on extrait dans les environs de Charleroy.

Caractères généraux.

La houille maigre brûlant sans flamme, que l'on désigne à Charleroy sous le nom de *terre-houille, téroulle*, est très-friable.

et se présente presque toujours à l'état menu; les morceaux peu volumineux que l'on obtient en petit nombre, sont à surface onctueuse au toucher.

Vu en masse, ce charbon présente une couleur noire et un aspect terne; il est très-mélangé d'argile et renferme beaucoup de sulfure de fer; il tâche facilement les doigts et contient beaucoup de petits morceaux dont les faces sont chargées d'irisations; la pholérite est aussi assez abondante dans les roches qui encaissent les couches dont ce charbon provient.

Le bassin houiller, aux environs de Charleroy, renferme plusieurs couches qui donnent cette espèce de houille; ces couches sont situées à une faible profondeur sous le sol et présentent une allure assez irrégulière; les frais d'exploitation sont cependant peu considérables, ce qui permet de livrer ce charbon à un prix assez modique.

Manière dont cette houille se comporte au feu à l'air libre.

Brûlée sur grilles, cette houille se consume très-lentement, ne colle pas du tout, répand une odeur sulfureuse, s'allume difficilement et développe peu de chaleur; les morceaux se réduisent en petits fragments sous l'action de la chaleur.

Manière dont elle se comporte au feu en vases clos.

Soumise à la distillation en vases clos, cette houille ne donne que très-peu ou point de gaz.

Carbonisée en grand, les morceaux ne s'agglutinent point, et le coke obtenu est fritté, pulvérulent, sulfureux et n'est propre à aucun usage industriel.

Usages.

Cette houille est avantageuse pour le chauffage des classes peu aisées de la société, parce qu'elle se vend à un prix assez modique et qu'elle brûle lentement; mais comme elle répand une mauvaise odeur pendant sa combustion, il est convenable, pour remédier à cet inconvénient, de la brûler dans des poëles fermés.

Lorsqu'elle ne renferme pas beaucoup de pyrite de fer, cette houille est recherchée pour opérer la réduction de certains oxides métalliques par la chaleur et par un mélange de minérai avec le charbon qui constitue l'agent réducteur; ne collant que peu ou point, elle présente les conditions nécessaires pour la réussite de cette opération.

Nota. La position des puits dont il est fait mention dans ce travail, se trouve indiquée sur les Cartes des Concessions Houillères du Couchant de Mons, dressées par Ph. Vandermaelen.

Décembre 1854.

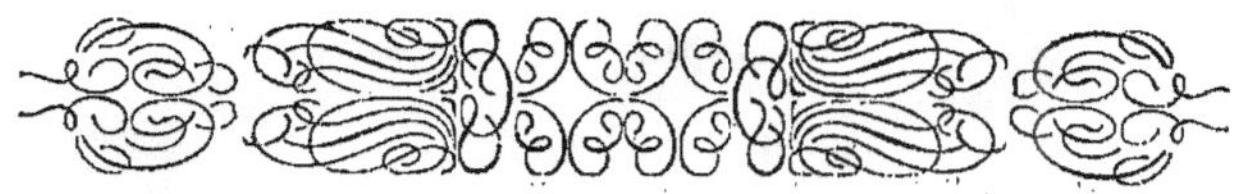

TABLE DES MATIÈRES.

TROISIÈME PARTIE.

Généralités sur le bassin houiller au Couchant de Mons; description des espèces de houille exploitée et des couches dont elles proviennent.

BIBLIOTHÈQUE NATIONALE R.F. IMPRIMÉS

ERRATA.

PAGE. — LIGNE.				
12 — 22	en descendant,	*au lieu de*	l'épidodendrons, *lisez* lépidodendrons.
83 — 7	»	»	longueur, *lisez* largeur.
85 — 15	»	»	et la quantité de coke, *lisez* et la qualité de ce coke.
127 — 16	»	»	aux chistes, *lisez* aux schistes.
132 — 1	»	»	pholérité, *lisez* pholérite.
208 — 21	»	»	que $0^m,50$, *lisez* que de $0^m,50$.
281 — 17	»	»	cette couche, *lisez* cette houille.
286 — 1	en remontant,	»	page 239, *lisez* page 159.
332 — 1	»	»	page 239, *lisez* page 159.

BIBLIOTHÈQUE NATIONALE RF IMPRIMÉS